中公文庫

復興亜細亜の諸問題・新亜細亜小論

大川周明

中央公論新社

目次

〔　〕は、今回の文庫化にあたり編集部で付した註です。

復興亜細亜の諸問題

ことわり

本書が初めて印刷に附せられたのは、序文によって知らるる如《ごと》く、実に大正十一年の初夏、指折り数うれば十有八年の昔である。それは予の自余の著述と同じく、極めて少数の熱烈なる同志を得ただけで、殆《ほとん》ど世の顧《かえり》みるところとならなかった。然《しか》るに近来アジア問題が漸《ようや》く世人の関心を惹《ひ》くに及び、偶々《たまたま》この書を一読せる明治書房主人高村有一君の真摯《しんし》純一なる魂が、本書に潜《ひそ》み流るる精神に共鳴して、切《せつ》に本書の再版を要望し、その熱心は遂《つい》に予をして承諾を余儀なくするに至らしめた。

この書世に出でてより約二十年、復興アジアは、荊棘《けいきょく》の道を歩み続けて今日に及んだ。その間の複雑多端なる経緯を叙《じょ》し来りて、本書の第二巻たらしめることは、予の最も欲するところであるけれど、憾《うら》むらくは風塵に塗《まみ》れてその遑《いとま》がない。予は唯《た》だ久しく埋れたる旧著をして、思いがけなく再び天日を仰がしめるだけで満足せねばならぬ。

昭和十四年四月

序

一顧して長望すれば十年矢の如《ごと》く去った。竜樹《りゅうじゅ》研究を卒業論文として大学の哲学科を出た時、予が心密《ひそ》かに期したりしは、一生を印度《インド》哲学の色読に捧げることであった。僧佉によって知識を練り、瑜伽《ゆが》〔ヨーガ〕によってこれを体達《たいたつ》するの道を説くウパニシャドこそ、汲みて尽きざるわが魂の渇《かわ》きを癒《いや》す聖泉であった。かくて多くも要らぬ衣食の資を、参謀本部のドイツ語の安翻訳に得つつ、日毎《ひごと》大学図書館に通って、心を印度哲学の研究に潜めた。

さて予に取りて決して忘じ難き一書は、サー・ヘンリ・コットンの『新インド』である。インドに対する至深の関心が、現在のインド及びインド人に就《つい》て知る所ありたいと云う念いを、いつとはなく予の心に萌《きざ》し初めさせたことは、固《もと》より何の不思議もない。大正二年の夏であった。一夕の散歩に神田の古本屋で、不図《ふと》店頭に曝《さら》さるるコットンの書を見出した。予はコットンの為人《ひととなり》も知らず、またこの書が世にも名高き著作なりとも知らず、唯《た》だ書名の『新インド』とあるに心惹かれ、求め帰ってこれを読んだ。而《しか》して真に筆紙尽さざる感に打たれた。

この時に至るまで、予は現在のインドに就て、殆《ほとん》ど何事も知らなかった。インド思想の荘厳に景仰《けいぎょう》し、未だ見ぬ雪山の雄渾《ゆうこん》を思慕しつつ、婆羅門《バラモン》鍛練の道場、仏陀《ぶっだ》降誕の聖地としてのみ、予は脳裡にインドを描いて居た。然《しか》るにコットンの著は、真摯《しんし》飾らざる筆致を以て、偽《いつわ》る可《べ》からざる事実に拠り、深刻鮮明にインドの現実を予の眼前に提示した。この時初めて予は英国治下のインドの悲惨を見、インドに於ける英国の不義を見た。予は現実のインドに開眼して、わが脳裡のインドと、余りに天地懸隔《けんかく》せるに驚き、悲しみ、而して憤《いきどお》った。予はコットンの書を読み終えたる後、図書館の書庫を渉《わた》って、インドに関する著書を貪《むさぼ》り読んだ。読み行くうちに、単《ひと》りインドのみならず、茫々《ぼうぼう》たるアジア大陸、処として白人の蹂躙《じゅうりん》に委せざるなく、民として彼等の奴隷たらざるなきを知了した。

ウパニシャドはいつしか予の机上より影を隠した。豊太閤裂冊《れっさく》の怒り〔文禄の役の後、豊臣秀吉が明からの使者の冊書を引き裂いた故事〕に魅入られたる如き心を以《もっ》て、予は専《もっぱ》らアジア諸国の近代史を読み、アジア問題に関する著書を読んで、アジアに対するヨーロッパ侵略の径路、アジアを舞台とする列強角逐《かくちく》の勢いを知らんとした。而してかくの如き研究は、更《さら》に予を駆りて近世ヨーロッパ植民史及び植民政策の研究に没頭せしめ竟《つい》に今日に至らしめた。十年以前、出家遁世さえし兼《か》ねまじかりし専念求道の一学徒、今は即《すなわ》ち拓殖大学に植民史を講じ植民政策を講じ、東洋事情を講じつつ、武俠の魂を抱いて紅葉ヶ岡の学堂に知識を練る青年と共に、復興アジアを生命とする一戦士となった。本書に輯《あつ》めたる諸篇の多くは、大正十年度の『東洋事情』講義草稿に加筆し、訂正せるものである。

初め予の研究の転向するや、予の諸友はこれを以て邪路に踏み込めるものとなし、須《すべか》らく第一義の参究に復帰すべしと迫れること、唯に一再に止まらなかった。なかんずく当時住友の社員たり、今は内村鑑三《うちむらかんぞう》氏の分身たる黒崎幸吉《くろさきこうきち》君が、国際問題に関する予の一小著に対し、切々として予がインド哲学より如是の研究に移るの非を諫《いさ》めたる書面を送り来れることは、今尚《な》お感謝なくして想起し得ざる所である。されど吾心は、最早塵外《じんがい》〔俗世の外〕に超然として、瞑想思索を事とするに堪《た》ゆ可《べ》くもなかった。否《いな》、アジア酸鼻《さんび》の源泉は、実に予が求めたりし如き出世間的生活を慕う心そのものに在《あ》ると思い初めた。アジアの努力、殊《こと》にインド至高の努力は、内面的精神的自由の体得に存し、且《かつ》これによって偉大なる平等一如の精神的原理を把握した。その神聖なる意義と価値とを正しく認識する上に於て、予は断じて人後に落ちるものでない。而もアジアは、この原理を社会的生活の上に実現せべく獅子王の努力を用いなかった。その必然の結果は、内面的・個人的生活と外面的・社会的生活とが、互に分離孤立する小乗アジアの出現となり、一面には精神的原理の硬化、他面には社会的制度の弛廃《しはい》を招き、遂に却《かえ》って白人阿修羅《あしゅら》の隷属たるに至った。アジアはその本来の高貴に復《かえ》るべく、先《ま》ず二元的生活を脱却して妙法を現世に実現する無二無三の大乗アジアたることに努めねばならぬ。これがためには、吾等の社会的生活、その最も具体的なるものとして吾等の国家的生活に、吾等の精神的理想に相応する制度と組織とを与えねばならぬ。予はかくの如く考えた。かくの如く考えたる故に、予は最も広汎なる意味に於ける政治の研究に深甚なる興味を抱いた。大乗的見地に立てば喫茶喫飯もまた第一義、小乗に堕すれば読経《どきょう》打坐《たざ》もまた第二義となる。剣かコラン〔コーラン〕かの信条を真向に振翳《ふりかざ》し、宗教と政治とに間一髪なきマホメットの信仰に、いたく心惹かれしも、また実にこの頃の事であった。回教に関する本書の数篇は、如是《かくのごとき》因縁に由来する。

シナを除くアジア諸国の研究は、従来殆ど等閑《とうかん》に附せられて居た。従ってアジアに関する国民の知識は、予想以外に貧弱であり、アジア問題に対して風する馬牛であった。今日に於ては、インドに関する多数の著書あり、アジア問題全般に関しては盟兄満川亀太郎《みつかわかめたろう》君の好著『奪われたる亜細亜』あり、これを数年以前に比して同日の談でないとは言え、アジア知識の普及は尚《なお》未だ充分でない。若《も》しこれを知ること充分ならば、誰か抑え難き義憤を抱いて降魔の剣を執《と》らざるを得ん。世界三大国の一と増上慢する日本さえ、神武の孫裔たる国民が、足一歩アングロ・サキソンの土を踏めば、即ち「好ましからぬ民」として世界の賤民扱いである。自余アジア諸国のこと、また知るべきのみ。若し日本民族の魂に、正義のために百済《くだら》を援けて大唐帝国に宣戦せる天智帝のこころ猶存《なおそん》し、冊を裂いて明国の使臣を叱咤《しった》せる豊太閤のこころ猶存し、面目のためにその友を殺さんとせる鎌倉権五郎のこころ猶存するならば、アジアの現状を究め、その大勢の趨《おもむ》く所を知って、而も黙して坐し得る道理がない。本書の諸篇が、聊《いささ》かにても復興アジアの大義を国民のこころに鼓吹し得るならば、予の労作は酬《むく》いられて余りある。

日本は「大乗相応の地」である。故にその政治的理想は遠々として高からざるを得ぬ。国を挙げて道に殉《じゅん》ずるの覚悟を抱いて、而して大義を四海に布《し》かんこと、これ実に明治維新の真精神を体現せる先輩の本願であった。新日本の国民は、この本願を伝統して森厳《しんげん》雄渾なる職責を負わねばならぬ。而してアジアの指導、その統一は、実に大義を四海に布く唯一路である。そは日本のためであり、アジアのためであり、而して全人のためである。総《すべ》てのアジアをして、来りて日本を強め、而して復興アジアの実現のために協力せしめよ。これ実に予が日々夜々の祈である。唯だ痛恨極まりなきは、今日の日本が尚未だ大乗日本たるに至らず、百鬼横行の魔界たることである。日本の現状、今日の如くなる限り、到底アジア救拯《きゅうじょう》の重任に堪えず、アジア諸国また決して日本に信頼せぬであろう。堅く信ず、南洲小楠〔西郷隆盛と横井小楠〕の霊、天上に瞑《めい》するに由《よし》なく、眼前の局促に囚われ、蝸《か》牛角上《ぎゅうかくじょう》の競合に没頭して他を顧みざる日本政治家共を唾棄《だき》し、偏《ひと》えに望みを純一武俠の青年に属して居ることを。吾等の正義は一貫徹底の正義でなければならぬ。吾等の手に在る剣は双刃《もろは》の剣である。その剣は、アジアに漲る不義に対して峻厳なると同時に、日本に巣喰う邪悪に対して更に秋霜烈日の如し。かくてアジア復興の戦士は否応なく日本改造の戦士でなければならぬ。啐啄《そったく》一時、大乗日本の建設こそ、取りも直さず真アジアの誕生である。

大正十一年六月

神奈川県大船常楽寺に於いて

大川周明

第一　革命ヨーロッパと復興アジア

「生活若くは生命は、不断に生成の途上に在る。吾等昨日の事変を反省しつつある間に、今日は既に進化の新方面が、目前に展開せらるるを見る。哲学が、灰白色に褪せて行く人生の、古びたる姿態を描きつつある間に、人生の他の一面は、燃ゆる紅の裡に躍動しつつある」——イリングワース『神と人との人格』

一　世界戦前のアジア問題

アジア民族は、第一に自由を得ねばならぬ。自由を得たるアジアは、周匝《しゅうそう》堅固に統一されねばならぬ。如何《いか》にして自由は得べきか、如何にして統一を実現すべきか、これ実にアジア当面の関心事である。今日のアジアは、ヨーロッパの臣隷である。奴隷に何の問題があり得るか。奴隷に何の理想があり得るか。奴隷は唯《た》だ主人の意志に従い、主人の利益のために動かさるる走屍行肉《そうしこうにく》に過ぎぬ。故に真の意味に於けるアジアの問題は、アジアが自由を得たる時に始まる。アジアは一切に先立ちて先ず奴隷の境遇を脱却せねばならぬ。

アジアは初めよりヨーロッパの前に俯《ひ》れ伏して居たのでない。彼等のあるものは今日の英独人が山野に狩猟を事とせる蛮民なりし時代に既《すで》に燦然《さんぜん》たる文化を有して居た。彼等のあるものはヨーロッパ人が尚《な》お西欧の小天地に跼蹐《きょくせき》〔縮こまっていること〕せる時代に船を南洋に浮べて諸島の経略に従った。彼等のあるものは朔北《さくほく》の荒野に嵯崛《さくつ》し、人の住むに堪《た》えずと思わしむる窮寒《きゅうかん》の地に見事なる国家を建設した。その中より出でたる英雄は中亜よりヨーロッパに進み、国を黒海の岸に建て、屢々《しばしば》ダニューブ河を越えて中欧を脅かした。彼等のあるものは迅雷《じんらい》の如くイタリアに攻入り、神の鞭《せめ》として西欧民族を戦慄せしめた。

彼等はかくの如《ごと》き偉大なる対外発展の力を示せるのみならず、内に在りては彼等に独特なる政治組織によってその国を治めた。世界に比類なき大堡塁を築き大運河を開鑿《かいさく》した。西洋に先立ちて磁石を用い、印刷術を発明し、火薬銃砲を発明した。彼等は高尚なる文学、深遠なる哲学、高貴なる道徳を有して居た。而《しか》して世界の人心を支配する総《すべ》ての偉大なる宗教は皆なアジアの間に生れ出でた。故にアジア人はその歴史に現われたる特質より見るも、或《あるい》は世界文化に貢献せる事実より見るも断じてヨーロッパ人の下に在るものでない。而も三百年の優勝は白人をして自負矜高《じふきょうこう》ならしめ、三百年の劣敗は黄人をして自棄卑屈に陥らしめた。

然《しか》るに日露戦争はアジア自覚の警鐘となった。而して日露戦争に於ける日本の勝利によって世界史の新しき局面が展開されることとなった。吾等の勝利は四百年間曽《かつ》て有色人のために破られざりし西欧民族に対する最初の打撃であった。彼等が長き間の勝利の歩みは実にこの時に於て最初の蹉跌《さてつ》を見たのだ。これと同時に吾等と人種を同じくするアジア諸民族は、俄然として自覚し初めた。啻《ただ》にアジア民族のみならず、西欧列強の圧迫に苦しめる一切の民族の間に彼等に対する反抗のこころが昂《たか》まって来た。極東の一小黄人国が面積に於て六十倍し、人口に於て三倍し、その勇武を以て世界の恐怖たりし白人強国を敵とし、見事にこれを打ち破れることは自余のアジア諸国に取りて真に驚嘆に堪えざる不可思議であった。而も吾等は目のあたり彼等の不可能を可能ならしめた。而して彼等に鼓吹するに、「吾等も亦《また》」ちょう希望を以てした。

この希望は必然隷属民族の間には独立運動として、名義だけも独立を保てる諸国の間には国家改造運動として現われた。ヨーロッパがその奴隷とせる民族の独立を高圧せんとするは何の不思議も無い。アジア諸民族の勃興はヨーロッパの最も欲せざる所であった。第二十世紀初頭二十年の歴史はヨーロッパ列強がアジア復興を欲せざりしことを、アジアに於て議会制度行われ、責任政府樹立せらるるを欲せざりしことを、明々白々に物語る。見よ、トルコの革命成功し、瀕死の旧国が新たに蘇《よみがえ》らんとせし時、彼等は一切の手段を講じてその発展を阻碍《そがい》し、伊土戦争・バルカン戦争によってその国力を疲弊させた。ペルシャの立憲政治もまたこの国を両分せんとする英露両国の野心を妨《さまた》ぐるが故に、その議会は非道を極むる外国軍隊の暴力によって顚覆《てんぷく》された。シナ革命が五族統一の国家的理想を象徴せる五色の新国旗を押立てて、これが実現に拮据《きっきょ》〔尽力〕せし時も、蒙蔵《もうぞう》〔モンゴルとチベット〕に占拠してシナを制せんと欲したる英露両国は、固《もと》よりその成功を喜ばなかった。而して最も悲しむべく、且《かつ》恥ずべきは、アジア復興の指導者たる可《べ》き日本そのものが、英国外交の翻弄する所となり、その「離間制御 Divide and Rule」の政策を二重に成功せしめ、シナ内部に党争の因を蒔《ま》き、同時に日支両国の背離を招くに至れることである。

かくの如くにしてアジアの将来は尚お暗澹《あんたん》として居た。仮令《たとい》アジアはその魂の底に自由と統一とを求むる心動き、而してこの心を最も適確剴切《がいせつ》に「アジア人のアジア」と云う一語に表象し、これを掲げて新アジアの理想とせしにもせよ、世界の大勢はこの理想を実現し得る日が、何《いず》れの時に来るかを疑わしめた。ヨーロッパは、依然として世界の独裁者たるべき「神聖なる使命」を確信し、世界制覇の角逐をアジアに於て続行した。故に国際政局に於ける所謂《いわゆる》アジア問題とは、ヨーロッパ列強が如何にアジアをその利己の俎《まないた》に載せ、如何にこれを料理し、如何にこれを分取《わけどり》するかの問題であった。日露戦争の世界史的意義は尚未だ歴史の進行の上にその全面目を現わさなかった。これを露呈するに至らしめたのは実に世界戦そのものである。

二　英独争覇としての世界戦

世界戦はその表面に現われたる相《すがた》としては英独の世界争覇戦であった。ヨーロッパの世界的覇権は、第十五世紀後半曽て十字軍によって鼓舞せられたる戦闘的精神が、海上の活動に旺向せる時に初めてその萌芽を見た。かくて第十六世紀以来ヨーロッパ列強は世界的覇権獲得のために、不断の戦いを続けて来た。而して第十九世紀初頭に於て勝利は一旦《いったん》イギリスの手に帰した。

英国の地理的特徴、即ち大西洋上に於ける大英群島の位置並《ならび》にその島国性が、世界的覇権の発展を有利ならしめたることは最も明白なる事実である。さりながらかくの如き地理的特徴が、英国発展の要件として利用せらるるに至りしは中世紀末葉以後のことに属する。第十六世紀以前の英国は、ヨーロッパの辺端に位する僻陬《へきすう》の群島として、経済的並に文化的に、西欧大陸諸国の後塵を拝し、政治上に於ては、群島内部の国家的統一とフランスの侵略とを以て、その国是として居た。然るにアメリカ大陸並に東インド航路の発見は、英国史の最も重大なる転回点となった。イギリスがこの発見に刺戟されて、一面群島内部の国家的統一を成就すると共に、他面大陸侵略政策を放棄し去って、その進路を海洋並に海外諸国に向くるに及び、英国の地理的特徴は俄然としてその意義を発揮して来た。即ち英国の島国性は、四面環海《かんかい》の故を以て他国と直接の軋轢《あつれき》を防ぎ、大陸諸国が至大の犠牲を払える国境戦争の紛糾を免《まぬが》れ、これによって節約せられる国力を挙げて海上の活動に用いるを得せしめた。而してその位置たる、ヨーロッパ大陸と大西洋との通過点に位し、著《いちじる》しく発達せる海岸線は、国民のために無数の港湾を形成するが故に、曩《さき》には欧洲西北の一歩哨に過ぎざりし島国が、今やヨーロッパ大陸の運命を海上に展開する自然の開拓者たるに至った。

一五八八年、イギリス海峡に於ける英国艦隊三日の奮戦は、完全に無敵艦隊を粉砕し、徹底してスペイン海上権を顚覆した。百年に亙《わた》りしイベリア国民の優越はこれと共に没落し、イギリスはその海上発展の確乎たる地歩を占むることが出来た。次でイギリスは第二の敵手としてオランダを選んだ。而してその戦はオリヴァー・クロムウェルその人の雄渾なる精神と鉄血の意志とより迸《ほとばし》れる、一六五一年の航海条例によって、最も無遠慮にオランダに対して挑まれ、一六五二年より一六七四年の間に行われたる前後三回の戦役によって、従来「海洋の幸福なる所有者」と謳《うた》われたるオランダは、その優越なる制海権を遂《つい》にイギリスのために奪われた。

オランダを雌伏せしめたるイギリスは第三の敵手としてフランスと戦った。イギリスは一六八八年より一八一五年に至る百二十六年のうち、その六十四年間は実に戦争を以て終始した。地球上の孰《いず》れの国民もイギリスの如く頻々《ひんぴん》たる戦争に参加せるはない。而してこの間の諸戦争はヨーロッパ戦争として記述されて居るけれども、実はスペイン王位継承戦を初めとし、オーストリア王位継承戦・七年戦乃至《ないし》ナポレオン戦に至るまで、一としてヨーロッパ並に植民地に於ける英仏争覇戦の反映ならざるは無い。

ナポレオンの出現は英仏争覇の最後の決戦となった。ナポレオンがその常勝の武威を以てヨーロッパを蹂躙《じゅうりん》せることは、表面その政策に矛盾あり撞着《どうちゃく》ありて、畢竟《ひっきょう》一身の権力欲を逞しゅうせるに過ぎざりしかに観える。さりながらナポレオンは英国勢力の圧倒を以てその根本政策とせるもの。彼一代の戦争並に経綸は、悉《ことごと》くこの根本政策の遂行より打算せられたる、秩序あり系統ある一大組織を成すものである。洵《まこと》にナポレオン衷心の熱烈真摯なる本願は、百年以来世界争覇の敵手たる英国よりその優越なる地位を奪い、フランスの勢力を恢復して世界的帝国の冠冕《かんべん》〔首席〕を獲得せんとするに存して居た。故に彼は第一には地中海の制海権を占め、次でインドを経略し、これによって英国の勢力を殺がんとした。第二には直ちに英本国に侵入してこれを克服し、一切の要求を容れしめんとした。第三には英国商品の大陸輸入を禁止して致死の経済的打撃を加え、これによって英国を屈服せしめんとした。彼が一七九八年モールタ島を略取し、エジプトに侵入し、一方使節をインドに派して諸藩王を煽動せるが如き、皆な第一策遂行のために外《ほか》ならぬ。而して英本国への直接侵入は、不幸にして仏国海軍が不完全なりしために、再三実行を企てて遂に不成功に終った。かくて彼は全力を挙げて第三策即ち大陸封鎖の厲行《れいこう》〔実行〕に着手し、全欧諸国に対して、或は干渉を加え、或は侵略併呑し、或は同盟を結び、遂に欧洲全土を蹂躙するに至った。

大陸封鎖は英国に取って非常なる打撃であった。一八〇三年のハンノーフェルの占領以来、ナポレオンは着々欧大陸の海岸を封鎖し、一八一二年露国に侵入せる頃には、英国の経済界は甚《はなはだ》しき悲境に陥《おちい》り、英蘭銀行の兌換《だかん》券は八十パーセント以下に下落し、従来大陸に於て二十五フランに相当せし一ポンドは今や僅《わず》かに十七フランとなり、商業上の恐慌起りて銀行の破産頻々相次ぎ、議会に於ても非戦論の声漸《ようや》く高きを加うるに至った。故に若《も》しナポレオンにして能《よ》く露国を征服し得たりしならんには、英国も遂には屈服を免れざりしなる可く、英仏その地を換えて世界的覇権は恐らく仏国の掌裡に帰したであろう。而もモスクワの敗戦は、遂にナポレオンをして千仞《せんじん》〔九仞〕の功を一簣《いっき》に欠かしめたるのみに非《あら》ず、爾来《じらい》運命は歩一歩この千古の天才と逆行し、終《つい》に一八一五年ワーテルローの敗戦となり、その畢生の競争者の冷酷なる監視の下に、大西洋上の一孤島に流謫の身となるに及び、茲《ここ》に英仏最後の世界争覇戦は、英国の完全なる勝利を以てその局を結んだ。

かくて第十九世紀の英国史は、最早《もはや》覇権獲得の歴史に非ずして維持の歴史となった。これ英国が一九一四年の大戦に至る迄《まで》、一たびも決定的戦争を行うの要なかりし所以《ゆえん》である。唯だそれ英国の政策そのものは、第十九世紀に至りても何等変更せられたるに非ず、苟《いやし》くも新興国の嶄然《ざんぜん》として頭角を現わさんとするものあれば、直《ただ》ちに一撃をこれに加え、或はこれを脅威してその野心を放棄せしめずんば止まなかった。クリミア戦争並に日露戦争に於けるロシア、ファショダ事件以後に於けるフランスの如き、皆この政策の俎上《そじょう》に載せられたるもの。而して近代ドイツの勃興がヨーロッパの勢力均衡を脅かし、英国の世界的覇権に対する競争者たるに及んで、イギリスは第四の敵手としてドイツを選び、所謂包囲政策によりて先ずドイツを孤立の地位に陥らしめ、遂に英独争覇の世界戦を見るに至ったのだ。

第十九世紀に於けるイギリスの発展は実に世界史的驚異である。それは政治的組織としては世界最大の国家であり、その領土は地球全陸土の四分の一に亙り、その人口は全人類の三分の一を占める。僅かに三百年以前、フランシス・ベーコンがその著作に用いるを恥じたるイギリス言葉は、一億二千万人の母国語、五億五千万人に対する公用語、殆《ほとん》ど全世界に通ずる商業語となった。而してこの世界制覇は、規模最も大なる経済的根柢の上に築かれ、イギリスは第十九世紀初頭、夙《はや》く既《すで》に世界商工業の首位を占め、通商貿易の中心点として覇を海運界に称《とな》え、かくして獲得せる無限の富を以て、ヨーロッパを債務者とする債権国となり、次で「世界銀行」たるに至った。

さりながらイギリスの世界制覇は、何等徹底雄渾なる理想遂行の賜でない。アイゼンハルト、ブライ、トライチケ等のドイツ史家がイギリスの膨脹を以て或はこれを僥倖《ぎょうこう》に帰し、或はこれを窃盗的行為とし、或はこれを譎詐騙取《けっさへんしゅ》〔詐欺〕に過ぎずとするのは、必ずしも国民的偏見に基《もと》づける罵詈とのみ言えぬ。シーリー教授、その著『英国膨脹論』に論じて曰く、「イギリス帝国の発展は、当初より一個雄大なる目的を樹立してその遂行を図れるに非ず、唯だ一の功業より自然に他の功業を生み、歩々自然に建設せられたるものである」と。かく論じたる時、彼は英国を弁護せんとして、実はその覇権獲得が無主義・無理想の利己心より出でたることを最も腹蔵なく白状せるものである。英国の隆興はその地理的位置と、国民の絶倫なる功利的聡明と、利己の機会を掴《つか》むに敏捷無比なるとによれるもの。その厖大なる国家は、経済組織に於て貪婪《どんらん》飽くなき資本主義、政治組織に於て投票函万能の民主主義、この両者を以て経緯せる一個無慚の地獄である。而も過去に於ける彼等の成功は、彼等を駆りて天人倶《とも》に許さざる増上慢に陥らしめ、ロスチャイルドの婿にして自由党の大臣たりしローズベリは、公々然グラスゴーの大学学生に演説して、「神は吾等に賜うに世界支配の権を以てした」と言うに至った。

この暴君に対して堂々叛旗を翻《ひるがえ》せるものは、勇敢なる新興ドイツであった。されどドイツの挑戦は、蛇に対する虎の挑戦であり、その鋭き爪はイギリスのそれと等しく、資本的帝国主義の爪牙《そうが》であった。そは貪婪の国・増長の国たる点に於て毫釐《ごうり》〔ほんの少し〕もイギリスと択《えら》ぶところ無い。仮令ドイツの社会主義者レンシュが、その著『世界革命の三個年』に於て、如何に牽強附会して、英独戦は世界革命戦なりと力説しても、ドイツの起てるは決して革命の戦士としてではない。「パンの中身は既にイギリスのために奪われ尽し、ドイツに残されしは唯だその外殻のみ」とは、ドイツ国民の代言者トライチケの抑え難き憤懣であった。かくてドイツの志《こころざ》せる所は、イギリスが蛇の邪智を以て奪える、味よきパンの中身を、唯だ虎の暴力を以て横取りするに在った。

ドイツはイギリスの本質そのものを否定したか。断じてこれをしない。その資本主義・民主主義を否定したか。断じてこれをしない。彼等はイギリスを罵《ののし》った。而も彼等の悪罵は決してイギリスの本質に対して加えられたのでない。それは単なる悪口雑言に外ならなかった。偽善者と云う常套の非難以外に、直ちにイギリスの肺腑を刺す鉄崑崙の一句でもあったか。洵にゲルマンの心胸には既に「アングロ・サキソン」が深くその根を下ろして居たのだ。彼等の奉ずる国是は、イギリスと等しく資本的帝国主義であった。その政治的理想並に経済的組織に於て、また何等本質的相違が無かった。従って彼等はその敵の心を心とせる「謀叛者」たるに止まった。英独の孰れが勝利を得るにせよ、世界は依然としてヨーロッパの鉄鎖に縛られ、唯だその鉄鎖の持主を代えるに過ぎなかったのだ。

三　革命に脅かさるるヨーロッパ

然るに英独争覇の世界戦は、その混沌の裡《うち》よりロシア革命を生んだ。而してロシア革命の成就者ボルシェヴィキは、啻に露国内の戦士としてのみに非ず、同時にヨーロッパ革命の戦士として起った。彼等は少数者が国民の物質的利益を壟断《ろうだん》する資本主義を、その根柢に於て否定し、全民の福祉を理想とする労働主義によって、経済生活の統一を実現せんとした。而してこれと共に資本主義の政治、所謂近世民主主義の政治を敝履《へいり》の如く放擲《ほうてき》した。

世界の民衆は英米資本家の宣伝に欺《あざむ》かれ、民主主義は資本主義の敵なるかに空想する。而もフランスの社会主義者ドレージーが、その小著『来る可き戦』に於て、骨を刺す辛辣を以て爬羅抉剔《はらけってき》〔暴露〕せる如く、「資本家そのものこそ民主主義の指導者、その最も忠実なる推奨者、その最も熱心なる煽動者である。否、彼等は実に民主主義の発明者だ。民主主義は一個の黒き幕である。資本家はこの幕の蔭《かげ》に隠れ、この幕を以て民衆の憤怒攻撃に対する無上の鉄壁として、強奪を肆《ほしい》ままにして居る」。

蓋し民主主義の政治的特質は、多数を絶対とすることに在る。而も政治に於ける所謂多数とは、個々の主観の器械的合算でないか。真理は「質」にして「量」でない。そはゲーテが「最も嫌忌す可き者」とせる「多数《マヨリテート》」――能力乏しき先駆者と、適応力なき無頼漢と、同化され易き弱者と、自己の為すべき所を知らず唯だ他人に追蹤《ついしょう》する民衆と、此等のものより成る多数」によって定めらるべくもない。そは明朗透徹なる魂のみ、能く認識し得る所のものである。加うるに今日の民主的議会政治は国家を器械的・地理的に分割して、代表者を選出するが故に、その代表は毫《ごう》も国家生活を有機的に代表するものでない。故に革命ロシアは、近世ヨーロッパの民主政治を一蹴し去った。而して国民の経済的生活に即して、有機的なる政治的組織を断行し、選ばれたる少数者の魂によって、新ロシアを統一指導せんとした。ボルシェヴィキはかくして生める新しき力を以て戦を旧ヨーロッパに挑んだ。「ヨーロッパの民主主義と云う汚れた着物を脱棄てる時が来た」とは、レニンの冷静なる宣告であり、「資本階級のヨーロッパ滅ぶか、さもなくば吾等滅ぶであろう」とはトロツキーの熱烈なる怒号であった。

革命の混沌に乗じ、新生ロシアを強迫してブレスト・リトフスク条約に調印せしめたるドイツは、その後十五カ月にして、レニンが予言せし如く、果して革命の勃発を見た。唯だドイツ革命の指導者は、革命の一撃成功するや、革命は既《すで》に終局せるかに考え、民衆の革命的行動を制止して、一刻も早く秩序を回復することに没頭した。故にリープクネヒトの死を一段落として、普通選挙の上に立つ共和国の出現を以て、ドイツ革命の幕は一先ず閉ざされた。その後ハンガリー、バイエルン、及びドイツ諸市に於て、露国のそれと同一なる共産主義革命の勃発を見るに至ったが、悉く不成功に終り、ボルシェヴィズムはその西漸《せいぜん》の歩武《ほぶ》を阻止された。

さりながら、革命の種子は全ヨーロッパに、深く且汎《ひろ》く蒔かれて仕舞った。資本主義に対する不満は、戦後に於て最も顕著となった。今や西欧資本主義は、一面に於てその道義的信用を失えると同時に、他面自ら惹起《じやっき》せる物質的諸問題さえも、これを解決する能力なしとせらるるに至った。而して事茲に至れる径路は、これを辿《たど》るに困難でない。蓋《けだ》し世界戦は、交戦諸国に於て、強大なる社会的本能の復活を招徠した。真に死活の戦闘に没頭せる諸国は、宛《あたか》も原始民族がその部族的生活に於けるが如く、不断に全体的危険と団体的野心とを痛感した。さしも激しかりし階級闘争も、これがために中止の姿となり、政党の権力争奪もこれがために一時その影を潜めた。国内に於ては全市民が利害を超越せる無私の社会的奉仕を強要せられ、戦線に於ては全軍人が愛国的義務として生命そのものを国家に献げさせられた。加うるに諸国の政府は軍人並に一般国民の士気を鼓舞するために、一切の美辞麗句を以て、戦後の多幸をその国民に約束した。国民は国家の存立のために前後約五年に亘り、無限の報酬を懸《か》けても尚且《なおかつ》平時に於ては応ずるもの無かる可き危険なる生活に堪え続けた。戦終りて後幾百万の軍人が、協同互助を根本鉄則とする戦場生活より、最小の労力を以て最大の利益を収むることを主義とする利己競争の会社工場に帰り来れる時、彼等のある者は明白に、ある者は漠然と、今日の社会組織に不満を感ぜざるを得なかった。一個の人間が単に土地・鉱山、又は器械を所有すると云うだけの事実で、同胞の日々の生活条件を左右する時に何の自由が国民にあるか。富が言論を支配して人間の思想を左右する時に、何の正義があり得るか。彼等は現在の社会組織を以て彼等が人間としての向上を阻止するものと感じた。かくして戦争終局と共に一時中止せられたる階級闘争は再び開始された。而してその激烈なることは到底《とうてい》戦前の比でない。蓋しヨーロッパ人は多年の戦争によって殺人に慣れ流血に慣れた。これによって養われたる殺伐の気象は、所思《しょし》を遂《と》ぐるに暴力を以てせしめ易《やす》い。戦後のヨーロッパ人はこの点から見ても、これを戦前に比して著しく危険性を帯びるものである。

かくて革命はヨーロッパを脅威しつつある。若し欧洲政治家が、更に高き統一原理によってこの激しく対抗する両者を処理することなく、徒らにこれを抑圧せんとするならば、恐らく非常なる社会的変動を免《まぬが》れぬであろう。この国家内部の争闘は、それが長かれ短かれ続く限り、必然国力を弱めずしては止まぬ。而して吾等はこの現象の裡にヨーロッパ世界制覇の終末が、既に近づきつつあるを黙示される。

四　世界戦と非白人昂潮

ヨーロッパ民族が殆ど地球全面の主人公たるに至りしは、今日の英米人が好んで主張する如く、彼等が「正義人道の選手」たりしために非ず、実に「天国に於て隷属者たらんより、寧《むし》ろ地獄に於て支配者たらん」ことを欲せる剛健無比の戦闘的意志を所有せるがためである。彼等は、己《おのれ》が生存に適する条件を具備《ぐび》せる温帯地方を侵略せる場合には、悉く先住民族を駆逐掃蕩した。濠洲並に北米には殆ど全く土民の跡を絶ち、白人が唯一の住民となった。彼等の住むに堪えざる熱帯地方に於ては、土民の労力なくしては一切の事業を不可能とするが故に、肆ままに彼等を虐使する。

これをアメリカに見よ。甘蔗《かんしゃ》〔さとうきび〕・煙草・木綿の栽培を南部に開始するや、先《ま》ず西インド諸島の土民に労働を強制した。余りに激しき苦役のために西インド土民遂に亡び去るや、黒人奴隷をアフリカより輸入して虐使した。アジアに於てはジャワ土民がオランダのために三百年苦役を課せられた。アフリカに於ては黒人を駆使して、セネガルに落花生を、黄金海岸にココアを、スダンに木綿を栽培し、トランスヴァアルに於てはカフィル人に鉱山労働を強制し、その逃走するやインド苦力を輸入した。彼等はかくの如き経済的掠奪に際し、唯だ商品として有利なる栽培にのみ没頭するが故に、食料品の栽培を閑却し、これがために無残なる飢饉を諸処に現出せしめた。加うるに彼等は、これらの諸植民地を以て永久に自国商品の市場たらしむ可く、一切の工業的発達を阻止して居る。

而もこれら厖大なる領土を支配しつつあるヨーロッパ人は、その数に於て驚くべく寡少である。熱帯アフリカ全部は僅かに九万、マレー群島は八万、インドは十五万の白人によって土民の死命が制せられて居る。無数の有色人が宛も水牛の幼童に牧《ぼく》せらるる如く、比較にもならぬ少数者によって苦もなく虐げられて来たのだ。さりながら水牛が憤怒怨恨の角を翳《かざ》してその牧童に躍りかかる日が次第に迫って来た。而してこれを激成せる最近の刺戟もまた革命ヨーロッパを生める世界戦そのものに外ならぬ。

世界戦の初期、独軍破竹の勢いに戦慄せる英仏はアジア、アフリカの諸領土に於て能《あと》う限りの軍隊を募集してこれを戦線に立たしめた。これを募集するに当りて英仏は彼等を呼ぶに「兄弟」を以てし、文化擁護の共同の目的のために起てと称え、これを西部戦線に立たしめ、エジプトの野に戦わしめ、ガリポリ或はサロニキに奮戦せしめた。彼等の勇気を鼓舞し、彼等の忠誠を贏《か》ち得るために、英仏は彼等に告ぐるに、世界戦は実に彼等自身のための戦なること、その戦わるるは、全世界に正義と自由とを確立するためなることを以てした。

シナは幾万の苦力《クーリー》をフランスに送った。彼等の多くは英軍指揮の下に弾丸雨下の間に働いた。シャムはその軍隊を西部戦に参加せしめた。インドは莫大の戦費を寄附し、且ヨーロッパ・小アジア・エジプトに於てイギリスのために戦った。三十万を超ゆる合衆国黒人も、また戦線に立った。アフリカ黒人も、忠実に英仏のために戦った。これら有色人軍隊は到るところ常に第一線に立たせられた。而して勇敢に英仏のために戦い、日毎《ひごと》に戦場に傷つき、又は生命を失った。新聞は筆を極めて彼等の勇武を称揚し、一斉に「勇敢なる同胞よ」と書き立てた。而も彼等の死屍は葬らるることなくして戦場に棄てられた。飢えたる犬が彼等の肉を啖《くら》ったであろう。雨露が彼等の骨を枯らしたであろう。されど彼等の霊魂は何等の慰安又は祝福の言葉に送られず、淋《さび》しく天に帰らねばならなかった。彼等は重傷を負うて痛苦に呻吟《しんぎん》しても病院に収容されなかった。若し手当を加えても、再び戦場に立ち得ざるほどの重傷者は、悶《もだ》えて死ぬが儘《まま》に放置された。ただ白人兵士を収容して、尚お余裕ありし時にのみ軽傷者を収容し、傷癒《い》ゆれば直ちに駆って再び戦場に立たせせた。彼等は一切の残虐を忍び、艱難に堪えて、唯だ戦後に確立せらる可き正義を期待した。

而も如何に甚しき幻滅ぞ。英仏の所謂「正義」と「自由」とは、国際聯盟の相を以て現われたのだ。国際聯盟規約第十条は実に下の如く規定して居る。曰く「聯盟国は、聯盟各国の領土保全及び現在の政治的独立を尊重し、且外部の侵略に対して之を擁護することを約す」と。それは欧米の利益を呼ぶに国際的正義の名を以てし、これによって一面には自己の良心を欺き、他面には世界の愚者を欺きつつ、外面的制度の確立によって世界の現状を出来得る限り持続せんがため、隷属国民より自由を恢復するの権利を奪い、弱小国民より強大ならんとする権利を奪い、新興国民より老齢国民の後継者たる権利を奪わんとするための規定でないか。さりながら一切の組織又は制度は、理法の具体的実現としてのみ意義と価値とを有する。外面的制度によりて世界の現状をステロタイプし、一切の生類を支配する儼然たる理法を無視し、国家の新に生れ、又は大に発展し、又は終に死滅するを防がんとするが如き、非法の計画並に努力は、晩《おそ》かれ早かれ水泡に帰すべくある。世界戦は「不義」と「隷従」とを擁護すべき国際聯盟を生まんがために戦われたのでない。

国際聯盟の成立に拘《かかわ》らず、英仏の標榜《ひょうぼう》し宣伝したる看板と文句とは、既に隷属民族の魂に、真個の自由と正義とに対する、抑え難き要求を鼓吹した。かくして「現状維持」を根柢とせる国際聯盟の精神を破りて、ヨーロッパ世界制覇に挑戦する気勢が全有色人の間に張《みなぎ》るに至った。今や国際聯盟がその保全を約せる「各国の領土」に於て、到る処《ところ》白人覇権に対する土民の反抗を見ざるはない。世界戦中、フランスの軍人並に労働者の供給地なりし北アフリカに於ては、国土擁護のために仏人と協力せる土民が、これによって自己の価値と威厳とを自覚し、最早従来の待遇に甘んじなくなった。北米に於ては戦時に白人移民労働者帰国のために、俄《にわ》かに合衆国の経済的生活に擡頭し来《きた》れる黒人の自覚、並に戦場より帰りて受けし冷遇に対する黒人兵士の憤激が、合して一九一九年七月の黒白人争闘となり、ワシントンやシカゴの町々を鮮血で彩《いろど》ることとなった。而してアジア全土に亙りて、白人支配に対する抵抗が、昂まる潮の如くなって来た。かくて白人対非白人の抗争が、漸く具体的に民族闘争の相《すがた》を取らんとするに至った。而してこの非白人昂潮の中心の力は、取りも直さず復興アジアそのものである。

五　復興途上のアジア

トルコを除く全アジアの協力によって戦われたる世界戦が、その終結と共に全アジアに漲る不安を生みたるを見る時、吾等はこの雄渾にして悲壮なる戯曲の背後に在りて、これを展開せしめつつある偉大なる力に驚魂せざるを得ぬ。世界戦後のアジア問題は、最早全然戦前とその性質を異にし、ヨーロッパの支配に対するアジア復興の努力を意味するに至った。而してかくの如き推移は、茲にヨーロッパ人の所謂アジア不安を生んだ。而もそは、ヨーロッパ人に取りてこそアジア不安であるけれど、吾等アジア人に取りては、明白にアジア復興の努力である。

所謂アジア不安は、西はエジプトより、東はシナに至るまで、種々なる姿を取りて現われて居る。而してその不安・混沌の間に輝く一貫脈々の光は、実に復興アジアの精神である。従順羊の如きジャワ土民すら、熱心に黄色人種の聯合を唱えるに至った。ジャワ在住のシナ人は、オランダ政府の苛酷なる圧迫と戦いつつ、本国のシナ人と密接なる関係を樹立すべく努めて居る。一九一六年、バタヴィアの回教首僧は、オランダ女王誕生日祝賀式に参列することを拒んだ。数々の団体が、東インド諸島民聯盟を実現すべく志士の指導の下に画策して居る。インドに於ては迅速なる自治乃至完全なる独立が、国民の強大なる要求となり、ガンディに率いられて規模雄大なる排英運動が起って居る。アフガニスタン及びペルシャは革命ロシアと手を握り、英国勢力の駆逐に全力を挙げて居る。小亜の諸回教民族は、国際聯盟が定めたる委任統治並に保護統治を排斥すべく、武器を取って英仏と抗争を続けて居る。トルコ帝国最後の運命を負えるムスタファ・ケマール・パシャは、アンゴラに拠《よ》って戦勝聯合国全体をその敵とし、掲げる所の弦月旗は正《まさ》に利鎌《とがま》の如く冴《さ》えて居る。

これらの総ての運動は、その表面に現われたる所では政治的乃至経済的である。さりながらその奥深く流るる所のものは、実に徹底して精神的である。何となれば今のアジア運動は、目覚めたるアジアの魂にその源を発して居るからである。これをトルコに就て見る。青年トルコ党の初めて奮起せる時、彼等の則る所は西欧民主主義に外ならなかった。然るに世界戦中に於て、彼等が唱道せるトルコ国民主義は、トルコ精神の奥深く流るるツラン魂より湧き来れるもの。故にその求むる所は、決して西欧の主義乃至制度を輸入せんとするに非ず、純乎《じゅんこ》として純なるトルコ文化を、自らの力によって創造し長養《ちょうよう》せんとするに在る。インドに於ても吾等は同様の事を見る。世界戦前に於けるインド国民運動は、仮令アラビンダ・ゴーシュの鼓吹せる理想が、薄伽梵歌《バガボン》〔ヒンドゥー教の聖典バガヴァッド・ギーター〕の聖泉に汲《く》めるインド本来の哲学的思索に根ざせりとは言え、これに感激して革命の実際に活動せる青年は、少くともその手段方法に於て、西欧革命運動を模倣して居た。然るに今日ガンディに率いらるる革命運動は、単《ひと》りその精神に於てのみならず、一切の手段に於て徹底してインド的となった。而して回教諸国の復興運動が、政治的なると同時に精神的なることは、回教そのものの本質より見ても明白である。彼等のヨーロッパと戦うは、その政治的支配・経済的掠奪を斥けんがためのみに非ず、実に彼等自身の信仰を護らんがためである。この二重の独立、精神的独立と政治的独立、これが目覚めたるアジアの今求めつつある所のものである。而してこの二重の独立に対する要求が即ちアジア不安の原因であり、且アジア復興の真意義である。

一九二一年三月十六日、労農ロシアとトルコ・アンゴラ政府との間に締結せられたる条約は、その第四条に於て、真に深甚なる思想を示して居る。曰《いわ》く「両締盟国は、東方諸国の国民的自由獲得のための運動と、ロシア労働階級の新社会制度建設のための運動との間に、多大の接触点あるを確認し、茲に東方諸国民の自由並に独立の権利、及びその欲する所に従って政体を選ぶの権利を宣言す」と。然り、革命ヨーロッパと復興アジアとは、新しき世界史を経緯する根本要素である。旧《ふる》きヨーロッパは革命せられねばならぬ。雌伏せるアジアは復興せられねばならぬ。

自由は進んで獲取すべきものにして、与えらるべきものでない。アジアよりその自由を奪える民族は、絶倫なる意力の所有者である。故に彼等に優る強大なる「力」を実現するに非ずば、アジアは竟に自由を得るの日なしと覚悟せねばならぬ。革命乃至内訌《ないこう》は、ヨーロッパの国力を弱くするであろう。されど自己の力は他の強弱によって定まるものでない。アジアは真個に強くならねばならぬ。アジアは敢然として自己金剛の意力を発揮せねばならぬ。而して「力」とは思想の発動である。故にアジアはその「力」を発揮するために、正しき思想を把持せねばならぬ。その「力」をして剛健偉大ならしむるためには、雄渾森厳なる思想を体得せねばならぬ。その敵を克服するためには、その敵よりも勝れる高貴なる思想に奉仕せねばならぬ。世界戦の神意は、革命ヨーロッパと復興アジアとを、その混沌・苦悩の裡から生み落すに在った。吾友リシャル君曽て「万国の主」をして言わしめて曰く、

「さらば東方よ起て。起って汝が帝王の衣裳を着けよ。今は汝、往きて西方と会う可き時なり。而して其の往くは、戦士が敵に向って進む如くならず、新郎の新婦に赴くが如くなるべし。而も之が為には、嗚呼西方よ、汝先ずその悪しき夢——傲慢と狂暴との夢より醒めざる可からず。嗚呼洵に汝等は新郎新婦なり。汝等相結ばば、即ち将来を生まむ」

と。新しき世界の黎明が来た。ヨーロッパは夢より醒めねばならぬ。而してアジアは惰眠より起たねばならぬ。

第二　チベット問題の由来及び帰趣

「英国のインド喪失は、英国の領土に、アングロ・サキソンのあらゆる血と火と鉄とを以てするも、到底破れたる両端を接合し難き、一大破綻の発生を意味する」――ホーマー・リー『アングロ・サキソンの世』

「この不幸蒙昧なるインドの為に、自由の勝利を告ぐる時来らば、記せよ、次の瞬間に、歴史の時計は、海洋の女王の死を世界に告げるであろう。而して英国は、僅かに本店をロンドンに有する一大世界銀行となり了るであろう」――スナサレフ『インド』

「英国にして一旦インドを失わば、断じて世界的帝国の地位を保つことが出来ぬ」――カーゾン卿『ペルシャ問題』第一巻

一　中亜に於ける英露の角逐

インドが英国に取りて、極めて重大なる意義を有するは、単に無限の天産と、無数の住

民とを有するが故《ゆえ》でない。インドは実に英国資本に対する巨大なる投資場であり、大志ある英国青年に取りて、文武仕官の好舞台であり、莫大なる商業の中心であり、重要なる海上聯絡点であり、軍隊の駐屯処であり、而《しか》して最も必要なる海軍根拠地なるが故である。シェークスピアを失わんより、寧《むし》ろインドを失わんと言える時代は既《すで》に過去となった。今日のイギリスは、百のシェークスピアを失うも、寧ろインドの保全に焦慮する。

第十九世紀前半以来、英国外交の根本政策は、インド保全の一事に存して居た。而してその要点は、第一に如何《いか》にして英国よりインドに到る海路又は陸路、能うべくんば海陸両路の支配権を、自己の掌裡《しょうり》に収むべきか。第二に如何にして直接インド自身を防衛すべきかに存して居た。而してこの目的のために、英国は、インドの接壌《せつじょう》諸国、即《すなわ》ちペルシャ・アフガニスタン・チベットの独立又は不分割を以て根本方針とし、且《かつ》能うべくんばこれを英国勢力の範囲たらしめんと欲した。

然るに一方ロシア帝国は、ピョートル大帝以来、インド侵略並に不凍港獲得のために、大胆にして執拗なる努力を続けて来た（註1）。露国は屢々《しばしば》ボスフォラス・ダーダネルス両海峡を経て、地中海に進出せんと試みた。而してその都度、欧洲列強殊《こと》に英国のために阻止された。英国のこれを阻止せるは、言うまでもなくインドに到る海路の安全を確保するためであった。

地中海進出を拒まれたるロシアは、東方遥かに太平洋を望み、シベリア・満洲を経てウラジオストックに到り、終《つい》にハルビンより南下して黄海に達し、旅順《りょじゅん》・大連《だいれん》の両港によって不凍の海口を獲得したるのみならず、更《さら》に朝鮮半島をもその勢力範囲に入れんとした。而も朝鮮一度び露国の掌裡に帰するに於ては、日本は直《ただ》ちに国家的存立を脅威されねばならぬ。かくて日本政府は、露国多年の宿望たる海口を獲得せる機会に於て、極東に於ける日露両国の勢力圏を劃定《かくてい》すべく、一八九八年三月、時の駐日露国大使ローゼン男に、極めて譲歩的なる日露協商の草案を提供し、若《も》し露国にして、日本が朝鮮に於て自由行動を執ることを承認せば、日本は、満洲及びその海岸を挙げて、全然露国の勢力圏内に置くことを承認すべしと提議した。この提案はローゼン公使の尽力ありしに拘《かかわ》らず、遂《つい》に露都の賛成を得る能わず、露国はあくまでも朝鮮の放棄を肯《がえ》んじなかった（註2）。かくの如き形勢は、遂に日露戦争を惹起し、露国は啻《ただ》に朝鮮半島より逐《お》われたるのみならず、その獲得せる不凍港をも失うに至った。

而も当時のロシアは、決して一敗地に塗《まみ》るるものでなかった。百年の国是は、断じて彼等の放棄せざるところ、彼等はあくまでもその志を遂げずば止まざらんとした。而して彼等の採るべき途は、更に捲土重来して前両策の遂行を図るか、或《あるい》は方針を変じて、(一)ペルシャよりアラビア海及びインド洋に進出するか、(二)又はアフガニスタン及びチベットより、インドに向って南下するか、如上《じょじょう》〔上述〕の孰《いず》れかでなければならなかった。後の両者は、互《たがい》に最も密接なる関係を有し、国際政局の上に於て、一括して中央アジア問題の名を以て呼ばれ、而して問題の中心は、常にインドそのものであった。ペルシャ・アフガニスタン・バルチスタン・新疆《しんきょう》・チベットに関する一切の問題は、悉《ことごと》くインドを中心として論ぜられ、これらの諸国の価値は、インドとの遠近によって定まるものとされて来た。

第十九世紀末葉に至るまで、インドを脅かす英国の外敵は、唯だロシア一国であった。然るに現世紀に至り、新興ドイツ帝国の大胆なる東漸政策は、ベルリン・バグダード政策の姿に於て、新しき而して恐るべきインドの脅威となった。英国はバグダード鉄道の将来に関して、甚しき不安を感じ、一九〇三年、遂にエレンバラー卿をして「予はペルシャ湾頭に他国武器庫の建設せらるるを見んよりは、寧《むし》ろコンスタンチノープルが露国の手に帰せんことを欲す」と声明せしむるに至った。

この声明、並に時を同じくして英国外相ランスダウン卿が、ペルシャ湾はインド国境の一部なり、と公言したことは、英国が多年のコンスタンチノープル政策をも一変せることを示すものである。英国はトルコ保全を以て、百年に亙《わた》る伝統的政策とし来れるに拘らず、遂にその方針を一変してコンスタンチノープルを露国に委ね、これによって「インド並《ならび》に英国海上権」を脅威せんとするドイツの東進に当らしめんとするに至ったのだ。而してかくの如き国際政局が、世界戦の根本原因をなせることは言うまでもない。錯綜《さくそう》せる近因があるにもせよ、世界戦究極の因縁は、実にアジアへの路、ひいてアジアそのものを奪い取らんとせるヨーロッパ列強のあくなき侵略の欲である。

註1　ロシアの南下政策は、ピョートル大帝の遺詔に基くとせられて居る。この名高き遺詔は、果して大帝の手に成れるや否やを疑問とするが、兎に角その中には下の如き一節がある。曰く「銘記せよ、インド商業は世界商業にして、能くこれを統制する者は、即ちヨーロッパの覇者たり得ることを。故に一切の機会を逸せず戦をペルシャに挑み、その没落を促進し、ペルシャ湾に進出せよ、而してシリアを経て古代近東貿易の復興に努力せよ」

註2　Fürst G. Trubetzkoi : Russland als Grossmacht 第四九頁以下に、これに関する日露交渉の簡潔明瞭なる叙述がある。

二　英国とチベットとの関係

かくて中央アジア問題は、世界政策の根本問題の一である。而してチベット問題は、中央アジア問題の一部たること、前述の如くである。而も吾等は茲《ここ》に暫《しばら》くチベット問題のみを分離し、その由来と真相とを略叙《りゃくじょ》し、そのアジアの将来に対する意義を闡明《せんめい》すると同時に、中央アジア問題全般の面目をも彷彿せしめんと欲するものである。

もと英国は、西北境より来るインドの脅威に対しては、常に非常なる苦心を以《もっ》て、これが対応に努めて来た。蓋《けだ》し有史以来、インド侵略の企てられしこと前後二十六回、而してその二十一回は、多かれ少かれ目的を達して居る（註1）。而もそれらのインド侵入軍は、悉くインド西北境を越えて来襲したのだ。従って英国が心をこの方面に注ぐのは極めて当然のことである。然《しか》るに東北チベット方面に至りては、峨々《がが》たるヒマラヤの天険、自然城壁をなすが故に、英国はネパール・ブータン両国を保護国としシキムを属領とすることによって、東北境より来る危険を防ぎ得たと考えて居た。加うるに日清戦争によってその本体が暴露せらるるまで、世界は眠れる獅子としてシナを恐れて居た。従って英国は、一面にはチベットに政治的発展を試みてシナと事を構うるを恐れ、他面にはシナの力能くチベットよりする露国の脅威を防ぐに足ると信じ、殆《ほとん》ど心を東北境に労しなかった。

ただイギリスは、夙《はや》く既にヘスティングスの時からチベットと通商関係を開きたいと希望して居た。されどチベットは、堅く鎖国主義を採り来りしが故に、その目的は遂げられなかった。既にして一八七五年、雲南に於けるマーガリー殺害事件に際し（註2）、英国はその賠償条件の一として、英人の入蔵許可を要求し、シナ政府これを承認して、翌年九月に調印せられたる所謂芝罘《チーフー》協約に補遺としてこの事を明記した。その後一八八四年に至り、インド政府は芝罘協約の明文に基き、通商の目的を以てするコルマン・マコーレー一行の入蔵許可をシナに求めた。シナは、英国勢力のチベットに及ぶを欲せざりしが故に、チベット人の外人排斥を理由とし、一行の安全を保し難しとの口実の下に、一行の入蔵を拒まんとし、商議年に亙《わた》りて決しなかった。されどマコーレー一行は、あくまで入蔵を断行すべく、ダージリンに至って一切の準備をなし、将《まさ》に旅程に就《つ》かんとせし時に当り、英国の上ビルマ占領より、英支両国に重大なる外交紛議を生じた。蓋し清朝の初、乾隆帝《けんりゅうてい》の時、ビルマ王孟雲〔ボードーパヤー〕は、使を北京に派し、一七九〇年清朝よりビルマ王に封ぜられ、十年一貢を命ぜられてこの時に及んだのである。故に一八八六年、英国のビルマを併合するや、シナはこれに対して抗議を提起し、ビルマはシナの藩属なることを主張した。ここに於て英支両国の間に談判開始せられ、その結果シナは遂に「英国がビルマに対し最高主権を有すること」を承認したが、同時に「光緒二年の芝罘条約により英国使節のチベットに入るを許可せし件は、目下清国内障碍《しょうがい》多きを以て一時中止すべし」と協定した。これによってマコーレー一行の入蔵は中止となった。チベット人は、一行のダージリンより引上げるのを見て、イギリス竟《つい》に為すなしと推測した。かくて翌一八八七年、一隊のチベット兵、シキムに侵入し、ダージリンに近きスィンタオに城塞を築かんとした。この侵入は、翌年三月、グラハム将軍部下の一小部隊のために、容易に撃退されたが、これによって復た英支両国の間にチベットに関する紛議を生じ、シナ政府は、一八九〇年駐蔵大臣升泰をカルカッタに派し、所謂《いわゆる》英蔵条約に於て、東はブータンより、西はネパールに至る間の分水嶺を以て、英蔵の国境となし、シナは正式にシキムの英国保護領たることを承認した。而して一八九三年、清国政府は英国公使の要求に応じ、若干の改訂を加えて、更めて蔵印条約を締結し、チベットの亜東 Yatung を開いて商市とし、英国領事館の設置を許した。されどチベットの英人に対する反感は、この事件によって愈々高められ、益々鎖国の門戸を堅くするに至ったために、英国は該条約によって殆ど何ものをも得る所なかった。

註1　Captain Gervais Lyons : Afghanistan 第二章 Fast Invasions of India に、過去に於けるインド侵入に関して、明瞭簡潔なる説明がある。

註2　英国は、ビルマ、バモより雲南方面への通路を発見するため、一八七四年ブラウン大佐の下に一遠征隊を派することとなった。一行はバモに於て、シナ人六名を伴いて上海より来れる漢口領事書記生マーガリーと合し、ビルマ兵百五十人を護衛とし、一八七五年二月六日、バモを発して雲南に向い、二月十八日国境を越えて雲南に入った。マーガリーは、上海より伴えるシナ人と共に先発したのであるが、二月二十一日、土民のために殺害の厄に遭った。而してブラウン大佐の本隊も、また土民の激しき反抗に会い、同月二十六日、バモに向って帰途に就かねばならぬこととなった。

三　英露のチベット争奪並に妥協

若しチベットが、一切の外人に対して等しく門戸を閉じて居たならば、イギリスも強いてこれを開こうとしなかったであろう。然るに一九〇〇年に至り、達頼喇嘛《ダライラマ》〔十三世〕の使節が、親翰と贈物とを携えて、露国皇帝を訪問したとの飛報は、イギリス政府を驚愕せしめた。蓋し露国の南下政策は、ローリンソンが慨嘆せる如く、「夜が昼に続くように」続行せられ、終にその指をチベットにも染むるに至ったのだ。

もと露国は、夙《はや》くより蒙古及び新疆を経略するに苦心して居た。而してこれらラマ教国の懐柔操縦を容易ならしむるためには、チベットの達頼喇嘛と結托するを以て最も得策とするのみならず、チベットの奄有《えんゆう》〔領有〕は、露国百年の宿願たるインド侵入にも、また好個の足場を与えるものである。かくてロシアは、着々《ちゃくちゃく》対蔵政策を画策し初めた。ロシアは、先《ま》ず露領内の蒙古族に属してラマ教を奉ずるブリヤート人を利用して、達頼喇嘛に接近するの策を講じた。ブリヤートの血を引ける露人ドルジェフが、この役割を見事に果した。彼は能く達頼喇嘛の心を攬《と》り、遂にその参謀長となり、姓名をチベット風に喀汪堪《ガワンカン》布《プ》と改め、達頼喇嘛の寵遇を一身に集め、啻に使節を露都に派遣せしめたるのみならず、達頼喇嘛その人の露都行をさえ勧めつつあったのだ。

露国のかくの如き態度は、インドの東北境、また決して意を安んじ難きを英国に知らしめ、俄然としてその不安の念を昂めしめた。かくて英国は、復《ま》た清国政府と交渉を開始し、英蔵国境問題及び通商問題に関し、両国の間に商議を行うべきことを提議した。シナはこの提議に対し、一九〇二年、委員を国境に派し実地に就て協定すべしと応え、翌一九〇三年五月、インド政府は英国委員をして、チベット国内に在りて、最もインド国境に近き一邑カムペ・ジョンに於て、シナ及びチベット委員と会商せしむべきことを通告した。

ヤングハズバンド大佐が、英国委員に任命された。彼は二百のスイク兵を従え、この年七月カムペ・ジョンに到着したが、シナ及びチベット委員は、年暮れんとして尚おその姿を見せなかった。時恰も、日露の風雲急にして、露国はチベットを顧みるの遑《いとま》なかりしに乗じ、英国はこの機会に於て、権力をチベットに確立し、露国勢力を根本的に顚覆するに決した。かくて二千の軍隊が、カムペ・ジョンに派遣された。ヤングハズバンドは、一九〇四年一月、これを率いてタン峠の嶮《けん》を越え、四月中旬江孜《ギャンツェ》 Gyangtse に達した。チベット人はその前進を阻止すべく、三度英軍を襲うたが、悉く撃退された。六月一日に至りヤングハズバンドは、書を達頼喇嘛に送り、六月二十五日以前に回答に接せざる時は、英軍をラサに進むべきを告げた。書面は開封せずして返附《へんぷ》された。かくてヤングハズバンドは、正に到達せる援軍を合せ、三千の兵を率いて八月三日ラサに入った。この時英軍のために殺されたるチベット人は、実に千五百を算し、而も英軍の死者は僅《わず》かに三十七名であった。

達頼喇嘛は噶爾丹《ガルダン》寺長に政府を托《たく》して青海《せいかい》〔現、中国青海省〕に亡《に》げた。英国はチベットを強制してこの年九月七日下の要項を含む条約に調印させた。一、チベットは江孜 Gyangtse、噶大克《ガルトク》 Gartok〔現在のガルヤルサ〕、亜東 Yatung〔ツォモ〕を開いて通商地とし、英蔵両国商民の貿易を承認すること。二、インド国境より江孜及び噶大克に到る通路を阻碍する武備を撤退すること。三、チベットは、予《あらかじ》め英国政府の承諾を経るに非《あら》ずば、チベットの土地を外国に譲与・租借・売却・抵当その他如何なる名義を以てするも、その権利を外国に許与せず、又《また》鉄道・鉱山その他の利権を外国に許与せず、又外国のチベットに対する干渉に応ぜず、且外人の入国を許さざること。

かくの如き条約は、明白にシナの主権を無視し、チベットを以て全然英国の保護領たらしむるものなるが故に、清国政府は駐蔵大臣に打電して、これに調印することを禁じ、且唐紹儀《とうしょうぎ》を全権委員に任じ、一九〇五年一月、カルカッタに赴きて英国全権ヒルヤーと交渉商議せしめたが、英国は頑として譲歩を肯んじなかったために、唐紹儀は何ら得る所なく、張蔭棠をカルカッタに残して、九月北京に帰った。然るにこの年英国内閣の更迭《こうてつ》あり、新内閣は駐支英国公使サトーに訓令し、北京を会議地として、チベット条約に就て商議すべきことを、清国政府に提議せしめた。シナはこれに応じて唐紹儀を談判の局に当らしめ、一九〇六年四月、下の要項を含む英蔵追加条約の調印を見るに至った。一、英国はチベットの領土を占有せず、且チベットの一切の政治に干渉せざること。二、清国は他の外国をして、チベットの領土、及び一切の政治に干渉せしめざること。三、英国は江孜・噶大克・亜東の三通商場より電線を架設して、インド境内に通信するを得ること。

一方英国は、ロシアが日露戦争の敗北に疲弊せる機会を捉え、一九〇七年八月、名高き英露協約を締結し、ペルシャ・アフガニスタン及びチベットに関する協定を遂げ、多年に亙る中亜に於ける英露の角逐も、茲に暫く中止せらるるに至った。該協約のチベットに関する部分は、下の如くである。一、英露両国は、チベットの領土保全を尊重し、その内政に干渉せざること。二、両国は互にラサに代表者を派せざること。三、清国のチベットに対する宗主権を尊重し、清国政府を経由するに非ざればチベットと交渉せざること。四、両国ともチベットに於て利権を求めざること。五、現品と正金とを問わず、チベットの収入の如何なる部分をも、これを両国又は両国臣民に対して抵当となし、又はこれに供托するを得ざること。

四　チベット問題の意義

チベットは清朝の初、シナの版図に帰したるもの。宗主国としての実権が、如何なる程度まで行われて居たかは別問題として、兎にも角にも、名義の上に於て明白にシナの外藩である。然るに英露両国が、全くシナを無視して、肆《ほしい》ままに対蔵政策を行い、チベットに関して条約を締結したることは、清国に取りて決して快いことで無い。これらの事情は、シナをして心をチベット問題に注がしめ、先ず趙爾豊《ちょうじほう》を駐蔵大臣に任じ、屯田《とんでん》制を実行し、新軍を教練せしめ、これを以て完全なるシナの一省たらしむべく努め初めた。然るに先にヤングハズバンド侵入に際し、青海に亡げたる達頼喇嘛《ダライラマ》は、青海より蒙古に至り、蒙古より北京に至り、一九〇八年冬、北京より再びラサに帰ったが、清国の政策を喜ばず、密かに離叛を企謀した。時に趙爾豊は四川総督に改任せられ、聯予代って駐蔵大臣となって居たが、達頼喇嘛の野心を北京政府に打電したので、政府は趙爾豊に命じてチベットに入征せしめた。達頼喇嘛は四川軍ラサに到ると聴き、一九〇九年一月、ダージリンに奔《はし》ったので、清国政府は達頼喇嘛の名号を褫奪《ちだつ》し、班禅喇嘛《パンチェンラマ》〔九世〕をして教務を代理せしむることとした。

宛《あたか》もこの時に当り、武漢《ぶかん》に倒満興漢《とうまんこうかん》の挙兵〔辛亥革命〕あり、三百年の清朝、忽《たちま》ちにして倒れ、茲にに中華民国の出現を見た。この革命の混沌に乗じ、予てより清朝に隷属するを快《こころよ》しとせざりし外蒙古は、露国の後援の下に独立を宣言し、チベットもまたこれに次で独立運動を起し、シナ遠征軍と戦って、屢々《しばしば》これを破った。初め達頼喇嘛のラサよりダージリンに奔るや、インド政府はこれをカルカッタに招じ、歓待至らざる無かった。今や達頼喇嘛は、故国の風雲動けるを見て、英人援助の下に兵を募《つの》り、銃器弾薬を携えてインドを発し、チベット独立軍に迎えられて、堂々ラサに入り、蒙古と同じく独立を宣言した。

中華民国臨時大総統袁世凱《えんせいがい》は、一九一二年四月、チベットを以てシナ二十二行省と一般なることを布告し、断じてチベットの独立を許さずと宣言し、征西軍を派遣した。英国は、チベットに対するシナの武断政策が、自国に取りて不利を来たすべきを知り、革命後の混沌に乗じてチベット問題を有利に解決すべく、この年八月、駐支公使ジョルダンをして、下の如き不法なる提議をなさしめた。一、英国はシナのチベット内政に干渉するを許さず。

二、英国はシナ官吏がチベットに於て行政権を行使すること、並《ならび》にチベットを一省として取扱うことに反対す。三、英国はシナがその軍隊をチベットに駐屯せしむることを欲せず。四、若しシナにして叙上の提議を承認せずば、中華民国を承認せず。而してシナは、これに対して何ら答うる所なかったが、再三ジョルダンの督促を受くるに及び、この年十二月二十三日附の通牒を以て、明白にこの提議を拒絶した。

一九〇七年の英露協約によれば、英露両国は、孰《いず》れも単独にてシナとチベット問題の解決に従い得ざる事情となって居たに拘らず、革命成り、清朝倒れて、露国後援の下に外蒙古独立し、露蒙の関係確立せらるるに及び、英露の間に黙契成り、英国は外蒙に於ける露国の自由行動を承認する代りに、露国もまた、イギリスのチベット問題単独解決を黙認することとなり、一九一三年一月、露国は外蒙古の活仏《かつぶつ》を、英国はチベットの達頼喇嘛を慫慂《しょうよう》し、双方の代表者を庫倫《クーロン》に会し、秘密会議を開きて蒙蔵協約を議せしめ、この月十一日、九カ条より成る協約成立し、その調印を見るに至った。その要領は、蒙蔵両国は、互に独立を承認し、提携して喇嘛《ラマ》教の弘布に尽力し、且通商関係を開始すべしと云うに在った。

かくの如き形勢は、シナをして狼狽せしめ且不安を感ぜしめた。かくてシナ政府は、英国公使に対し「昨年十二月二十三日附シナ政府の回答に対する英国政府の意思を、至急シナ政府に通告し、シナ政府をして、チベット問題を熟考し、速《すみやか》に円満なる解決を見るを得せしめんことを希望す」と述べ、間接に英支蔵会議の開催を促し尋《つい》で五月シナ政府自ら進んで英国公使に対し、チベット問題解決のため、ロンドンに於て英支蔵会議を開かんことを提議した。英国公使は、同月二十六日、シナの提議に対し、チベット人の意嚮を参《さん》酌《しゃく》して、インド国境ダージリンに会議を開かんことを要求し、シナ政府はこれに同意した。然るに宛《あたか》も第二革命の勃発するありて、為《ため》に会期を延期し、十月十三日、漸《ようや》く第一回会議をインド、シムラに開き、次で会議地をインド政庁所在地デリーに移したが、両者の意見に甚しき懸隔《けんかく》ありて、交渉更に進捗せず、一九一四年七月六日に至り、突如として交渉不調に終り、各代表者は遂に袂《たもと》を別《わか》ちて去るに至った。

この事ありて一カ月、端なく世界戦の勃発を見、英国は死活の戦いに没頭することとなり、チベット問題は未解決のまま放置されて居た。既《すで》にして世界戦は終局を告げ、万国の視聴悉《ことごと》くパリ平和会議に向って注がれ、また他を顧《かえり》みる遑《いとま》なかりし時、大英帝国は独り綽々《しゃくしゃく》たる余裕を示し、一九一九年五月二十一日、ジョルダン公使をして、突如シナ政府に向って、チベット問題の解決を提議せしめた。而して英国のチベットに関してシナに要求する所は、実に左の二大要項である。

一、チベットに完全なる自治を与え、英支両国は、単に若干の護衛兵を有する弁理長官を派遣すること。

二、チベットの領土は、青海を保護領とし、甘粛省《かんしゅくしょう》の西寧《せいねい》・粛州《しゅくしゅう》地方約千六百平方里、新疆省の和闐《ホータン》地方約八百平方里、打箭炉《ダルツェムド》・巴塘《バタン》・裏塘《リタン》を含む四川省の辺境約一千平方里をシナより割き、以てチベット領土の境界とすること。

若しこの要求に従えば、シナは啻にチベットに対する宗主権を喪失するのみならず、新疆に於て大戈壁《ゴビ》の南境一帯、甘粛に挟まる凸部一帯、四川に於て蔵・雲・川の三角境界線より、北方泯山《みんざん》山脈に至る辺境を割取せられ、蒙古を除けるシナ外藩の半ばを喪《うしな》わねばならぬ。加うるにその含まれたる境域は、悉くシナ本部と辺境各地との交通の衝路に当り、シナ本土保全の上に、極めて重大なる意義を有するものである。

徐総統は、英国の提議に対し、断じてかくの如き要求を承認する能《あた》わずとなし、或はチベット内部の状況調査に名を藉《か》り、或はシナの内外多事を口実として、開議の遷延《せんえん》を図った。而してシナ政府は、チベット問題の解決に就て、「チベットの自治を承認するも、その領土は青海を含まず、現在シナ兵の駐屯せる地方を除き、新疆・青海・チベットの三境界点より南垂し、英領インド凸点に至る線を以て、その国境とすべし」と云う譲歩的対案を有して居るが、而もこれを以てしてさえ、英国の要求との間に、尚甚《なおはなは》だしき懸隔がある。

チベット問題に於て、シナの最も憂患とすべきは、啻にこれによって大なる領域を失うのみならず、実に将来チベットを根拠とする英国勢力の東漸《とうざん》に在る。シナ本土に於ける英国の勢力は、既に揚子江流域に横溢して居る。チベットよりシナ本土に通ずるは四川の辺境打箭炉を経て、揚子江《ようすこう》を西に溯《さかのぼ》る英国勢力と、チベットより東に下る英国勢力とは、茲にシナ南北の間に合流介在して、一大劃線を描くに至るべく、而してかくの如くんばシナの前途、また知る可きのみと言わねばならぬ。而もシナの前途は、直ちに日本の前途である。この年の帝国議会に於て、時の首相原敬《はらたかし》が、この問題に関する一代議士の質問に対し、「予はチベット問題の提議が事実なるや否やを確知せぬ。仮令《たとい》事実とするも、吾国とは関係なき問題である」と答えたる驚くべき言葉は、予の今日に至るまで忘れ得ざる所である。

先年英国がシナ革命の混乱に乗じ、初めてチベット問題を提議せる時、上海民立報は、「狡英は暴露よりも甚し」と憤慨し、国民の覚醒を促した。然るに更にこの問題が提出せられたる当時、シナの人心は唯だ山東《さんとう》回権に熱中し、幾層倍も重大なる意義を有するチベット問題に対し、挙国殆ど痛痒《つうよう》を感ぜぬ如きものがあった。而も日を経るに従い、シナの志ある者、漸く《ようや》問題の重大に気付き、一方親米熱の昂騰《こうとう》に比例して、反英の気次第に濃くならんとした。英国はシナを駆りて、その最も恐るべき敵米国に走らしむるの不利を知り、屡々チベット問題の解決を要求しつつも、強迫威嚇の態度を以てシナに臨むことを避けた。而してシナは常に言を左右にして問題の解決を避け、年を経る今日に及んで未だその結着を見るに至らない。

五　戦後アジアと英国

世界戦前に於て、英国の中央アジア問題に対する態度は、根本に於て消極的であった。英国の政策は、既に述べたる如く、如何にしてインドを外患より保全するかに在った。而も「慾《よく》には、世界の満腹国として、唯だその有《も》てるものを失わざらんと努めて来たのだ。世界戦終結当時に於けるイギリスは、に際限がない」のは、昔も今も変りなき事実である。世界戦終結当時に於けるイギリスは、少くも外観だけでは、そのアジア・アフリカに於ける地位が、比類なく安固《あんこ》となれる如く思われた。かくて有てるが上に有たんとする心、抑え難く、中亜に於けるその政策は、俄《が》然《ぜん》として侵略的・掠奪的・積極的となって来た。チベットに関してシナに要求せる提議も、またその一例証に外ならぬ（註1）。海上の女王を以て甘んじたりしイギリスは、更に陸上の君主たらんとし、セシル・ローズのアフリカの夢、カーゾン卿のアジアの夢、この二つの偉大なる夢が、将に実現せらるべく見えた。

インド百年の宿敵ロシアは、世界戦によって、土崩瓦解した。新興強大の第二の敵ドイツは、悲惨を極むる敗亡者となった。「ベルリン・バグダード」、さては「ハンブルヒ・ヘラート」と云うような野心も、返らぬ夢となり果てた。イギリスは、インドに就て心を安んじた。仮令内憂はあるにしても、少くもインドの外患だけは取除《とりのぞ》かれたと思った。

然るに時日の経過は、英国の表面の成功の裡に、恐るべき破綻潜《ひそ》み、英国の荘厳に見ゆる計画が、甚しき誤算の上に立てられたことを、次第に明白ならしめた。第一に、革命ロシアが、旧露よりも恐るべきインドの「外患」として現われた。そは、東洋諸民族の解放を標榜し、中亜諸邦を味方として、インドを縛るイギリスの鉄鎖を寸断すべく、あらゆる画策を講じ始めた。かくて英国の安心は束の間だけとなり、形勢は再び中亜を挟んでの英露対峙となった。第二には、間接又は直接英国支配の下に在りし、アジア諸民族が、猛然として自由独立の精神を作興して来た。グラッドストン以来の「厳粛」なる声明を無視して保護国とせるエジプトも、その激烈なる国民運動によって、また独立を承認するの止むなきに至り、エジプトに於ける英国の地位は、戦前よりも却《かえ》って安定を欠くに至った。戦中に一旦地歩を占めたるメソポタミアも、土民の不断の反抗のために、その得たる大部分を放棄せねばならなくなった。ペルシャを保護国とせる一九一九年の新英波条約も、覚醒せるペルシャ国民の奮起によって、遂に一片の白紙となり、徒らにペルシャ人の排英精神を烈《はげ》しくするに終った。戦前には、外国との交渉は総て英国を経べかりしアフガニスタンも、今や全然その独立自由を承認せねばならなくなった。而してイギリスの最後の宝玉インドは、国を挙げて大規模の反英運動を開始し、真個空前の「内憂」を醸《かも》しつつある。

かくの如く観来る時、吾等は大英植民帝国の現状並にその将来の運命に対し、寧《むし》ろ凄惨の気に打たるるものである。世界戦は、疑うべくもなく英国をして発展の頂に登らしめた。

パリ平和会議に於いて、ロイド・ジョージが、愚なる政治学者ウィルソンを翻弄しつつありし時が、恐らくその絶巓《ぜってん》〔絶頂〕に立てる時であった。

而も向上の尽くる処は向下の初まる処、向下の窮《きわ》まる処は向上の初まる処。この時よりして英国は嶮峻《けんしゅん》なる急坂を下り、この時よりしてアジアは向上の路を登り初めたのだ。かくて中央アジア問題、乃至全アジア問題が、明白にその意義を一変して、先には如何にヨーロッパがアジアを分取するかの問題たりしもの、今やアジア復興の努力を意味するに至った。多年未解決の儘《まま》に残りしチベット問題も、やがて真個の「解決」を与えられるであろう。曽《かつ》て米国の名高き記者ギボンス、そのチベットに関する一論文を結ぶに下の一句を以てした。曰《いわ》く「若しシナ共和国が、新世紀の精神を体得せる一個強大なる組織をその内訌の間から生み出すならば、チベットはインドを護る盾とはならずに、全アジア運動に於ける、日支印三国の接触点となるかも知れぬ」と（註2）。吾等は、ギボンスをして、その先見の明を誇らしむるの日が、速やかに来らんことを待つ。

註1　フランスの一新聞は、戦後に於ける英国の東方政策を非難して、下の如く言った。曰く「英国は、勢力をメソポタミアに張り、アラビアにヒジャズ王国を製造して、危険なる全アラビア主義の野心を煽り、パレスチナを掌裡に収めんとし、而して一九一六年の協約によって仏国に約束せるシリアをさえも奪わんとする」と（一九一九年三月十三日、ラ・リベルテ）。

註2　H. A. Gibbons : New Map of Asia, p. 37.

第三　英仏俎上より脱出せんとする白象王国

一　シャム王子の論文

シャムが世界戦に参加して幾《いくば》くもなかりし頃のこと、英国十年の留学を終えて、更《さら》に仏国パリの大学に政治学を修めつつありしシャム王国の一王子が、大学に提出すべき卒業論文を携えて、当時パリに駐在せる米国記者H・A・ギボンスを訪《おとな》い、該論文の一読を求めた。ギボンスは、その著『アジアの新地図』に、下の一節を王子の論文から抜萃《ばっすい》して居る

「吾等は、何ものにも勝《まさ》りて、国家の独立を尊重し、これがためには、何ものをも犠牲にしても厭《いと》わぬ。如何《いか》なることがあろうと、吾等は外国の政治的支配又は勢力の下に立つを欲せぬ。シャム人は、見事なる国民意識を有し、且《かつ》国家を組織するに足る能

力を具《そな》えて居る。若《も》し諸々の国家が、互《たがい》に他の独立を尊重することを欲せざるに於《おい》ては、強固にして永続すべき基礎の上に、国際法の発達を望むことが出来ぬ。然《しか》るに事実世界の状態は、若干の強国が弱小諸国に対して支配権を確立し、自国の必要に応じて、肆《ほしい》ままに制定せる法律を、弱小諸国に強《し》いんとしつつある」

「その口実は、文化の相違と云うことに在る。而《しか》も諸々の文化の優劣を、科学的に決定するは不可能のことに属する。故に、実際採用せられ実行せらるる決定の標準は、常に力——一切の智的並《ならび》に道徳的要素を度外視せる強力である。この過誤は、大国の常に敢《あえ》てする所。長大なる者が矮小者と会する時、体軀優れるが故に心性も亦《また》優れりと合点する如く、量に於て大なる国家は、質に於ても優れりと自負するを常とする」（註1）

ギボンスは論文を一読したる後、引かるる所の「大国」とはドイツを意味するかと問うた。然るに王子は「シャムはドイツに就《つい》て多く知る所なし。卿若しシャム参戦の理由を知らんと欲せば、乞う過去二十年のシャム史を研究せよ」と答えたと言う。然り、吾等現代シャム史を研究する時、王子の所謂《いわゆる》「大国」が果して孰《いず》れの国なるかは、自ら明々白々となる。

インドとシナとの間に介在し、後インドの名を以て呼ばるる東南アジアの一大半島は、往古より不思議にも外来民族争闘の舞台となり続けて来た。モンゴル人は幾度《いくた》びか北方より侵入した。ドラヴィダ人はインドより来りて植民した。多数の仏教徒がセイロン島より来りて伝道と植民とを行った。南洋の諸海島からは、海賊が屢々《しばしば》侵略を試みた。民族と民族、部族と部族との間に不断の争闘が行われた。その割拠混沌の裡《うち》から、生存競争の優者となって兎《と》にも角《かく》にも国民的発達を遂げたるものに八民族ある。曰《いわ》くモオン人、カンボジヤ人、安南人、ビルマ人、シャアン人、ラオ人、シャム人、及びマレー人。彼等は数世紀に亙りて、互に覇権を争い、互に勢力の消長があった。

然るに第十六世紀に至り、更に新しき要素が、後インドに於ける争闘の舞台に加わって来た。この新来の侵入者は、ポルトガル・オランダ・フランス・イギリスの西欧民族である。彼等は各々《おのおの》後インドの主人たるべく、在来の諸国と争うと共に彼等同志の間に相争い、これがためにポルトガルとオランダとは、争覇の舞台より追出された。而して英仏両国が、東西よりこの半島を蚕食《さんしょく》し始めた。

半島に国を成せる東洋諸民族は、従来唯だ同一武器を以て、同一文化の所有者と内輪の喧嘩を続けて来たのだ。然るに彼等は今や全然異なれる文化と、遥かに優秀なる武器とを所有せる、新来民族と戦わねばならぬこととなった。彼等はこの戦闘に於て、竟《つい》に新来民族の敵でなかった。或《あるい》は姦計に陥《おちい》り、或は武力に敗れて、半島の両端は次第に英仏の餌食《えじき》となった。而して半島の中部に位せるシャムのみが、腹背に敵を受けつつ、辛くも彼等の劫掠《ごうりゃく》を免《まぬが》れて、その独立を保って来た。さりながらこの独立は、東西より侵略の歩みを続け来りし二個の貪婪《どんらん》なる強国が、暫《しばら》く緩衝地帯の存在を必要とせるが故に、辛うじて許されたる独立に外ならぬ。かくてシャムの領土は、一九〇四年の英仏協約によりて最小限度に狭められ、唯《た》だ英仏両国が互に他がバンコックの主権者たるを欲せざりしのみの理由を以て、独立国として存置せるに止まる。この間に於ける英仏両国の対暹〔シャム〕政策は、実にアジアに於けるヨーロッパ植民史の縮図である。両国政治家・外交官乃至《ないし》軍人のシャムに対して採れる行動は、王子がその論文に於て指摘せる如《ごと》く、正に「一切の智的並に道義的要素を度外視せる強力」のそれであった。吾等は先《ま》ずフランスがこの国に加えたる横暴から点検して行く。

註1　H. A. Gibbons : New Map of Asia, pp.75-76.

二　フランスのシャム侵略

フランスが、後インドに野心を抱き始めたのは、決して一朝一夕のことでない。既にルイ十四世の時に於て、一ギリシャ人ファウルコンを利用して仏国勢力の扶植《ふしょく》を図った。而もフランスが半島の一角交趾《コーチ》シナ及びカンボジヤに、初めて確乎たる植民的基礎を築いたのは、実にナポレオン三世の時である。而して一八七〇年、普仏戦争によって一敗地に塗《まみ》れしフランスは、ヨーロッパに於て失えるものをアジアに於て回復すべく、既に築ける基礎の上に、一個の植民帝国を東南アジア半島に建設せんと決心した。かくて一八八四年、シナ海及び東京湾《トンキン》に沿える安南・東京を保護国とし、次でその利欲の眼を挙げて、当時シャム領土たりし媚江〔メコン川〕流域の森林と鉱山とを望んだ。而して一八八八年、仏国政府は媚江東岸の地域は、元安南及びカンボジヤの所領なるが故に、両国既に仏国保護の下に置かれたる以上、該地域も当然仏領たらざる可《べ》からずと主張し、その割譲をシャムに迫った。シャムはこの無法なる要求に対し、該地域は暫《しばら》くこれを中立地帯と看做《みな》し、仏暹両国の境界は実地測量の上、これを劃定せんことを以《もっ》てした。フランスはこの提議に応じた。されど中立地帯侵犯を名目として事をシャムと構え、紛糾甚しきを加えつつありし時、一八九一年五月、ド・ラネサンの仏領インド総督任命を見た。彼は一八六六年、既にその著『フランスの植民的発展』に於て、シャム侵略を力説せる武断的帝国主義者であった。彼を後インドに遣わしたる仏国政府の意思は明瞭である。フランスは暴力を以てその非望を遂《と》ぐべく、一八九三年、事件を仲裁裁判に托せんとせしシャムの提議を斥《しりぞ》け、七月初旬、仏国東洋艦隊を以て媚南河口を封鎖し、七月二十日、最後通牒を送りて媚江東岸の割譲、三百万フランの賠償を要求し、シャムのこれに応ぜざるや直《ただ》ちにバンコックを封鎖し、遂にシャムをして無条件にその提議に従わしめた。

この年十月十三日に調印を了せる仏暹条約によって、仏国は完全に媚江東岸を掌裡《しょうり》に収めたる外、同条約第八条に於て、仏国は「その保護民 Ressortissants の利益を保護するため、領事の駐在を必要と認むる箇処」には、何処にでも領事館を設置する権利を得た。而も茲に保護――ルソルティサンと云うは特殊の法律語である。フランスはその征服せる安南・カンボジヤ・トンキン人のみならず、仏国保護の下に立ちて特殊の利益を享有せんがため、新たに仏国領事館に登録せるシナ人をも、その中に含ませようとした。治外法権の行われしシャムに於て、かくの如き権利を施行されることは、国家に取りて非常なる危険である。フランスはその植民地とシャム領との接壌地方に、肆《ほしい》ままに領事館を設け、その所謂保護民を爪牙《そうが》として、あくなき利欲を充《み》たさんとしたのだ。かくて一八九三年より一八九六年に至る三カ年間に、仏国保護の下に立つ保護民は、実に二百人より一躍して三万人の多きに達した。

シャムはヨーロッパ人以外の諸国民を、保護民として遇する仏国の行動に対して抗議した。その理由とする所は極めて正当である。蓋《けだ》し治外法権は、法律・風俗・習慣・信仰等の相違が著《いちじる》しいとの理由によって、欧米諸国が東洋諸国から得た権利である。従ってフランスが、安南人・カンボジヤ人・トンキン人・シナ人等の東洋民族、換言すれば風俗・習慣乃至信仰に於て、何ら根本的相違又《また》は扞格《かんかく》〔相手を受け入れないこと〕を有せざる民族をも、欧米人と同じく治外法権の下に置くと云うことは、何らの理由なき、従って明白なる非道である。而も彼等の関心事は、固《もと》より正義に非《あら》ず唯《た》だ利欲である。かくてフランスは正当なるシャムの要求並に抗議に対して、一顧眄《いっこべん》だも与えなかった。而してシャムは正義を徹底せしむる力を欠いて居た。

三　シャム蚕食のための英仏提携

シャムは総ての弱小国の常套手段たる以夷制夷の策に出でた。フランスのために非道を加えられたるシャムは、これに当るにイギリスの貪婪《どんらん》を以てせんとしたのだ。

蓋しイギリスは、シャムに於けるフランス勢力の西漸《せいぜん》に対し、夙《つと》に神経を鋭敏ならしめて居た。故にシャムからの提議は、彼等の待構えて居たところであった。かくて一八九九年には英暹条約の締結を見、英国はその治外法権に制限を加えて、一面好意をシャムに示し、他面フランスの権力濫用《らんよう》を制するの策に出でた。而して当時の仏国外相デルカッセは、英仏協商してドイツに当るを以て、仏国外交の根本方針として居たので、一九〇二年、フランスのシャムに於ける治外法権改訂案を発表し、以てイギリスの意を迎えようとしたが、仏国の輿論並に議会が甚しく反対したために、遂に行われずして止んだ。

これより先フランスは、一八九三年の仏暹条約を履行《りこう》せざることに対し、屢々《しばしば》シャムより抗議を受けて居た。シャムは最も条約に忠実なりしに拘《かかわ》らず、フランスは自己に不利なる一切の条項を無視したのである。一九〇一年にフランスは、該条約に従ってチェンタブン港より撤退すべきこと、媚江沿岸の中立地帯及びアンコル・バッタンバン地方の司法権

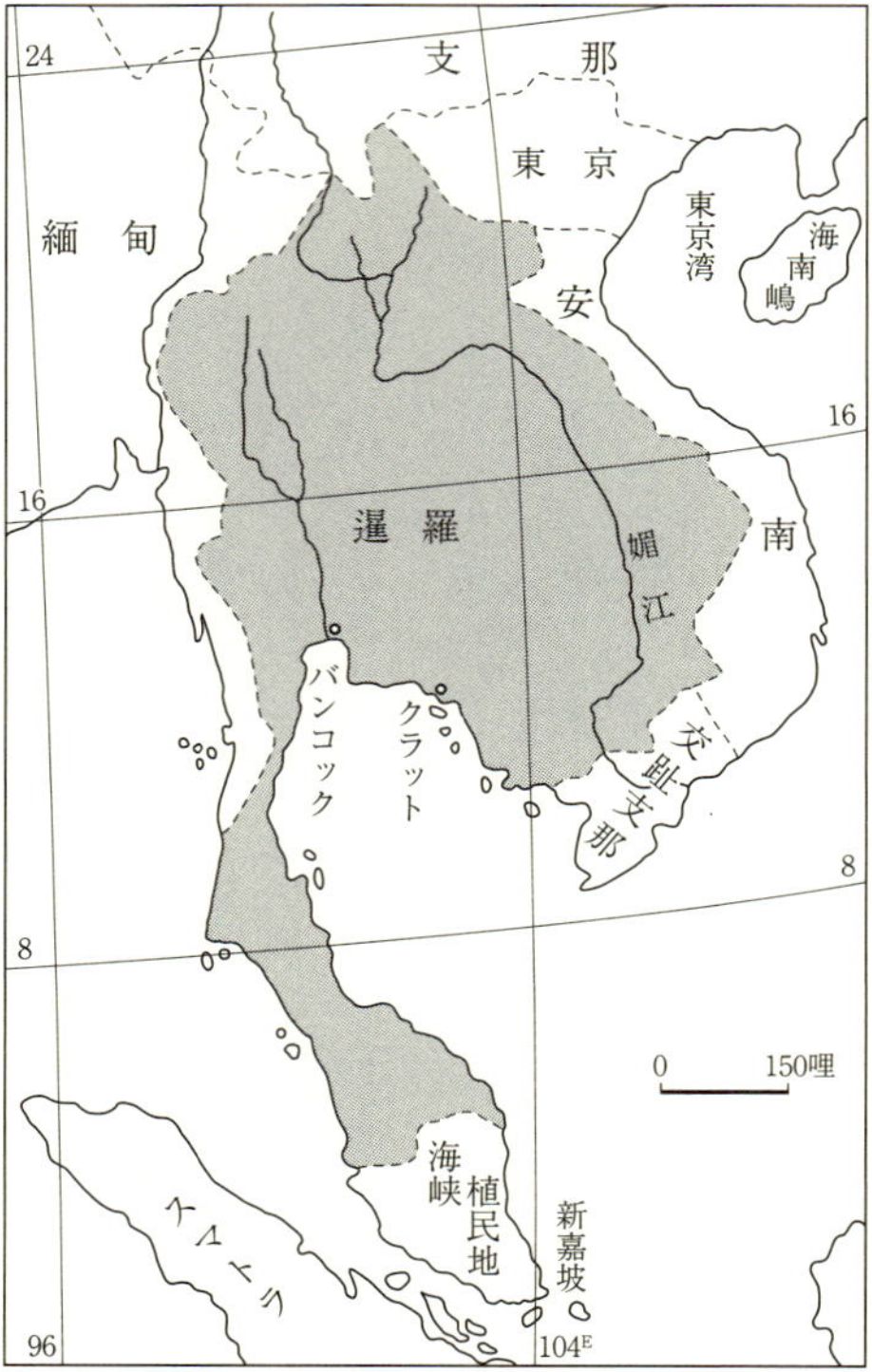

1893年以前のシャム

を引渡すことをシャム側から要求された。而もフランスは、啻《ただ》にこの要求に応ぜざりしのみならず、更《さら》にその司法権を媚江西岸に拡張し、媚江沿岸一帯の商権を独占することを求め、且《かつ》シャム政府に仏人顧問の採用を強要するに至った。

この交渉の結果は、一九〇二年十月七日附パリ協約となって現われた。外相デルカッセは、英国との関係を顧慮して、シャムを保護国とすることを諦めた。また治外法権にも制限を加え、媚江右岸にシャム兵営を置くことをも承認した。而もその交換条件として、二万平方キロメートルに亙る広大なる地域を割譲せしめ、且媚江流域に於ける仏国資本の優先権を獲得した。

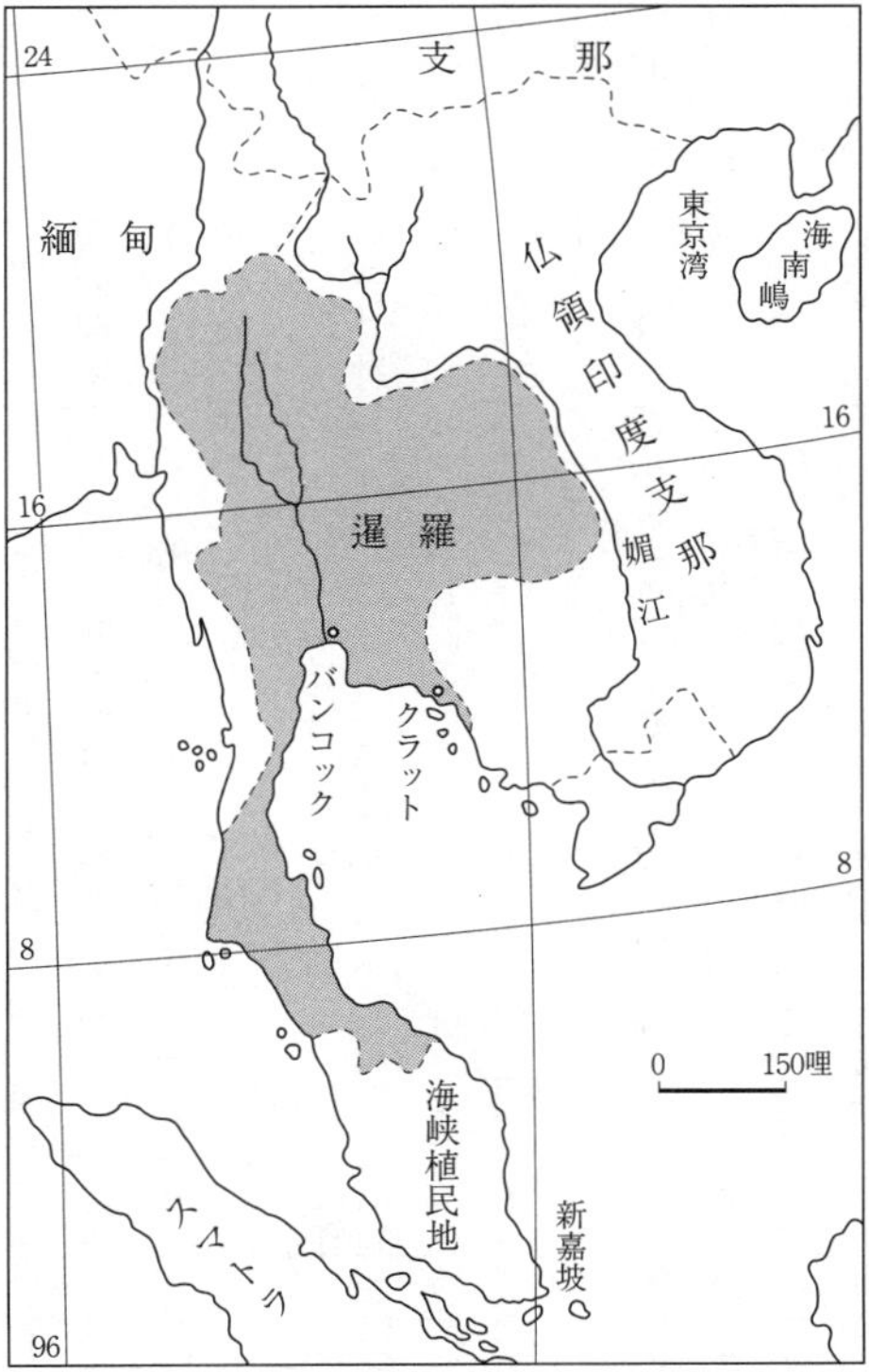

1939年のシャム

フランス帝国主義者は、この横暴を以てして、尚且饜《あ》くを知らなかった。彼等は更に種々なる不法の要求をシャムに向って試みんとしたために、シャムは再びイギリスに後援を求めんとした。さりながらこの時に当りてはイギリス自身が、西南よりシャムを蚕食せんとする貪婪の眼を輝かして居たのだ。イギリスはシャムの哀訴に耳を藉《か》さず、却《かえ》ってフランスとの妥協によって自己の非望を遂げんとした。これら両国は、恰《あたか》も一九〇七年英露両国がペルシャに対して執《と》れると同一手段を以て、各自の政治的並に経済的利害を標準とし、一九〇四年、何らシャムと図ることなくして、肆ままに英仏協約を締結し、英国はフランスがシャムの東部地方を併合することを承認し、仏国はイギリスが西南半島の頸部を奪うことを承認した。

而もフランスは一方秘密に英国と如上《じょじょう》〔前述の〕協約の締結に関する商議を続けつつ、他方更にシャムに強要し、一九〇四年二月二十三日、遂にその提議せる条約に調印させた。これによってフランスは、新たに東北並に東南に於て、八千平方キロメートルの地域を得、且クラット港をも奪取した。而して仏領インドシナとシャムとの間に既存せる中立地帯を更に拡張し、該地帯の保安の任務は仏国将校指揮の下に、カンボジヤ人これに当ること、並に該地帯に仏国資本を以て鉄道を敷設《ふせつ》することを承認させた。

次で一九〇七年に至り、フランスは更に条約改訂をシャムに迫り、一九〇四年の条約によって定められたる中立地帯全部をフランスに割譲せしめ、且媚江上流の四港を永久租借地とした。これによってシャムの失える領土は、実に一万二千平方キロメートル。而してシャムはこの報酬として、先に奪われたるクラット港の還附を受けただけである。

東方よりするフランスの無遠慮なる侵略に苦しみたるシャムは、更に西方よりイギリスの陰険なる侵略に遭《あ》った。一九〇四年の英仏協約以来、イギリスは従来シャムの属邦たりしケランタン・トレンガヌ・バーリス・ケーダを以て英領なりと主張した。英国の真意は、これを奪うことによってシャム半島の死命を制し、インドよりシナに通ずる重要なる関門を、最も確実に掌握するに在った。かくて種々なる交渉の後、一九〇九年三月十日、シャムは遂《つい》に如上四属邦を英国に割譲するに至った。これによって失える地域は一万五千平方マイル。而もインド洋への出口も最早無くなったのだ。

四　現代シャムの発達

叙上《じょじょう》の如《ごと》く英仏両国の非道に蹂躙《じゅうりん》せられつつも、シャムは孜々《しし》として内政の改革に努めた。而して独立国民たるの能力を立派に世界の面前に立証した。吾等は、現代シャムが成就せる各方面の改革又は発達のうち、財政・交通・教育の三に就て、その大体を略叙したい。

シャムが各省単独会計の制を廃して、予算の編成実施を大蔵省に於て行い、歳入出を公表するに至ったのは、僅《わず》かに二十年以前のことに属する。爾来《じらい》シャムの財政は、極めて健全なる発達を遂げた。一九〇一年度の歳入は約三千六百十五万銖《しゅ》〔バーツ〕、歳出は三千六百六十四万銖にして、約四十八万銖の不足を生じたが、一九〇五年度には歳入五千百六十万銖、歳出五千三万銖、即ち五十八万銖の剰余《じょうよ》を生じ、一九一〇年度には歳入六千三百五十万銖、歳出五千九百七万銖、一九一五年度には歳入七千七百二十九万銖、歳出七千二万銖、一九一九年度には歳入七千六百十万銖、歳出七千六百五万銖となった。

而してシャム財政改革中、最も重大且賞讃に値するは、徴税請負制度及び賭博富籤税の廃止である。従来シャムの収税制度は毎年の納税額を競争入札によって、最高入札者に徴収を請負せしめて居たのであるが、かくの如き制度が財政の秩序ある発達に弊害《へいがい》多きは言うまでもない。かくて政府は該制度廃止の方針を以て、着々《ちゃくちゃく》歳入税目を整理し、収税組織を確立して、一九一七年、全くこれを廃止するに至った。次に賭博及び富籤は、従来政府これを公認したるのみならず、官設賭博場を各地に設けて場銭を徴し、歳入の最も重要なる一財源として、その六分の一を占めて居たに拘らず、次第にこれを廃止するの方針を採り、一九一七年、遂にその全廃を断行した。

シャムに於ける鉄道は、一八九二年に起工せるバンコック・コーラット線が、一九〇〇年末に竣工せるを嚆矢《こうし》とし、今日に於ては官設広軌《こうき》線九四六キロメートル、狭軌《きょうき》一二二三キロメートルに達し、外に約一〇〇キロメートルの私設線を有するに至った。バンコック・コーラット線は、シャム米作地として名高き媚南平原を横断し、ゲンコイ山脈を越えてコーラット平原の中心コーラットに達するもの。バンコック・コーラット線上、バンコックを距る九〇キロメートルに位するバンパジ駅より分岐し、媚南河に沿いて北上する北方線は、パリナムポ・ピサノローク諸市を経て、パンホアポンに達し、延長五八三キロメートル、将来は英領ビルマの鉄道と聯絡するに至るであろう。シャム国内の最も富有なる地方を縦貫するものにして、この鉄道の開通による経済的発展は極めて著しい。所謂南方線はバンコックより西行してブラパトムに達し、次でマレー半島東岸を南下し、英国海峡植民地鉄道と聯絡して遥かにシンガポールに達するもの。英国鉄道と同軌の一メートル狭軌にして、本支線を併せて一一七五キロメートルに達する。これに要する敷設費四百七十五キロポンドは同鉄道を担保として、マレー聯邦政府より借入れたるものである。

次にシャムの教育は約一万を算する寺院が、国民の初等教育機関たる役目を勤めて来た。寺院の僧侶は皆若干の子弟を引受け、使役の傍ら文字を教えて来たのである。輓近《ばんきん》〔最近〕に至り政府は教科書の編纂・教員の養成・校舎の建築に従事し、教育施設の発達に努めて着々効果を挙げ、学校数の如きも過去十五年間に四倍した。現在の学制は、小学・中学・専門学校の三種より成り、修業年限はそれぞれ五年・八年・二乃至五年である。而して小学三年の修業者は中学に、中学六年の修業者は専門学校に入学し得る。最近には文・法・医・工の四科を有する官立大学がバンコックに設立された。

現在の官公立小学校数は三八〇、生徒数は約三万。中学校数は一二〇、生徒数約八千五百。専門学校は、師範学校・商業学校・工芸学校・政治学校・郵便電信学校・警察学校の六校にして、生徒数約五百を算する。

シャムの産業としては、農業に米、林業にチーク、鉱業に錫の三大国産を有する。これらに対する政策は尚未だ欠陥が多いけれど、次第に生産能率を高めつつあることは事実である。要するに第二十世紀に於けるシャムは、一切の外来の圧迫に拘らず、着々秩序ある発達を遂げて来た。この点に於てわがシャムは、東洋国民に自治の能力なしと云う、ヨーロッパ常套の侵略征服のための口実を明白に裏切って居る。吾等は不義の「強者」倒れ、正義の「弱者」興る日の近づきつつあるを知るが故に、希望と同情とを以て白象王国の将来を見る。

第四　革命行程のインド

「圧制者あり、我母の胸に坐す。我母をこの圧制者より救うまで、我は断じて息まず」――アラビンダ・ゴーシュ

一　インドの国民的覚醒

近世に於けるインド覚醒の歴史は、約九十年の昔に溯《さかのぼ》る。インドの有識者が、その魂の底に潑溂たる国民的自覚を生じ、上代インド諸理想の復興に対する熱烈なる希望を抱き初めたのは、実に一八三〇年前後のことに属する。而してこの希望と自覚とは、必然各種の改革、並に復興運動として現われた。第一に宗教的方面に於《お》いては、ラーム・モハン・ロイの梵教会〔ブラフマ協会〕創設、ダヤーナンダ・サラスワティのアーリャ教会創設、ラーマクリシュナの伝道乃至《ないし》幾多の宗教改革運動の出現を見た。次に学術文芸の方面に於ては、或《あるい》はインド史並《ならび》に古代文学の新研究となり、盛《さか》んに過去の荘厳を力説して国民に深《しん》甚《じん》なる感激を与えた。或は古代劇並に国民音楽の復興となり、カルカッタ、ボンベイ、グジャラート及びその他の都市に、古代インド劇を演ずる劇場の開設を見るに至った。或は

また国民的絵画や、インド固有の建築に対する復興運動も起された。

この国民的自覚は言うまでもなく政治的方面に現われて、政治的改革乃至革命運動を促成した。即《すなわ》ち一八五七年には、インド志士が「独立の第一戦」と称する大叛乱の勃発を見、北インド全部を騒乱の渦中に投じた。一八八五年にはインド国民議会の組織を見た。而して前世紀の末葉、東アフリカの一角に国を成せるアビシニアが、能《よ》くイタリア軍を撃破してその不当なる侵略を斥《しりぞ》け、次で現世紀の初頭新興日本が強露を撃破せることが、ヨーロッパ圧迫の下に呻吟する諸弱小国に、絶えて久しき希望と勇気とを鼓舞し、世界に於ける隷属国民の血を怫然《ふつぜん》たらしめた。そはアジア復興の暁鐘《ぎょうしょう》として先《ま》ずトルコ革命を招徠し、次でペルシャ革命を生み、更《さら》にインド及びエジプトに於ける国民運動《スワデーシー》を激成した。インドの政治的運動が頓《とみ》に緊張の度を加え、或は英国貨物を排斥する国産運動となり、或は英国政府の羈絆《きはん》を脱せんとする自治運動《スワラージ》となり、更に極端に走りては、爆弾と短銃と匕首《あいくち》とを以《もっ》てする政治的暗殺となって現われたのは、実に日露戦争以後のことに属する。嘗《かつ》てツルベツコイ公爵、その著『強国としてのロシア』に於て、日露相戦うに至らしめたるものは英国外交並にその新聞紙なりとし、「英国の日本と結べるは、一面露国を疲弊せしむると同時に、他面日本の勢力を殺《そ》ぎ、以て極東に於けるイギリスの地位を確乎たらしむるに在った。而《しか》も英国は日本の勝利が、その他の方面に於て如何《いか》なる影響を世界政局に及ぼすかに就《つい》て、毫《ごう》も想到する所なかった」と述べて居る。然《しか》り、日露戦争の結果、インドの家々の神壇に明治天皇の御真影が飾らるるに至ろうとは、イギリス政治家の夢想だもせざりしところ。

二　国民運動の曙光

さて日露戦争によって鼓舞せられたる、インド国民運動の中心は、英領インドに於て教育最も普及せるベンゴール州であった。年少気鋭のベンゴール青年は、屢々《しばしば》集会を催して、熾《さか》んにインド独立を演説した。ここに於て時の総督カーゾン卿は、東部ベンゴールに回教徒多きを利用し、以てインド人の勢力を牽制せんとし、ベンゴール州を東西両部に分割せんと画策した。この分割策は、カーゾン卿の決して予期せざりし程度に州民の激昂を招いた。ベンゴール州民は、極力反対運動を試みた。而して一九〇五年八月七日、有志相図《あいはか》りてカルカッタ市公会堂に州民大会を開き、マニンドラ・チャンドラ・ナンディを推して会長となし、遂《つい》に「分割反対の実行方法として、英国貨物の総ボイコットを行う可《べ》きこと」を決議し、分割の取消《とりけ》さるるまで、断乎としてボイコットを継続す可しと宣言した。ベンゴールの経済界は一大恐慌を来たした。されど鉄血の如《ごと》きカーゾン卿は、敢然として初志を貫き、十月十六日遂に分割を断行した。新たに分割せられし両州人民は、この日竈《かまど》の火を消し、裸足にて家を出でて聖槽に浴すること、恰《あたか》も大喪《たいそう》に会せるものの如くし、挙国一致の表象として、聖紐《ラキ》を以て互に手頸《てくび》を縛り、以て限り無き忿懣《ふんまん》反抗の意を示した。爾《じ》来《らい》ボイコットは益々《ますます》激烈に行われ、「国産《スワデーシー》」の叫び全インドに高まるに至り、遂《つい》に英国新聞をして「かくの如きボイコットは、英印間の関係を破壊し去ること、武装せる革命よりも甚《はなは》だし」と言わしむるに至った。

而してこの運動に於て最も大胆敢為に英貨排斥を宣伝せるものは、実に血熱し易《やす》き青年学生であった。さればインド政府は先ず該運動鎮圧の第一着歩として、峻厳《しゅんげん》なる学生取締を励行し、学生の国民運動に加わるを厳禁し、現に運動に関与せる多数青年は、種々なる罰則に処せられ、放校の厄《やく》に遭《あ》えるものも少くなかった。而して他方に於ては、強大なる警察力を以て、甚しきは軍隊の力を以て、極力英貨排斥運動の鎮圧に努め、漸《よう》や《や》くその気勢を弱めることを得た。

然るに、インド政府が青年学生に対して苛酷なる迫害を加え、将来国民運動に加わる者は、直《ただち》にこれに放校を命じ、一切の教育を受くることを得ざらしむ可しとの命令を発せることが、名高き「国民大学運動」を激成するに至った。この命令に憤激せるベンゴール州有志は、国民教育会議を開き、全然政府より独立せる大学を創設し、純乎たる国民主義の下に哲学・科学・文学乃至工芸に関する教育を施さんと計画し、盛んに州内を遊説して熱心なる賛成を得た。この計画に於て最も注意すべき一事は、従来インド諸学校に於て、最も重要なる学科なりし英語を第二語学となし、これに代うるにベンゴール人にはベンゴール語及び梵語《ぼんご》を、回教徒にはウルドゥ語・ペルシャ語及びアラビア語を以て第一語学たらしめんとせることであった。吾等はこの事に於て、最も明瞭にインドに於ける国民的自覚の正しく且強きを見る。

三　アラビンダ・ゴーシュ

この国民大学運動に際し、有志に推されて校長としてその計画の貫徹に尽力せる者は、実にアラビンダ・ゴーシュその人であった。ゴーシュは、近代インドが生みたる、而して唯《た》だインドのみが生み得る偉大なる人格である。彼はヴァレンティン・チロルが言える如く、曽《かつ》て如何なるインド人も受け得ざりし豊富なるヨーロッパ教育を受け、その母語ベンガリを忘れたほど、長期に亙《わた》ってヨーロッパに留学した。彼が英国ケンブリッジ大学に入るに先だちて修学せる一学校の校長は、その在職三十年間に、未だ曽て彼の如く明敏雋《しゅん》敏《びん》なる頭脳を所有せる学生を知らずと驚嘆した。而してケンブリッジ大学に於ては、特にギリシャ、ラテンの哲学文学に於て頭角を現わし、常に第一等賞の受賞者であった。彼の論文を読む者が直に知り得る如く、彼はヨーロッパ思想に就て、驚くべき豊富なる蘊蓄《うんちく》を有し、深くして正しき理解を有して居る。それにも拘《かかわ》らず彼の精神は徹底してインド的である。

彼は真個のインド人としてインド文明に関する至深の理解、インド精神の優越に対する神聖なる誇《ほこり》を有し、人類並に世界に対してインドが貢献すべき荘厳なる使命を確信する。故《ゆえ》に彼に取りて最も神聖なる事業は、インド真個の生命並に精神の発揮に在る。彼は深く自己精神の至深処に沈潜し、一切外面の頽廃・混乱・桎梏《しっこく》を超じて永遠の光耀を放つ「真インド」を体得し、これを障碍《しょうがい》する一切の内面的勢力の攻撃・撃破・滅尽のために、何ものをも恐れざる戦士である。

彼の人格並に言論は、インド青年の精神に深甚なる感激を鼓吹した。彼が、昔ながらのインド精神、殊《こと》に薄伽梵歌《バカボン》〔ヒンドゥー教の聖典バガヴァッド・ギーター〕の宗教並に道徳を体験し、これを周匝《しゅうそう》なる思想体系に組織し、一切外来の思潮文化に対して明判官の断獄に類《たぐ》うべき深刻透徹なる批判を下せる時、インド青年は煥乎《かんこ》として彼等の裡《うち》に潜める偉大なるものに触着《しょくちゃく》し、俄然《がぜん》として火の如き国民的自覚を喚起された。彼は多くのインド思想家の如く所信の断言に怯懦《きょうだ》でなかった。一九〇七年十二月、スラートに開かれたる国民会議に於て、彼は名高き「インド国民主義宣言」を朗読した。彼はこの宣言に於て、劣等なる文化の所持者イギリスが、優越せる文化の所持者インドに向ってその劣等文化の採用を強制し、インド国民の神聖なる天賦を傷《そこな》いその如実の発展を妨《さまた》ぐるの非理を高調した。彼は単にインドをイギリスの政治的羈絆《きはん》より解放し、又はその経済的壟断《ろうだん》を打破するを以て究竟《くっきょう》〔究極〕の目的とするものでない。彼の明朗透徹なる理性、秋霜烈日《しゅうそうれつじつ》の如き意志が、常に真面《まとも》の敵として戦う所のものは、実に英国的精神そのものであり、英国的文化そのものであり、而して一切の非インド的精神そのものである。

加うるに彼は近代インド思想史に於て、新しき路を開拓せる第一人者である。薄伽梵歌の根本思想を把握せる彼の「行の哲学」は、寂静《じゃくじょう》無為《むい》を以て高尚なるが如く考うるインド人に向って、単なる思索瞑想の無価値なること、行為が思索の実現且《かつ》完成なることを教えた。彼は森林の小乗的隠者生活の無意義を力説し、人間は一切の成敗を超越して、神聖なる英雄的行動に終始す可きを高調した。而して彼の思想は、多数のインド青年に猛烈なる実行的意志を鼓吹した。

四　言論による革命宣伝

インド政府は、アラビンダ・ゴーシュを首領とするこの国民大学運動を黙視しなかった。インド政府は、曽て最も御《ぎょ》し易《やす》かりしベンゴールが、今は最も難治の一州となったのは、教育の普及が州民の国民的自覚を喚起せるに由ることを熟知して居た。従って、陰に陽にこの運動を圧迫し、遂《つい》に彼等をしてその志を成さしめなかった。茲《ここ》に於て彼等は、言論によってその精神を人民に鼓吹するの手段を執《と》った。彼等はベンゴール語及び英語を以て、幾多の新聞雑誌を発行した。而してその最も有力なりしは、サンディヤ及びバンデー・マータラムの両新聞であった。

而して言論の力は実に予期以上に偉大であった。数カ月ならずして、国民的精神は更に新しき力を以てベンゴールを風靡《ふうび》した。「母国万歳 Bande Mataram」の声は、学校に、街頭に、私人の家々に、凡《およ》そ人の相会する所に響き渡った。種々なる武術を教ゆる道場が処々に開かれ、ベンゴール青年は争うてここに学んだ。かくて独立の思想日に旺盛となり、翌一九〇六年カルカッタに開かれたるベンゴール地方会議に出席せる者は、各地の代表者約八百名、ベンゴール両州の全有力者を網羅せるの観を呈《てい》し、盛んに排英独立の気勢を煽った。茲に於てインド政府は、警察力を以て該会議を解散し、各地の代表者に向って即刻帰郷を命じた。

総《すべ》てカルカッタを中心とせるこれらの出来事は、忽《たちま》ちインド各地に伝えられ、不穏は次第にベンゴール州以外に及んで来た。而してかくの如き公会に対する圧迫は、竟に秘密結社の発生を激成し、青年のこれに加わるもの次第に多きに至った。

これより先極めて敏腕なりし、而してそのために甚《はなはだ》しくインド人の恨を買えるカーゾン総督は、時のインド軍司令長官キチナー将軍と、インド軍政改革に関する意見の衝突よりその職を辞し、ミントオ卿代ってインド総督に就任した。卿は人となり温厚にして長者の風あるに加えて、前総督の露骨なる高圧手段を改めて調停的態度に出で、時のインド事務大臣モーレー卿の妥協政策と相俟《あいま》って、只管《ひたすら》民心の緩和に努めたために、好個の総督としてインド社会に人望を博した。

而してその結果、ミントオ卿総督時代に於て、インド国民主義者間に両派を生ずるに至った。一は新総督の施政方針に信頼の意を表し、漸《ぜん》を逐《お》うて改革の実を挙げんとする穏和党である。他は新総督の方針もこれを大局より観れば、前総督のそれと五十歩百歩なりとし、あくまでも積極的運動によって初志を貫徹せんとする急進党である。この分離はインド革命史上、極めて注目すべき一事である。何となればこの分離と共に、穏和党は次第に政府に接近し、急進党は次第に鮮明なる革命的色彩を帯びて来たから。

かくして急進党の諸氏は或は文筆を以て、或は弁論によって、益々過激に排英主義を主張し、啻《ただ》に経済的のみならず、政治的並に社会的に、イギリスに対してボイコットを行うべしと宣伝し初めた。一九〇六年より七年にかけて、筆禍口禍のために縲絏《るいせつ》の厄〔逮捕されること〕に遭《あ》える志士は、夥《おびただ》しき数に上った。而もインドに於ける排英の気勢は、これがために殺がるること無かった。

五　国民運動の過激化

形勢はかくの如くにして進展した。而して一九〇七年の初めより、インドに於て最も実行的なるパンジャブ人が、地租徴収の事より暴動を起し、軍隊内にも不穏の兆を見るに至った。而して同年五月、パンジャブの首都ラホールの名士ララ・ラージパット・ライが、突如として逮捕せられ、裁判を受くることなく、従って罪名を告げらるる事なくして直《ただ》ちにビルマに護送せられ、而して牢獄に投ぜられた。

インド政府は、何故にかくの如き手段を敢《あえ》てしたか。言うまでもなく彼を以てパンジャブ騒乱の首魁《しゅかい》と目したからである。カルカッタ発行政府機関紙の如き、或は氏が十万の凶漢を手に入れて居ると書き立て、甚しきに至っては、彼がアフガン王を籠絡《ろうらく》して、インド侵入を企てさせたとさえ大書した。而もライはその豊富なる学識と、その熱誠なる慈善事業並に教育事業とのために、インド上下の最も信頼好愛する先覚であった。故に氏に加えたる政府の処置は、全インドの激昂を招いた。穏和党も急進党も、一斉にこれに向って攻撃非難の声を挙げた。この出来事より以前、インド志士にして、追放・監禁・その他の刑罰に処せられたる者は、固《もと》より少からぬ数に上った。而も裁判によって罪科を決定せらるる限り、インド人民は仮令《たとい》判決に不服であっても、未だ曽て暴力に訴えてこれに復仇せんとしたことが無い。然《しか》るに彼等が渇仰の一中心たりし名士が、突如国外の牢獄に運び去られたるを見て、血気に逸《はや》り立つ急進党の志士は、遂に非常手段を以てこの暴挙に対抗すべしと決心した。

この時に至るまで、インド人は、専ら言論文章を武器としてイギリス政府と戦って来た。インドに於て、盛んに暗殺が行われ始めたのは、実にこの時以後のことである。見よ、先年インド政府が排貨運動鎮圧のため、グルカ軍隊をバリザアルに派した時にも、或はカルカッタに於ける地方会議を解散した時でも、該運動の指導者は能《よ》く激昂せる人民を制して、暴挙に出《い》づることを戒《いまし》めたため、当然流血を見るべくして而も見ずに済んだ。さりながらこの事ありて以来彼等の態度は一変した。

かくして一九〇八年の春、ビハールのムザッファルプールに於て、最初の爆弾が投ぜられた。そは国民運動に参加せる青年に、笞刑《ちけい》を課したる一英人官吏を暗殺する目的であったが、誤って無関係なる二名の英国婦人を斃《たお》した。而してこの計画に加わりし一人が、陰謀の顚末《てんまつ》を告白したために、同志悉く捕えられて、アリポールの牢獄に投ぜられた。

この卑しむべき裏切者は、その名をナレンドラ・ナート・ゴサインと云う。而も彼は、同監房に繋がれたる二人の青年――カナイ・ラル・ダット及びサテェンドラ・ナート・ボース――のために獄内に於て血祭に上げられた。而して彼等が法廷に於て審判を受けたる時、カナイ従容として答えて曰く、「予は彼を以て母国の敵なりと認めたるが故にこれを殺した。こは予が全責任を負うて独断専行したる所、吾友サテェンドラの毫《ごう》も関知する所でない」と。固《もと》より両人とも死刑を宣告された。而して彼等が絞刑に処せらるる日、カルカッタの老幼男女、相率いて刑場に赴き、カナイの屍体を墓地に運び、「母国万歳《バンデー・マータラム》」の歌を高唱しつつ、厚くこれを火葬に附し、数千の会衆は悉《ことごと》く食を断ち足を露《あら》わして、親戚故旧《こきゅう》を葬るの礼を行った。この陰謀は本拠をカルカッタ市マニクトラア公園に置ける故を以て、マニクトラア爆弾事件と呼ばれ、実に現代インド国民運動に於ける最初の暗殺であった。而して翌年には、これと同様なるダッカ陰謀事件が起った。

次でベンゴール長官サー・アンドルー・フレーザーが三度暗殺に遭わんとした。而してその一度は、白昼彼が公務を執りつつありし間に行われた。人望ありしミントオ卿すら、アーメダバードに於て爆弾を投ぜられ、夫妻辛うじて九死に一生を得た。インド事務大臣モーレー卿の秘書ワイリーは、白昼ロンドン街頭に於て、インド青年の一撃に斃れた。この青年が、「吾は卑しき生命を母国のために捧ぐる光栄を誇る」と称して、従容絞刑台上の露と消えしことは、故国の青年をして感激の涙を滂沱《ぼうだ》たらしめた。次でナーシク及びダッカに於て、郡長及び裁判官が暗殺された。而して同様の危害が、英人及び政府に忠誠なるインド人の生命に対して加えられた。

インド政府は、これらの陰謀を以て、国民党領袖の使嗾《しそう》によるものとなし、峻厳《しゅんげん》なる糾弾を志士の行動に対して加えた。バアル・ガンガダール・ティラック、アラビンダ・ゴーシュ、ベピン・チャンドラ・バアル、チダムバラム・ピライ、アブドゥル・ハサン・ハスラート・モハニの諸氏が悉く囹圄《れいぎょ》〔獄中〕の人となりしは、実にこの頃の事である。而してこれこそはインドに於ける「安政の大獄」であった。

六　国民主義の勝利

形勢はかくの如くにして進んで行った。かくて一九一一年十二月、恰《あたか》もヨーロッパに於ては、英独仏三国間にモロッコ問題の紛糾するありて、政界多忙を極めたりしに拘らず、イギリス国王は遥かに玉輦《ぎょくれん》をインドに運び、最も荘厳なるインド皇帝即位式を行い、これを以て一面には在印英人の士気を鼓舞し、他面にはインド人民に威厳を示し、且この機会を以て多年不満の因たりしベンゴール分割問題に譲歩的解決を与え、又《また》突然首府をカルカッタより回教徒の中心地デリーに遷《うつ》し、恩威並び行って排英運動を閉息せしめんと腐心した。然るに英王のデリー滞在中、駐輦《ちゅうれん》の大天幕が、電灯の故障より火を失せる椿事《ちんじ》が起った。迷信深きインド人は、これを以て不吉の兆と言い触らし、一易者の如きは英国滅亡の期迫れりと占って獄に投ぜられた。

次で一九一二年十二月、ミントオ卿の後を襲いてインド総督に就任せるハーディング卿が、新首都デリー入都式に際し、数千の軍隊と数万の群衆との間を堂々と練り歩く最中に、爆弾飛来して従者数人は粉砕せられ、卿は幸いに肩に負傷せるのみで危く一命を助かったが、入都式の行列は中止せられ、非常なる騒ぎとなった。而も犯人は巧みに踪跡をくらまし、十万ルピーの大金を懸けて必死に捜索せるに拘らず、遂に犯人の逮捕を見ずして了《しま》った。而してこの出来事は、イギリスの調停政策も、竟《つい》に民心を緩和すること能《あた》わざるを示すと同時に、犯罪の現状を目撃しながら、一人として犯人を告知して大金を得んとする者なかりしを見ても、英国に対する反感が、如何に広く且深く民心に刻み込まれて居るかを示すものである。而して一九一四年春には、更にラホールに於て爆弾が投ぜられ、四名の絞刑者並にその他の処罰者を出したが、そのうちに数名の大学生もあった。

　かくの如くにして国民運動は、次第にインドの各方面・各階級に及んで行った。ラムゼー・マクドナルドは、その著『インドの覚醒』に述べて曰く、「予は屢々《しばしば》インド婦人が、演壇に立つことありと聞き、また国民運動の各方面に於て、婦人が活動しつつありと聞いた。予は到る処に政治問題が内房《ゼナナ》の中に論ぜられ、志士に下せる政府の圧迫に反抗するため、婦人が集会を開けることを聴いた。吾人の経験を以てするも、今や多数のインド婦人は、現に起りつつある社会運動に注意を払い且これと歩調を一にして居る」と。凡《およ》そ如何なる運動も、婦人を動かすに至って真に確乎たる根柢を得るを常とする。取分《とりわ》けインド婦人は、少くとも中流以上のものは、家族以外の人にその顔をも見せぬほど、消極的・退嬰《たいえい》的なる慣習の下に育ち、殆《ほとん》ど度《ど》し難《がた》き内気者として定評を受けて居る。そのインド婦人が、また昔日の内気者でなくなったのだ。政治問題が内房に於て論ぜらるるに至ったと云うことは、特にインドに於て注目に値する。

　而してラーラ・ラージパット・ライもまた、その著『青年インド』の中に、国民主義が如何にこの頃に至りて、普《あまね》くインドの民心を支配し初めたかに就て実に下の如く述べて居る。曰《いわ》く「試みに田舎の人々の詩又は文を読め。殆ど教育なき、又は全く文字なき男女の鄙《ひな》びたる歌を聴け。村々の空地や集会所に於て人々の語るを聴け。田舎の小児又は赤貧なる家々の児等の遊戯を見よ。流行しつつある謡《うた》を聴け。然らば諸君は、国民主義が如何に普くインドの生活に行亙《ゆきわた》り、如何に深くインドの精神に根ざせるかを知り得るであろう。如何なる外国人も、これを領会することは出来ぬ。真にこれを領会し得るは唯だインド人のみである。試みに土語にて発行せらるる新聞雑誌を読め。然《しか》らば諸君は英国に対する忠実を表白せる文字の奥に、母国の逆運、その衰退、その惨憺たる現状に対して灑《そそ》がれたる血涙を洞察するであろう。国民主義は、最早狭い階級に限られては居らぬ。それは総てのインド人の精神に入り浸らんとして居る。親しく人民と交わるインド人のみ能くこれを知る。嗚呼《ああ》、色を売る舞妓すらも、今やこの精神に動かされて来た。諸君にして欲すれば、彼等声を挙げて国民主義の歌を唱わん。一弦の琴を鳴らして、門並に憐みを求むる乞食芸人すら、如何なる歌を奏すれば、能く人を喜ばしむるかを知って来た」と。

七　ラホールの陰謀

大勢かくの如き時に当り、端《はし》なくも世界戦が勃発した。インド革命主義者がこの機に乗じて、宿志を成《な》さんと企てたことは毫《ごう》も異とするに足らぬ。果然《かぜん》一九一五年春、ベナーレス以西、殆ど西北インド全部に亙る大規模の叛乱が企てられた。この計画は、周匝機敏を極むる間諜制度を有する当路の探知する所となり、事に連《つらな》って逮捕せられしもの前後実に四千人、有罪を宣告せられて、重きは絞刑より軽きは罰金に至る刑罰に処せられしもの八百人、画策中道に蹉跌《さてつ》して僅《わず》かに連絡なき掠奪・殺人等の暴動を諸処に惹起せるに止まったが、これぞ所謂ラホール陰謀事件として一時インドの上下を震撼し、煽動的なる米国新聞をして「絞刑四百人、懲役八百人、監禁追放一万人」と伝えしめ、欧米の耳目を聳《しゅん》動《どう》せる一大事件であった。

ラホール陰謀の策源地は、米国サンフランシスコの「インド革命本部」であった。そはハル・ダヤールの創設にかかり、戦前より機関雑誌『インド革命』を発行し、並に幾多の小冊子を印刷し、厳重なる官憲の目を潜りて、巧みにこれをインドに密送し、最も激烈に革命思想を鼓吹して居た。既にして世界戦の勃発となるや、志を同じくせる在外インド革命家は、或は米国より、或はカナダより、或はシナより、続々として本国に密航し、在印同志と鳩首凝議《きゅうしゅぎょうぎ》して、専《もっぱ》ら事を挙ぐるの準備に心を砕いた。

偶々《たまたま》この時に当り、所謂《いわゆる》駒形丸事件が突発した。そは英領カナダに渡航せる多数インド移民が、カナダ官憲のために入国を拒まれ、日本汽船駒形丸に乗じて帰国するの止むなきに至れる事件である。これらの移民は、多くはパンジャブ人であった。彼等は艱難《かんなん》と忿懣《ふんまん》とに心身を苦しめつつ、無益なる長途の旅を往復して、ベンゴール州の東海岸バッジ・バッジに上陸し、多数の者は故郷パンジャブに、少数のものはカルカッタに赴かんとした。然るにインド政府は、自由の行動を彼等に許すことを危険なりとし、わけても彼等のカルカッタに行くを欲せざりしが故に、警察力を以て彼等の行動を拘束せんとした。於是《ここにおいて》彼等のある者は、密かに携帯せる武器を執って警察官に抵抗し、両者の間に激しき衝突を見、互に死傷者を出だしたが、結局少数の拘禁者を除く外、概ね故郷に帰ることを許された。

然るにこれらの激昂せる帰還者がパンジャブに帰れる頃は、恰も革命党の志士が盛んに排英独立思想の秘密宣伝中なりしが故に、彼等の多くは相率いて革命運動に投じ、頓《とみ》に革命の気勢を高めた。而して革命運動を指揮して実際の画策に当れる首脳者は、ラーシュ・ビハーリ・ボース（ベンゴール人・インド教徒）、バイ・パルマ・ナンド（パンジャブ人・前パンジャブ大学教授）、カルタール・スィン（パンジャブ人・スィク教徒）、ヴィシユヌ・ガネーシユ・ピングレー（マーラタ人・インド教徒）、サッチンドラ・ナート・サニヤル（ベンゴール人・インド教徒）の諸氏であった。これらの諸氏の生地及び宗教は、該運動が広汎なる規模の下に企てられたることを示すものである。

彼等は先《ま》ず青年学生の誘致に努めた。多くの学生は彼等に動かされて運動に加わった。彼等はまた各地の村民に遊説した。彼等は無智なる村民に向って、英国の苛政を説明してその敵愾心を鼓舞し、英国は彼等の宗教に干渉せんとしつつありと告げて、その宗教的情熱を煽《あお》り、世界戦の結果、英国は衰滅に瀕しつつありと告げてその勇気を振作した。

而して彼等が最も力を注ぎたるは、実にインド兵軍隊の誘致であった。彼等のある者は募兵に応じて軍隊に入込んだ。ある者は血縁ある傭兵に接近して、叛乱を勧めた。革命の檄文が、謄写《とうしゃ》筆写によって複製せられ、密かに軍隊内に配布された。かくしてラホール騎兵第二十三聯隊、及びパンジャブ歩兵第二十六聯隊には、日に日に叛乱加盟者の数を加えた。計画は着々進捗し、一九一五年二月十九日夜半を期し、両聯隊は花々しく革命の第一烽火を挙ぐる手筈まで整ったが、将《まさ》に発せんとする間際に、間諜の密告によって計画露顕し、終《つい》に失敗に終ってしまった。

この年九月二十五日、パンジャブ州長官オドワイヤーは、パンジャブ立法会議に於ける演説中に、ラホール陰謀に就て述べて曰く「若し彼等にして、官憲並に人民の協力により、迅速に抑圧せられざりせば、恐らく叛乱者が企図せる如く、一八五七年の大叛乱と同じく、パンジャブを挙げて無政府状態に陥り、啻に政府官吏のみならず、忠誠なるインド人の虐殺が行われたであろう」と。以て該陰謀の容易ならぬ性質を知り得る。

八　全インドに頻発せる革命の陰謀

ラホール陰謀の発覚ありて未だ数月ならずして、更に第二陰謀事件が起った。事に連なって逮捕せられしもの二百五十人、うち八十余名は有罪の宣告を受けた。而してこれと相前後して、ベナーレス陰謀事件が起った。そは前述両陰謀と関聯せる革命運動にして、その重大なる点に於てまた両者に劣らぬものであった。而もこの陰謀もまた発するに先だちて警察の探知する所となり、同志の逮捕せらるるもの二百人、処刑者数十人を出だした。

叙上の陰謀と前後して、更に重大なる二個の事件が起った。一は即ちシンガポール暴動であり、他はビルマに起れるマンダレー陰謀である。一九一五年一月、インド本土に於ては、ラホール陰謀が着々計画を進めて居た頃、シンガポール駐屯インド軍隊は、同じく革命党の誘致に応じ、逸早《いちはや》く蹶起《けっき》して独立の旗を挙げ、英人士官を屠りて兵営を占領し、その勢猖獗《しょうけつ》に赴かんとした。海峡植民地政府は周章狼狽を極め、日本領事に向って再三援助を懇請し、その結果約百八十名より成る在留邦人義勇軍組織せられ、某予備陸軍大尉指揮の下に、市内警衛の任に当ることとなった。而して港内碇泊中の日本軍艦も、また英国の希望を容《い》れて若干の陸戦隊を上陸せしめ、叛兵の拠《よ》れる兵営を攻撃せしめた。

シンガポールの叛兵は、日本が武力を以て独立の義挙を妨ぐ可しとは夢想だもしなかった。彼等は、最も予期せざりし勁敵《けいてき》〔強敵〕の出現に失望し且驚愕した。もと叛乱の主動者は、インド兵中の回教徒であり、インド教徒は当初より決死奮戦の意思なく、形勢の推移によりて態度を決せんとせる者多かりしに加えて、回教徒自身もまた日本を敵として戦うの意なかりしを以て、殆ど抵抗を試むることなくしてインド兵の大部分は我軍に投降し、大事に至らずして鎮定するを得た。

インド本土及び海峡植民地の形勢既にかくの如くなる以上、ビルマもまた不穏を免れざりしは当然のことである。一九一五年八月以来、ビルマに於ける政治的犯罪は頓にその数を増した。一九一六年に入りては、革命党のビルマに於ける活動頓に多忙となり、ハルナム・スィン以下六名の志士、シャムを迂回《うかい》してビルマに入り、各地に遊説して排英の気勢を煽り、且軍隊に接近して叛乱を教唆《きょうさ》し、シャム在留の同志と連絡を取りて密かに武器弾薬を輸入し、同志のある者は在支ドイツ人と気脈を通じ、雲南よりビルマに至る通路を踏査して他日の用に資せんとし、安南より雲南に入らんとして仏国官憲のために通行を拒まるるなど、経営頗《すこぶ》る惨憺《さんたん》を極めたが、未だ事を挙げずして計画露顕し、首謀者以下同志の逮捕となり、死刑七名、終身流刑五名、以下十数名の処刑者を出だした。この出来事はマンダレー陰謀事件と呼ばる。

九　英国の対印政策

一面叙上の如き過激手段による独立運動が画策せらるると同時に、他面に於ては合理的手段に訴うる自治運動が日毎《ひごと》に勢を加えて来た。殊《こと》に一九一五年、インド国民会議と全インド回教同盟会とが、時を同じゅうして大会をボンベイに開いたことは、インド国民運動史上に於て特筆すべき出来事であった。蓋《けだ》しインド教徒及び回教徒を反目嫉視《しっし》せしめ、以て国民勢力を両分することが実に英国インド領有の伝統的政策であったのだ。政府は両者の敵愾心《てきがいしん》を煽りて互《たがい》に相争わしむるに全力を尽して来た。かくて従来双方の有志が、度々《たびたび》妥協提携を画策して、而も常に失敗に終って居たが、この時に至って初めてその実現を見たのである。かくて両団体の代表者は、一堂に会して交歓し、双方より委員を選んで国事を議し、自治の要求、義務教育の施行、産業の発達等に関し、一致の行動を執りて政府に当るべきことを決した。回教同盟総理ハック氏が、同大会に於ける演説に於て、挙国一致の必要を力説し、宗教の如何を問わず、一切のインド人は必然浮沈を共にすべき同舟の客なることを警告し、「予は第一にインド人たるのみならず、第二にもインド人、第三にもインド人、最後までインド人なり」と高調せることは、会衆の非常なる喝采を博した。かくして合理的に自治を促進せんとする政治的運動が、急速に発展して来た。

イギリス政府は、事態の容易ならざるを知了《ちりょう》した。殊にドイツに対する勝利、尚未だ覚束《おぼつか》なく、インドの人と金と物資とを必要とすること最も急なる時代なりしを以て、一方高圧武断を強行すると共に、他方盛んに懐柔政策を行いインド人に向って種々なる約束を与え、遂にモンテーギュ氏一行をインドに特派し、一九一七年冬より翌年四月に亙る実際の調査視察に基きて、インド統治改革法案の起草に着手せしめ、只管《ひたすら》民心の緩和に努めた。

この改革法案は、一九一八年七月八日を以て発表された。而もその内容は、一九一六年十月、国民会議及び回教同盟が、一致決議して要求せる穏健なるインド自治案との間にさえ、甚しく径庭があった。従って急進派が、これによって何らの満足を与えられざりしは言うまでもない。

而してこの改革案の公表ありて間もなく、更に別個の重大なる一報告が、インドに於て発表された。その報告とは、取りも直さずローラット報告である。これより先、インド政府は、下の目的のためにローラット以下五名の委員を任命した。曰く「インドに於ける革命運動に関する陰謀の性質及び範囲を調査してこれを報告すること、及びかくの如き陰謀の取締りに際して生ぜる困難を検討し、若しその必要を認めたる場合はインド政府をして有効にこれを取締らしむべき法律を立案すること」。委員は、インド不穏の二中心、カルカッタ及びラホールに於て必死の努力を以て調査に従事した。而してインドに於ける革命運動が実に容易ならざるものなるを知悉《ちしつ》し、これを取締るためには、最も厳格緻密なる法律を必要とすることを認め、茲に名高きローラット法案を起草し、一九一八年七月十九日、詳細なる報告を発表するに至ったのである。

ローラット法案は、曽て戦時非常法として発布せられ、インド政府が戦争終結と共に撤廃すべきを約せるインド国防条例を、叛乱条例の名の下に永久的のものとし、官憲に与うるに、苟《いやし》くも英領インドに於て、安寧秩序を害する危険ありと認むる時は、その何人たるを問わず、また裁判を経ずして、直ちにこれを逮捕・監禁又は投獄するの権力を以てせるものである。

十　英国の政策に激せられたる革命運動

ローラット法案が、インド人を憤激せしめたるは固よりそのところ。この年二月、該法案の帝国立法会議に上程せらるるや、心あるインド人は悉く起って反対運動を開始した。二月四日、先ずラホールに於て、「インド協会 Indian Association」の大会が、最初の大規模なる反抗の火の手を挙げた。次で三月三十日、デリーに於て、全市に亙る「休業 Hartal」が行われた。商店は悉くその窓を閉じた。戸を開ける若干の商店は、群衆のために閉鎖された。群衆は、馬車を途に要して、御者《ぎょしゃ》をその家に帰らしめ、乗客に徒歩を強いた。午後一時半頃、一団の群衆は鉄道停車場外に集まり、偶々三等乗客に食物を売らんとせる構内売子を認め、これに向って「休業」を求めた。売子はこれに応じなかったために直に殺されて了《しま》った。加害者両名は直ちに逮捕された。激昂せる群衆は、これを奪回すべく構内に流れ込んだ。而して警官の非常召集、軍隊の派遣となり、茲に群衆と官憲との間に惨憺たる衝突を生じ軍隊の発砲によりて、辛うじて群衆を四散させた。而もその後数日の間デリーの町は店を閉じ、鉄道も不通となった。而してこれと前後して名高きアムリッツァル事件が起った。

アムリッツァルは、パンジャブの最も繁栄なる都市の一にして、スィク教徒の首都である。ローラット法案に対する反抗運動は、同市に於ても夙《はや》く既に行われて居たが、デリー騒動の報一たび伝わるや、形勢は一層険悪となった。官憲は事を未然に防ぐべく、同市に於ける運動の中心人物両名を、四月十日郡長官舎に召喚し、突如これを逮捕して自動車にのせ、何方とも知らず羅致《らち》し去った。民衆は両名の行方不明となれるを知るや、諸処に集合して示威運動を開始した。一団の群衆は「国民銀行《ナショナル・バンク》」を襲い、支配人及び会計課長を殺し、貴重品を破壊し、而して火を放って建物を焼いた。群衆の他の一団は、殆ど時を同じゅうして「聯合銀行《アライアンス・バンク》」を襲い、同じく支配人を殺し、建物を焼いた。数個の郵便局が襲撃され且掠奪された。一キリスト教書肆《しょし》が散々に破壊し尽された。例によって軍隊が駆付けた。銃が放たれた。約四十名のインド人が殺された。而して夜に入りて暴動は一先ず鎮まった。この夜約四十マイルを隔つるジャルンダーから、応援軍隊が到着した。

翌《あ》くれば四月十一日、群衆はまた次第に集まり来りて、諸処に軍隊との小衝突を見、十数人の負傷者を出だした。夜に入りて郡長はデリーより到着せるダイヤー将軍に、一切の権力を委任した。将軍は直《ただ》ちに仮借《かしゃく》なき高圧手段を執った。十二日には多数のインド人が逮捕された。而して十三日には約五千の群衆に対し、一斉に軍隊をして発射せしめ、実に五百名を殺し、約二千名を負傷せしめた。この虐殺事件の審問に際し、ダイヤー将軍が判事ランスに答えたる言は、真に痛快を極めて居る。曰く「若し予に一弾を発射する権利ありとすれば、百千発を発射するの権利ある道理。予の到達せる理論的結論は、法律を無視せる群衆を解散せねばならぬと言うことであった。而してこれがためには何ら中間の方法なし。ただ力の一方法ありしのみ」と。

将軍の行動は後に英国会議の問題となったが、上院は将軍の処置を正当とした。而して将軍の職を辞するに及び、その功績に酬ゆるため、インド人より絞れる租税から、毎年約八千円の恩給を与えることになった。さりながらインド人側は決して将軍の虐殺を是認せぬ。この事ありて以来、インド人のイギリスに対する怨恨・憤懣の情は、急激・強烈・迅速に昂まった。

而してかくの如き形勢に更に油を注げるものは、実に聯合国の対土条約である。初め英国首相ロイド・ジョージは、インドに於て回教徒兵を徴募するに際し、世界の面前に於て戦争が如何に終結するにせよ、トルコの回教宗主権を保全すべきことを、インド七千万の回教徒に向って声明した。而して回教徒は彼の言を信頼したのだ。然るにこの年八月に締結発表せられたる対土講和条約は、明白にロイド・ジョージ先年の声明に裏切れるものであった。ここに於て従来は寧《むし》ろ親英的なりし回教徒が、俄然として熾んなる排英運動を開始するに至った。

かくの如くしてインドの形勢は、日に日に険悪の度を加えて来た。パンジャブ州知事として、最も善く形勢の真実相を知悉するサー・マイケル・オドワイヤー曰く、「傭兵叛乱以後、政府の地位今日の如く弱く、その信用今日の如く地を払えるは無い。インドに於ける英国の安全点は、従来も決して大ではなかったが、今や世界的不安と危険とが、殆どこれを零点に低下するに至った」と。

十一　モハンダース・カラムチャンド・ガンディ

最近に於ける叙上の運動に於て、その中心指導者として起てる者は、実にモハンダース・カラムチャンド・ガンディその人である。彼は明治二年十月、ラージコット小藩王の首相たりし清廉恪勤なる父の第三子と生れ、明治二十年、彼の堕落を気遣える母に、肉食・飲酒・女淫の三を禁断することを誓い、ロンドンに赴きて法律を学び、三年の後、業終えて弁護士となり、明治二十四年に帰国した。彼はインドに於て弁護士を開業する積《つも》りであったが、有名なる一インド商会の依頼に応じ、訴訟事件のために南阿〔南アフリカ〕ナタルに赴いた。

彼は南阿に於てインド労働者の苦役を目撃した。而してその後の二十余年を、南阿に於ける苦力《クーリー》の味方としてあらゆる困難迫害と戦った。彼は文字通りに師父としての尊敬と信愛とを、南阿に於ける憐むべき同胞から受けた。彼は真に同胞中の最も貧しき者と辛苦を共にした。裁判に附せられた時も、牢獄に投ぜられた時も、官憲が彼だけには特別の待遇を与えようとしたに拘らず、固辞して苦力と同様の取扱を甘受した。彼の弁護士としての収入は相応に多額なりしに拘らず、古《いにし》えの行者に等しき禁欲の生活を送りて、余れる全部を同胞のための運動に費した。

一九一三年秋、南阿聯邦政府がインド人に取りて極めて不利なる移民条例を発布するや、ガンディはその撤廃を南阿政府に求めた。彼はこの要求を徹底せしめるために、労働者に向って精神の力を以てこれに抵抗し、以て当局の非を改めしむべきことを勧めた。老幼男女、悉く彼の一令の下に動いた。幾千の労働者及びその家族が、ナタルよりトランスヴァールに進んで行った。各地の労働者は一斉に罷業した。官憲は非常に驚愕して片端からインド人を捕え、罷業中の鉱山を臨時の監獄として、日も照らさぬ坑内に数千の労働者を拘禁した。ガンディもまた然りしこと言うまでもない。而もこの報一度びインドに伝わるや、輿論の沸騰甚しく、時の総督ハーディング卿までが、マドラスに於ける演説に於て、公然と南阿政府の非常手段を非難するに至った。かくて南阿事件特別調査委員の任命となり、その結果該条例の修正を見るに至った。

一九一四年、彼はインドに帰って来た。而して人民の味方としてその活動を始めた。彼はその接する総ての人々に、サティヤ・グラハの主義を鼓吹した。サティヤは真理、グラハは把持を意味し、あくまでも真理に拠り、精神の力を以て邪悪と戦うことを言う。これを翻訳して消極的抵抗 Passive Resistance とするが如きは、彼の精神を全然没却し去るものである。彼は真理の最後の勝利を力説し、魂の力、能く邪悪を克服すべきことを高調する。彼はインド人を以て奴隷とする、従ってインド人の人格を無視する英国のインド統治を以て、許す可からざる悪と主張する。而して、この悪は暴力を以てこれを倒すべきものでない。そはインド人が全然イギリスと悪を共にせざることによって達せられねばならぬ。かくて彼は、「暴力を用いざる非協同運動」を起した。彼の主張は、一見何ら新奇なるものがない。而もそは徹底してインド的である。彼が南阿に於て労働者のために戦った時も、彼の戦術は全然西欧労働者のそれと異なって居た。彼は先ず真個の人間としての自覚を労働者の魂に植付け、これによって彼等の現状の忍ぶ可からざる所以を知らしめ、而してこれを脱出せんとの精神的勇気を鼓吹した。彼の高潔なる人格、その無私なる生活、火の如き熱心、棉《わた》の如き慈悲、而してその驚嘆すべき組織力は、南阿の労働者を手足の如く動かすことを得せしめた。インドに帰れる彼は、実に同一の方法を以て同一の戦いを初めたのだ。

試みに彼自身の言を引く――「予は南阿運動の歴史が当然インドに於て繰返さるべきを怪まぬ。若し然らざれば、それこそ予の意外とする所である。南阿に於ける運動は、全労働者一致の決議によって始めたのだ。而も愈々《いよいよ》開始するに当って、牢獄に投ぜらるることを恐れざりし者は、僅かに百五十人前後となった。而して終《つい》には犠牲となることを甘んぜる者、僅かに十六名の男女に過ぎざるに至った。然るにこれら十六名の決意に不可思議の力を現じた。全インド人は、逆捲《さかま》く浪の如く起って彼等の蹤《あと》を追うた。敢て何らの組織ありしに非ず、何ら宣伝を行えるに非ず、而も総計四万の同胞は、悉く獄に投ぜらるるの覚悟を抱いた。而して彼等のうち一万は、実に牢獄の苦を嘗めた。その後のことは諸君能くこれを知る。かくして同胞はその求むるものを得た。吾等は献心犠牲の訓練によって、無血の革命を成就したのだ。予は信ず、インドに於てもまた必ず然るべきことを」と。

洵《まこと》に彼の言は過たなかった。彼によって宣伝せられたる非協同運動は、最初官憲がその愚を嗤《わら》えるに拘らず、真に江河を決するの勢を以て全インドに広まり、深くインド人の魂に入込んだ。而してその最も明瞭確実なる証拠は、一九二〇年十二月、ナグプールに開催せられたるインド国民会議に於ける非協同運動の決議そのものである。インド各地より選ばれたる議員等は、殆ど満場一致を以て、実に下の如き驚くべき事項を決議したのだ。

一、英国より受けたる称号を返付すること。

二、子弟を政府設立学校に学ばしめざること。

三、法律家は英国司法のために執務せざること。

四、インド人間の係争は私立仲裁所に委すべきこと。

五、政府の公債に応募せざること。

六、英貨をボイコットすること。

七、警官及び兵士を初めとし、政府被傭者は悉く辞職すること。

八、如何なる形式に於ても、イギリスに納税せざること。

この非常なる決議と相伴い、彼等は翌一九二一年初頭、英国王の名代としてデリーに於ける改革法実施後最初のインド議会開院式に臨むことになって居たコンノート殿下をボイコットすることをも決議した。而してこれは最も徹底的に行われ、コンノート殿下は、インド到る処に於て、真に堪え難き冷遇を受けた。

十二　非協同運動とインドの将来

ガンディに従えば、非協同運動は、これを外面的に国民に強制し得るものでない。それは国民の自覚に伴いて、一段一段と着々行わるべきものである。而もこの運動は僅々《きんきん》数カ月にして、驚くべき勢力を得て来た。それは国民会議委員の下に周匝に組織せられ、各県・各州・各市に支部を置き、連絡ある活動を行って居る。多数の名士――詩人タゴールもまたその例に洩れぬ――が、英国より与えられたる称号を返還した。高き地位に在りし人々が、職を棄ててこの運動に加わった。幾万の学生が政府経営の学校を退いた。この運動のために投ぜられたる寄附金は、一九二一年七月末までに実に一千万ルピーの巨額に達した。

一九二一年十二月に開かる可き国民議会に於ては、若し英国が完全なる自治を与えざるに於ては、納税拒否の断行を国民に勧告することになって居る。インド革命はかくして次第に真舞台に入る。一九二〇年以来、各地に行われたる農民暴動、労働者罷業の頻発は、要するに来る可き大規模のインド騒乱の前駆である。

サー・ジョン・シーリー、その名高き『英国膨脹論』に於て曰く、「若しインドに於て、微《かす》かながらも共通の国民的感情が起り初めるならば、仮令積極的に外人を駆逐せんとの希望を抱かぬまでも、若しその国土を維持する外人に助力を与うるを恥とするに至らば、殆どその日からわがインド帝国は無きものとなるであろう。吾等がイタリアに於て見たる如き国民運動が、万一インドにも起るならば、英国はオーストリアほどの抵抗も能くせずして直ちにその勢力を失うであろう」と。

彼の言は正しい。而してイギリスに取りて最も恐る可きインドの「国民的感情」は、実にわがガンディの人格と活動とによりて、日に日に強くなりつつあるのだ。吾等は詩人タゴールが、彼に就て語れる所を下に引きたい――

「彼は権力を欲せず、地位を欲せず、富を欲せず、名誉をも欲せず。彼に全インドの帝座を捧げよ。彼はその上に坐する事を拒み、ただ帝座を飾れる珠玉を売って、これを貧者に頒《わか》つであろう。彼に全アメリカの富を与えよ。若しその金が悉く人類向上のために費《つい》やし得るに非ずば、彼はこれを受けないであろう。

「彼は常に唯だ与うることにのみ心を労し、而して絶対にその報いを求めぬ。然り、感謝をすら彼は求めぬ。こは決して誇張でない。何故ならば予は能く彼を知って居るから。

「彼は解脱の人である。若し人あり予の首を絞めるならば、予は泣いて助けを呼ぶであろう。されどガンディに於ては断じて言う、決して泣かぬ。彼は笑ってその絞首者に対するであろう。而して若し死すべくんば、同じく微笑しつつ死ぬるであろう。

「彼の生活は小児の如く単純である。真理に対する彼の執着は不退転である。彼の愛は積極的且攻撃的である。この偉大なる人格が、新インドの建設に、至要の役割を努むべき運命を持って居ることは、更めて言うまでもない」

インドはガンディに導かれて新しき時代に入るであろう。ガンディが徹底してインド的理想を掲げ而してインド的手段によって、その実現の歩を進めつつあることは、吾等に取りて深刻なる暗示を与える。今や世界最大の革命家は、まがう可くもなくレニン及びガンディである。而してこれらの両人ほど、特異なる対立をなせる性格は無い。予は更に他の機会に於てこれら両者の対比によって、露国及びインドに於ける革命の本質を闡明し、これによって来るべき世界革命の本質をも揣摩《しま》したいと思う。革命行程のインドに関しては、今は唯だ主としてその外面的発展を叙して筆を擱く。

第五　アフガニスタン及びアフガン問題

一　ハビブラー王の暗殺

一九一九年二月二十日払暁、親英主義を以て名高かりしアフガン王ハビブラー汗が、ラーグマンの幕営に於て何者かのために暗殺された。時は恰《あたか》もパリ平和会議の開催中であり、且《かつ》中東一帯の形勢転変極まりなき頃であったから、ハビブラー王暗殺の飛電は、痛く世界を驚かした。而《しか》してその真相に関して、幾多の揣摩《しま》臆測《おくそく》が行われた。

アフガニスタンに関して、最も切実なる利害を感ずるイギリスでは、三月初旬の議会に於て、名高き東洋通サー・リースがこれに関して質問を試みたるに対し、時の教育会議総裁フィッシャーは、インド事務大臣に代って下の如《ごと》く答弁した。曰《いわ》く「最近の報告によれば、故王の死後、直《ただ》ちにジェララバードに於《お》て即位を宣言せるナズルラー汗は、幾何《いくばく》もなくして位を辞し、故王の第三子アマヌラー王位を継ぎ、現在はカブールに於ても、並《ならび》にジェララバードに於ても、格別不穏の形勢が無いらしい。故王暗殺に関聯して多数の嫌疑者が逮捕されたとの報告に接したが、犯罪の目的及び逮捕者の姓名は未《いま》だこれを詳《つまび》らかにしない。アマヌラーとナズルラーとの関係、並に王長子イナヤットゥラーの両者に対する態度もまた不明である。最後に附言すべきは、イギリスはハビブラー王の不幸なる崩御により、真個の一友人を失ったと言うことである。世界戦を通じて、故王の政策及び態度は、一貫して最も聯合国のために忠実であった」と。

その後に至り、英国及びインドの諸新聞は、故王暗殺の真相に就て、色々な記事を掲載した。それらの多くの記事のうち、その年五月二十九日附で、在ボンベイ「ロンドン・デーリー・クロニクル」通信員の発したる長文の通信は、特に世界の注目を惹《ひ》いた。この通信が如何なる程度まで、信を措《お》くに足るかは疑問であるが、材料の出処は、一九一八年六月以来、アフガニスタンのジェララバードに駐在し、アフガンのインド侵入開始当時インドに逃げ帰れる英国工兵将校マクラフリンの談話であり、且この通信は、今日まで発表された記事のうち、事変目撃者の談話によれる唯一のものなる点に於て、少くともこれを紹介する価値がある。

マクラフリンの言によれば、国王暗殺の根本動機は、故王の親英主義に対する不満に在った。若干の有力者は、世界戦なお酣《たけなわ》なりし頃、彼等が信仰上の宗主国たるトルコを扶《たす》け、英国に宣戦してインドを侵略すべしと云う強硬なる主張を発表し、且これを遂行せんがために一個強力なる団体を組織した。彼等をして茲《ここ》に出でしめたるは、その背後にドイツ並にトルコの熱心なる勧奨、又は助力ありしこと言うまでもない。然るに彼等の計画を実現せんとするに当り、最も好ましからぬ障礙《しょうがい》は、堅く親英主義を執って動かざる故ハビブラー王であった。ここに於てこの一団の排英主義者は、遂《つい》に国王暗殺の計画を立てた。

この過激なる陰謀団の主盟は、マクラフリンの語る所によれば、故王の弟ナズルラー及び故王の第三王子にして現に王位を継げるアマヌラーであり、親衛軍の有力なる軍人が、多くこの陰謀に与した。彼等の最初の申合せは、暗殺成功後はナズルラー王位を継承し、アマヌラーはカブール総督となり、当然起るべき事変後の騒乱に善処する手筈《てはず》であった。

これより先陰謀に加われる親衛軍軍人のうち、三名の将校は各々《おのおの》故王の王女を賜《たま》わるべき婚約が出来て居た。然《しか》るに如何《いか》なる理由ありてか、故王は容易にこの約束を実行しようとしなかった。陰謀団の一味は、これを以て故王が彼等の陰謀を感知したものと推量した。かくて予期の準備、尚《なお》未だ十分ならずして急遽暗殺を行うに決し、遂に凶行の目的を遂げた。

故王暗殺の目的を遂げた後、陰謀団は予ての手順に従い、アマヌラーは国都カブールに貴族を会合して父王の崩殂《ほうそ》を告げ、且ナズルラーが王位を継承すべきを告げた。然るに貴族等は何故に王長子継位せずして、王弟即位するかと反問した。アマヌラーは何らの説明を与えなかった。貴族等は、王長子が父王暗殺者に報復するの手段を講じつつあるかと質問した。これに対してアマヌラーは王長子が何らの手段をも講じて居らぬことを告げた。これを聴きたる貴族等は、王長子は怯者なるが故に王位を継ぐに値せず、宜《よろ》しくアマヌラー自ら即位すべしと主張した。かくてアマヌラーは野心むらむらと起り、咄嗟《とっさ》の間にその意を決し、叔父ナズルラーとの約束を破って、自ら国王たるべきことを宣言してしまった。

一方カブールに於て、予定の献立《こんだて》が俄《にわ》かに転変しつつありし時、ジェララバードに駐屯中なりし故王に信服せる一団の兵士は、いたく故王の横死を悲しみ、自《みずか》ら起って暗殺者に復仇を加えんと決心し、一切の士官を放逐して「兵士会」を組織し、故王暗殺の現場に歩哨せる兵士を糺問してその凶行者がアフガン軍総司令官ナディル・シャーの弟アーマッド・シャーなるを確かめ、総司令官の一族を捕えて、これを極刑に処せんとした。

アマヌラーは、国都に於てこの変を聞き、急遽電話を以て「兵士会」と交渉し、先《ま》ず彼等の忠勇を称揚し、一切の捕縛者はこれを裁判に附して厳刑に処すべきが故に、至急カブールに送致す可《べ》しと告げた。而も「兵士会」がこの要求に応じて、カブール軍隊の勢力圏内に囚人を護送し来るや、兵力を以て囚人を奪取し、直ちにこれを釈放した。かくて軍司令官の一族は、大手を振って国都に入るを得た。

アマヌラーは種々なる方法を以て軍隊の歓心を買い、能く彼等を懐柔するに成功した。かくて彼は確実に権力を掌握した。ナズルラーは遂に新王に対する服従を誓い、他の王族もまたこれに倣《なら》った。而《しか》してナズルラーは新王に敬意を表するため、ジェララバードからカブールに赴いたが、故王暗殺嫌疑者として直ちに捕えられて獄に投ぜられた。王長子イナヤットゥラーも、父王の横死に処して機宜の手段を講ぜざりしとの罪名の下に、また監禁せらるるに至った。

国王暗殺は国家の一大事である。如何に中世的アフガニスタンに於てでも、長くこれを有耶無耶《うやむや》の間に放置するを許さぬ。かくて故王暗殺の現場に於て、故王護衛の任に当りし聯隊長が人身御供《ひとみごくう》に上げられた。アマヌラー王は即位式挙行に際し、該聯隊長の罪跡は、証拠最も明白なりと宣言して、即座にこれを銃刑に処した。かくてハビブラー王の暗殺事件は、アマヌラーの王位獲得を以て一段落を告げた。

さてハビブラー王暗殺の真因が尚《な》お五里霧中《ごりむちゅう》に在りし間に、世界は更《さら》にアフガンのインド侵入と云う報道に驚かされた。而してこの侵入の原因に就《つい》てもまた、揣摩《しま》百出《ひゃくしゅつ》の有様《ありさま》であった。或《あるい》はこれを以て、新王が国内の紛糾を防ぐために、人心を外に転ぜしめんとする旧套《きゅうとう》手段なりと言い、或は英国が何事か為《な》すあらんとして、その外交的辣腕《らつわん》を揮《ふる》って試みたる、反間苦肉の煽動に乗ぜられたるなりと言い、或はウィルソンに種蒔《たねま》かれたる民族自決思想の一発現なりと言い、或は労農ロシアの煽動によると言い、各人各様の臆測を試みた。而も吾等が既《すで》に述べたる所を真実とすれば、インド侵入は、国王暗殺の必然の結果であり、国王暗殺は実にインド侵入のための必要なる序幕であったのだ。かくてこの年五月、アフガン新王はインド侵入を実行した。インド西北境の諸部族もまたこれに応じて起った。新王の密使はインドに入込んで回教革命主義者の奮起を促し、アリ兄弟はこれに応じて同志と共に奔走した。

これより先インドに於ては、ローラット法案に対する反抗、英国の対土政策に対する憤激から、排英の気勢全インドに漲《みなぎ》り、インド教徒と回教徒と堅く提携して熾烈なる運動を開始し、パンジャブ地方に於ては、流血の惨事屢々《しばしば》繰返され、物情真に騒然たるものがあった。アフガン新王はこの事を熟知して居たが故に、インドの門は彼のために容易に開かれることと信じてその軍を進めた。されど西北インドの動乱は、政府の断乎たる手段によって一時鎮圧せられた。新王がインド国境に進軍せる時、インド政府は疾《はや》くも二十万の大軍を以て厳重に侵入に具《そな》えて居た。かくてアフガン軍は、逸《いつ》を以《もっ》て労《ろう》を撃《う》たれて敗退した。英軍の飛行機は国都カブール及びジェララバードの上空に飛び、爆弾を乱下して市民を脅した。而して新王は和議を英国に乞《こ》わざるを得なかった。

さりながら内外の形勢は、英国をして仮令《たとい》戦争に勝利を得たとは言え、従来の如き高圧的態度を以てアフガンに臨むことを不可能ならしめた。この敗戦に拘《かか》わらず、アフガニスタンは英国によって完全なる独立を承認せらるるに至った。一九〇七年の英露協約は当然無効となった。アフガン王は、インド政庁よりの補助金を失える代り、対外交渉に関して全然英国の干渉を受けぬこととなった。前パンジャブ知事にして、英帝国主義の権化サー・マイケル・オドワイヤーが、英国政府の対亜政策を憤慨して、恰《あたか》も勝敗地を代えたるが如しと言ったのもまた無理もない話である。

かくてアフガニスタンは、一九二一年春、労農ロシアと条約を結び、更にトルコ、アンゴラ政府とも条約を結び、回教聯盟を実現して、中亜に於ける英国勢力掃蕩の画策に忙しい。この多く知られざる国民も、今や世界政局の舞台に一廉の役割を勤めることとなったのだ。

二　アフガニスタン及びアフガン人

さて吾等はこの機会に於て、世人の殆ど顧みざるアフガニスタンの事情に就《つい》て、過去及び当来のアフガン問題を領会するに必要なる範囲に於て、簡単なる叙述を試みたい。

アフガニスタンの地理的位置は、この磽确《こうかく》〔痩せた土地〕なる山国をして、比類なき重大なる意義を有せしめる。北は露領トルキスタン、西はペルシャ、南はバルジスタン、東はパミール高原と境を接し、英露アジア制覇の最後の舞台として、百年に亙《わた》る両国の角逐《かくちく》が間断なくこの国を中心にして行われて来た。面積は約二十四万五千平方マイル、人口約五百万と推算されて居る。

アフガニスタンの人民は普通アフガン人と総称されて居るが、これは決して正確なる用語でない。アフガン人とは、アフガニスタンに住する諸民族の一つに与えられたる名称に外ならぬ。彼等は、恐らくセム人種に属し、現王朝は該民族より出で、人口の過半を占むる最も有力なる民族である。アフガン人に次で勢力あるものは、もとシル・ダリア河の上流に住せるトルコ族より出たとせらるるギルザイ人で、国内の商権を握って居る。第三には、成吉思汗《ジンギスカン》の侵入に際して入来れる蒙古種族の裔とせらるるハザラ人がある。彼等は最も不羈《ふ き》奔放《ほんぽう》なる民であって、常に深山の間に住み、政府の権力も彼等を束縛することが出来ぬ。以上の外、カブール及びチトラルの間に横たわるカフィリスタンには、アーリャ人種に属する多くの部族がある。彼等は多く回教を信ぜず、その全く征服せられたるは近年のことである。カフィリスタンの名称は、不信者即ちカフィリの居処を意味する。

アフガン人が歴史に現われたのは、比較的新しいことであるが、当時彼等は今日のアフガニスタンの西境、スレイマン山中のゴル地方に住し、既に熱心なる回教徒であった。一奴隷より起りてガズニ王朝を建設せるトルコ族の英雄サブクタギーンの子マームードは、第十一世紀初頭、その数次のインド侵入にアフガン人を用い、ラホール及びデリーを攻略せる時、回教弘布の目的を以て若干アフガン人を止めて帰ったと伝えられる。然るにマームードの子バーラムは、事を以てゴルのアフガン王クトブッディンを殺したので、その弟アラウッディンは、兄のために復仇戦を興してバーラムを破り、当時中亜の最も美しき都の一なりしガズニを灰燼《かいじん》に帰せしめ、アフガン・ゴル王朝の創設者となった。その子シャハブッディンは、インドに侵入し、ラージブタナに回教国を建て、その他のアフガン諸族もまた続々インドに侵入して国々を建てた。それらの一なるロディ王朝は、第十五世紀に於てデリーを征服し、覇を西北インドに称えたが、一五二六年、モーガル帝国の建設者バベルのために亡ぼされた。

アフガンの諸英雄がかくの如くインドの沃野《よくや》に運命を開拓しつつありし間に、今日のアフガニスタンに止《とど》まれるアフガン人及びその他の諸民族は、わが国の戦国時代を見るが如く、それぞれ首長を戴いて各地に割拠して居た。而してかくの如き状態は当然ペルシャ勢力の東漸《とうぜん》を招いた。

かかる間に、アフガン人中のアブダリ族、及びトルコ人中のギルザイ族が、前者はヘラートを後者はカンダハールを中心として、最も勢力を得るようになった。第十八世紀初頭以来、これら両族は、交々アフガニスタンに覇を称して来たが、名高きペルシャ王ナディル・シャーのために征服された。幾《いく》ばくもなくナディル・シャーの歿後、アブダリ族の一首長アーメッド汗は、アフガン人を糾合してペルシャ勢力を掃蕩し、四度インドに侵入して掠奪を行い、その死するまでにヘラートよりストレジ河、バクトリアよりインド洋に至る、広大なる国家を築き上げた。彼は自らアーメッド・シャー・ドゥラニと称しその国はドゥラニ王国と呼ばれる。シャーは君主の意味、ドゥラニは「時代の宝珠《ほうじゅ》」の意味である。而して爾来アブダリ族は、ドゥラニ族と呼ばれるようになった。

然るにドゥラニ王国は、彼の死と共に崩潰した。彼の三子は互《たがい》に位を争いて国内を動乱の巷とした。多年の血腥《ちなまぐさ》き争闘の後、第三子マームード・シャーが、有為なる宰相ファテー汗の補佐によって、最後の勝利を得たけれど、ファテー汗の声望を恐れてこれを殺した。

ために、汗の十一人の子等が、直に復仇戦を起し、マームード・シャーを斃《たお》してしまった。

十一人の子等はアフガニスタンを彼等の間に分配し、シルダール（諸侯）と称して割拠したが、爾来三十年の間、彼等の間に絶えざる制覇の争いが続けられた。彼等は、或はペルシャと、或はロシアと、或はイギリスと結んで、互に他を亡《ほろぼ》すべく、戦闘・陰謀・暗殺を事とした。而も最後の勝利はドスト・ムハムマッドの手に帰した。彼はその才幹と胆略とを以て、終《つい》に全アフガニスタンを統一して、アミール（王）の位に即いた。

然るにアフガニスタンを挟んでの英露の角逐は、この頃に至りて次第に烈《はげ》しきを加えて来た。而して英国は、その勢力を確立するために、一八三九年、所謂第一アフガン戦争を起し、アーマッド・シャーの弟シャー・シュージャーを援け、ドスト・ムハムマッドを王位より逐《お》うた。然るにアフガン人の新王に対する反抗甚しく、終に一八四一年の大乱となり、イギリスは再びドスト・ムハムマッドを即位せしむるの止むなきに至った。

一八六三年、ドスト・ムハムマッド死し、遺言によってその子シェル・アリ位を継いだ。王長子アズファァル汗の子アブドゥル・ラーマン汗、これを不服とし、兵を挙げて一度びシエル・アリをカブールより逐ったが、北境に事ありて出征中、シェル・アリのためにカブールを奪回せられ、逃れてブハラに赴《おもむ》き、次でタシュケンドに亡命して、露国カウフマン将軍の下に隠れた。ロシア政府は、その南下政策に利用すべく、彼に毎年二万五千ルーブルの手当を与えることとした。

シェル・アリは、露国の南下に備うるため英国と握手せんとした。而も英国の冷淡なる態度を憤り、却《かえ》って露国に結ばんとし、英国使節のカブールに来るを拒み、一八七八年、第二アフガン戦争の勃発となった。シェル・アリは、ロバーツ将軍の率いたる英軍に敵し兼ねて北方に逃れ、翌年亡命中に死した。隠忍十年の長きに亙れるアブドゥル・ラーマンは、故国の騒乱を見て時到れりとなし、三千の兵を糾合してオキサス河を渡り、アフガニスタンに乗込んだ。アフガン人は雲集して彼の軍旗の下に起った。而して一八八〇年、英国は遂に彼の主権を承認した。

三　英雄アブドゥル・ラーマン汗

アブドゥル・ラーマン汗は疑いもなく一個の英雄であった。彼は二十年の治世の間に、封建割拠のアフガニスタンを統一ある専制軍国に造り上げた。彼以前のアミールは、要するにカブール王に過ぎず、有力なる封建諸侯の旗頭たるに過ぎなかった。然るに彼はその縦横の才略と、斗《と》の如《ごと》き胆《たん》〔非常な大胆さ〕とを以て、次第に有力なる諸侯を高圧又《また》は懐柔し、終に全アフガニスタンに於てカブールの主権を脅威する一個の勢力だもなきに至らしめた。

彼はこの目的のために先ず、アフガン常備軍の建設に全力を注いだ。彼は必要に応じて諸侯より兵士を徴募する従来の封建軍制を根本より改め、自ら組織し、自ら統帥し、而して自らこれを支給する常備軍の編制に従い、インド政庁より受けることとなった補助金は、全部これがために注ぎ込んだ。而してカブールに毎週大砲二門・小銃百七十五の製作能力ある兵器廠《へいきしょう》を建てた。而してその軍隊の行動を迅速ならしむるために、カブールより西北境、並にオキサス河に至る道路、ジェララバードよりバダクシャン及びカフィリスタンに至る道路を開いた。彼はかくして築上げたる武力を背景として、武断専制の政治を敢行したのだ。

彼の性格及び政治を想察せしむる幾多の逸話が、吾等に伝えられている。その一つを挙げて見よう。パンジデー事件に際し、アフガン軍が露軍のために破られし時のことである。露軍長駆して国都カブールに入らんとすと云う風聞を蒔き歩いた一人の男が捕えられて彼の前に引出された。彼曰く「露軍迫りつつあると言うか。よしよしこの男を彼方の高塔の頂辺《てっぺん》に連れて行け。そして露軍の来着を見届けさせろ。見届けるまで食物をやるな」と。かくてこの男は、遂に高塔の上で餓死した。彼はまた盗賊を少くするために、物を盗める者は、その手を截断《せつだん》すると云う法律を励行した。ダドゥと云う名高き強盗が捕えられた時、彼は海抜八千フィートのラタバンド越えの頂上に柱を立て、鉄籠の中にダドゥを入れてその柱に吊るし、これを餓死させた。而もかくの如き刑罰を励行せるが故に、国内の通行が漸《ようや》く安全になって来た。

アブドゥル・ラーマンは、英露両国に介在する自国の危険を明瞭に意識して居た。而して露国より来る危険は積極的であり、英国より来るものは、インド防衛の必要よりする消極的危険なるを知って居た。故に彼は、心に英国を憎んで居たけれど、これと結んで露国の侵略に当るの策を取った。彼はアフガニスタンを、大いなる湖に譬《たと》え、自身を湖上の白鳥に譬えた。湖の此岸には、一頭の老虎が、目を輝かして待構えて居る。而して彼岸には、一群の餓狼《がろう》が水辺に彷徨《ほうこう》する。白鳥が一方の岸に近づいた時、老虎はその前足を伸ばして羽をむしり取った。他方の岸に近づけば、狼群は白鳥を寸裂して餌食とせんとした。かくて白鳥は、両岸の敵を免れるため、常に湖心に泛《うか》ばざるを得なかった。

かくの如き政策によって、彼は啻《ただ》に狼虎の餌食たらざりしのみならず、却《かえ》って狼虎を反目嫉視《しっし》せしめ、その間に在りて能く国家統一の大業を成就した。一九〇一年彼死して王位を継承したのが、吾等が最初に述べたるハビブラー汗である。

四　英露協約によるアフガン問題の一時的解決

アフガニスタンが、アブドゥル・ラーマン汗の鉄腕によって、統一ある軍国組織を与えられたことは、両岸の老虎及び餓狼に、それぞれ異なれる影響を及ぼした。アフガニスタンは等しく英露を憎む。されど前者より来る脅威は消極的にして、後者よりのは積極的なるが故に、夷を以て夷を制する小国の常套手段により、親英政策を執《と》って居る。この関係が持続される限り、アフガニスタンが強国となったことは、それだけ大なる障壁が露国南下の途上に築かれたものである。従ってイギリスは、アブドゥル・ラーマン汗の事業を喜び迎えた。而してその後を継げるハビブラー汗の心を攬《と》り、父王の政策を守らしめんとした。

然るにロシアは、当然アフガニスタンの強大を喜ばなかった。その強くなればなるだけ、南下は困難となって来る。固よりロシアは、アブドゥル・ラーマンが、軍国組織の実現に傾倒しつつありし間に、アフガン国境に於ける軍事的地位を強大にすべく努力して来た。そはトランス・カスピア鉄道の支線を、最も無遠慮にアフガン国境クシュクに突進せしめ、且一旦《いったん》風雲動けば、直《ただち》にこれをヘラートに延長すべく、必要なる鉄道材料をこの地に準備した。而も今やロシアは、これを以て満足できなくなった。蓋しトランス・カスピア鉄道は、ヨーロッパに於てもアジアに於ても、直接に幹線との聯絡がない。かくてロシアは、オレンブルグとタシュケンドとを結んで、シベリア鉄道とトランス・カスピア鉄道とを聯絡した。これが露国南下政策のために、非常なる軍事的価値を有することは、何人の眼にも明瞭である。

英国は露国の準備を見て、愈々《いよいよ》アフガン王を籠絡するの必要を感じた。かくて一九〇四年暮、サー・ルイス・デーン一行の使節が、インド政府からカブールに派遣された。ハビブラー汗は父王の条約を更新すること、五割を増加せる補助金を受くることに同意し、且補助金は国防費に用うべきことを告げ、一九〇五年三月二十一日、所謂《いわゆる》デーン条約が調印された。使節一行のカブールを去らんとする前夜、王は一行を晩餐《ばんさん》に招待した。アフガン王が異教徒と食を共にせるは、この時を以て嚆矢《こうし》とすると言われて居る。而して一九〇七年には、王はインド政府の招待に応じてインドに赴き一面には至らざるなき歓待を受け、他面には強大なる陸海の武力を目撃させられて帰った。爾来ハビブラー汗は、ラーグマンの野営に於て非命に斃《たお》れしまで、最も忠実なる英国の友であった。

同じく一九〇七年、英露両国は、多年の角逐を暫《しばら》く中止すべく、名高き英露協約を締結しアフガニスタンに関しては下の如く協定した。

一　英国政府は、アフガニスタンに於て、単に平和的旨意を以て、その勢力を行使すべきことを約す。また英国政府自ら露国を侵迫する措置を執り、若しくはアフガニスタンに援助を与えて、該措置を執らしむることなかるべし。

二　露国はアフガニスタンを以て、露国の勢力範囲外に在ることを承認し、アフガニスタンとの政治的関係は、英国政府を経てこれを処理すること、及びアフガニスタンに代表者を派遣せざることを約す。

三　一九〇五年三月一日カブールに於て調印を了せる条約に顧《かえり》み、英国は、アフガニスタンの如何なる部分をも併合又は領有せざること、及びその内政に干渉せざることを約す。但しアフガン王に於て、前記条約により英国政府に与えたる約束を履行せざる時はこの限に非ず。

四　辺境に駐在する露国及びアフガニスタンの官憲は、政治的性質を有せざる地方的問題に関し、これを協定せんがために、直接交渉することを得。

五　両国政府は、商業上機会均等の主義を維持することを宣明す。

叙上の協定事項によって知らるる如く、ロシアは、該協約に於て、ペルシャに関して大なる利益を得た代りに、アフガニスタンに関しては、殆ど代償なしに英国に譲歩した。而もこれによって、アフガン問題は、少くも一時的解決を与えられ、以て世界戦に及んだのである。

第六　復興途上のペルシャ

「唯《た》だマコーレーの史筆、ヴェレスチャギンの彩管のみ、能《よ》くこの旧国の没落に伴える急転の場面を、如実に描出することが出来るであろう。その場面場面に於て、二個の強大なる而《しか》して文化高きキリスト教国と自称する国家が、真実と体面と礼節と而して法律とによって、緩急如意の役割を演じた。少くともその一国は、自国の政治的欲望を遂ぐるため、而してペルシャをして到底革新の希望なからしむるため、最も野蛮なる惨虐を敢《あえ》てするに躊躇《ちゅうちょ》しなかった」——W・M・シャスター『ペルシャの絞首』第七頁。

「ペルシャ国民は、パリに於て、若《も》し国の大小を問わず、万国これに加わりて、平等なる権利と資格とを享有するに非ずば、国際聯盟は、政治的並商業的帝国主義を蔽い隠す偽善の上衣に過ぎざることを指摘した。ペルシャが提出せる十カ条の要求は、一切国民の独立の必須条件である。その孰れの条項も、これを非議し又はこれを保留するを許さぬ」——H・A・ギボンス『アジアの新地図』第三〇七頁。

一　現代ペルシャ史の第一頁

現代ペルシャ史の第一頁は、一八九〇年、一英国会社がペルシャに於《お》ける煙草専売権を獲得せる時に当り、国民の憤激、発して各地の暴動となり、遂《つい》に皇帝並《ならび》に政府をして、全然国民の要求に屈服せしめたる事件を以《もっ》て始まる。

時の皇帝は、成吉思汗の後裔と称せる韃靼《だったん》の一族より起り、一七九四年現王朝を創設して、太古イラン帝国以来の呼称たる「諸王の王《シャー・イン・シャー》」の尊号と、人民に対する絶対無限の権力とを継承せるカジャール家第四代の君主ナズィルッディンである。帝は、一八四八年即位以来、再度ヨーロッパに漫遊し、夙《つと》に欧化主義を抱持して、種々制度の改革を企てて居た。さりながら国帑《こくど》〔国家財政〕窮乏せる時に当って試みたる、豪奢《ごうしゃ》なる欧洲漫遊並に改革事業は、莫大の出費を要したるがために、必然外債の激増を招き、従ってその債主たる英露両国に、各種の特権を賦与《ふよ》したるため、次第に内政干渉の口実を与うるに至り、且一方に於ては苛酷の収斂《しゅうれん》を行ったので、不平の声、漸《ようや》く国内に昂まって来た。

恰もこの時に当って一八九〇年、ペルシャ皇帝は更《さら》に一英国会社に対し、毎年十五万ポンドの贈与、並に毎年純益の四分の一の配当を受けると云う条件の下に、五十年間ペルシャに於ける煙草栽培・製造・販売並に輸出の全権利を賦与した。該会社は Imperial

Tobacco Corporation なる名称の下に、六十五万ポンドの資本を以て営業を開始することとなり、皇帝への贈与を含む一切の支出を差引くも、一年の純益優に三十七万五千ポンド、即《すなわ》ち資本に対する五割以上の利益を収め得る見込みであった。

然《しか》るに国民は、ペルシャの最も重要なる産業が、一朝にして外人の独占に帰せんとするを見て、甚《はなは》だしく激昂した。国民は、これを以て皇帝が私欲のために、国土並に国民の権利を、外人に売るものとなした。かくて反抗の気勢忽《たちま》ち全国に瀰漫《びまん》し、国内の煙草商は悉《ことごと》くその店舗を閉じ、回教僧侶の指揮の下に、驚く可《べ》き一致団結を以て禁煙同盟を実行し、且《かつ》各地に暴動の勃発を見るに至った。而して国内不穏の形勢は、一八九一年一月四日のテーラン大暴動に於て、その絶頂に達した。皇帝及び会社は、該約定の到底履行し難きを知り、種々交渉の結果、同年四月五日、皇帝は五十万ポンドの賠償金を提供して、煙草専売権を回収することに落着した。而もペルシャの財政は、固《もと》よりかくの如《ごと》き金額を支払う余裕がなかったので、如上《じょじょう》の金額はペルシャの関税を担保とし、五分利附国債としてテーランの英国銀行 Imperial Bank of Persia から借入れることとなった。

後にソールスベリー卿が、英国議会に於て言明せる所によれば、該事件の背後には露国の陰謀伏在し、就中《なかんずく》タブリスに於ては明らかにペルシャ人民の暴動を煽揚《せんよう》したらしく見える。蓋《けだ》しペルシャに於ける英露の角逐《かくちく》は、一朝一夕のことでない。従って英国勢力のペルシャに発展するを欲せざる露国が、該事件に際して、陰に人民並に僧侶を使嗾《しそう》し、以て英国の利権獲得を妨げんとせることは、固より怪しむに足らぬ。唯《た》だ吾等の銘記すべき一事は、仮令露国の煽動あるにしても、若《も》しペルシャ人そのものに、国民意識の尚未だ亡びざるものあるに非ずんば、決してかくの如き挙国一致の運動が起り得ぬと云うことである。要するに該事件の終始は、近代ペルシャの難局を、極めて典型的に表現せる点に於て、最も吾等の注意を惹く。即《すなわ》ちこの事件は、

一　専制君主の横暴に対する国民の反抗
二　外人の利権獲得に対する国民の憤激
三　ペルシャに於ける英露両国の確執
四　英露の圧迫に対するペルシャの無力
五　極度の困難に陥れるペルシャの財政状態

を、最も明白に暴露せるもの。現代ペルシャ史の一切の葛藤は総じて如上諸点を反映せざるはない。

二　国民運動の勝利

既にして一八九六年五月、国民の怨府たりし皇帝は、キルマンの商人にして、革命党の一領袖たりしミルザ・レザのために暗殺せられ、皇太子ムザッファルッディン、父帝の後

を継いでカジャール家第五代の皇帝となった。而もペルシャ国民は、依然たる専制君主を、新帝に於て見た。国土を以て自己の私有財産と思える皇帝は、収斂《しゅうれん》と外債とによりて、豪奢栄華の生活を事とし、一方益々《ますます》民心を離反せしめ、他方愈々《いよいよ》外国勢力を国内に招致した。皇帝が、利権を担保として一八九九年より一九〇三年に至る間に、テーランの露国銀行より借入れたる負債は四百万ポンドを超え、而もその半は皇帝自身の奢侈《しゃし》のために費消する所となった。加うるに前後三回（一九〇〇年・一九〇二年・一九〇三年）の欧洲漫遊は、最も多額の出費を要し、ために益々財政を困難ならしめた。而してこの間に於ける英露の角逐は日に激烈を極め、両国をして寧《むし》ろ多少の互譲《ごじょう》によりてペルシャを処分するの利益なるを思わしめ、秘密裡に交渉の歩を進むるに至らしめた。

かくの如き時に当り露国に於ける革命運動は、遂《つい》に一九〇五年八月、露国皇帝をして専制政体に代うるに立憲代議政体を以てするの詔勅を下さしめ、翌一九〇六年、第一期議会の召集を見るに至った。この強隣に於ける民衆の勝利は、多年圧制に苦しみたるペルシャ国民に、深甚なる刺激を与え、茲に所謂青年ペルシャ党の指揮の下に立憲国民党を組織して、激烈なる憲政運動を開始し、これがために暴動各地に起り、形勢俄《にわ》かに険悪となったので、皇帝は止むなく一九〇六年八月五日を以て取敢《とりあえ》ず仮憲法を発布し、議会開設の詔勅を下し、直《ただ》ちに議員の選挙を行い、十月七日、宮殿内に於て盛大なる開院式を挙ぐるに至った。

この時に当り英露両国は、如何《いか》なる企図ありてか、ペルシャ政府に向って、改革を容易ならしむるための費用四十万ポンドを、両国共同にて貸与す可《べ》しと提議した。第一回のペルシャ議会が、劈頭《へきとう》第一に討議したのは、実にこの英露借款の問題であった。而して彼等は、これを以て国家の威厳を損ずること最も甚《はなはだ》しきものとなし、全会一致を以て否決し去り、これに代うるペルシャ国立銀行を起し、内債を以て必要なる経費に充《あ》つるの計画を立て、且従来賦与したる特権を英露銀行より回収するの方針を発表した。

かかる間に、ムザッファルッディン帝は、一九〇七年一月四日、病を以て崩じ、皇嗣モハメッド・アリ帝位を襲うた。然るに新帝は、モルガン・シャスターに従えば、ペルシャ歴代の皇帝中、最も陋劣悪虐《ろうれつあくぎゃく》なる君主であって、初めより臣民を憎悪侮蔑し、且奸悪なる一露国人を私教師とせる因縁によって、容易に露国政府の傀儡《かいらい》となり、私欲のために露国の後援を恃《たの》んで人民の権利を蹂躙《じゅうりん》せる暴君であった。従って皇帝は、即位当初より直に議会と衝突した。

然るにこの年八月三十一日、英露両国は露都に於て所謂英露協約を締結し、恣《ほしいまま》にペルシャに対する各自の勢力範囲を定め、九月四日、突如これをテーランに於て発表した。国民は、ペルシャ地図が一朝にしてその色彩を異にせるを見て、驚愕し悲憤した。而して皇帝対議会の反目は、これによりて激甚を加えた。ペルシャに於ける立憲政治の樹立、ペルシャ内政の改革を以て、自家に不利なるを認めたる英露両国は、この対立を利用して暗々裡に皇帝並にこれを囲む保守主義者を援助した。而してその結果は、一九〇八年六月二十三日のクーデターとなり、皇帝は、露国陸軍大臣リアコフをして、親衛コサック騎兵旅団を率いて議会を包囲せしめ、武力を以てこれを解散し、且憲法を廃止するに至った。

国民は皇帝の暴虐に憤激した。叛乱が到処《いたるところ》に勃発した。而も争乱約一年の後、勝利は遂に国民の手に帰した。一九〇九年七月十六日、露国公使館に蒙塵《もうじん》〔皇帝が都落ちすること〕して、英露両国旗の下に保護せられたる皇帝は、国民党によりて廃位を宣せられ、皇嗣アーマッド・ミルザ十二歳の幼年を以て帝位を継ぎ、カジャール家の長老アザドゥルムルク摂政となり、直ちに議会を召集して、この年十一月その開会を見るに至った。而も新しきペルシャは、一方憲政恢弘《かいこう》に尽力せる国民党首領の間に意見の扞格《かんかく》〔対立〕あり、他方露国が廃帝の再立を図りて陰険なる干渉を試むるありて、種々なる困難に遭遇した。而して一九一一年に至り、露国は密《ひそ》かに廃帝を援《たす》けてペルシャに侵入せしめ、英国と共に陰に陽にこれを後援したが、遂に撃退せられてその意を果さなかった。

三　英露両国のペルシャ干渉

ペルシャは内外の難局に処しつつ、着々国政革新の歩を進めた。彼等は司法内務の両省にフランス人を傭聘《ようへい》し、憲兵制度改革のためにスウェーデン将校を傭聘した。而して彼等は、ペルシャ振興の第一条件が、財政の整理に在るを知り、一九一一年五月、モルガン・シャスター以下数名の米人を招聘《しょうへい》した。シャスターはペルシャ復興に対する深甚なる同情を以て来任した。彼は先ず英露協約の根本的研究を試みて、ペルシャはその内政に関し、決して英露の干渉を受く可《べ》きものに非《あら》ざることを明らかにし、進んでペルシャ財政に向って徹底せる改革を企て、議会並に国民の非常なる信頼を得て、着々計画を実行せんとした。彼は、ペルシャの現状が、甚しく混沌疲弊せるに拘《かかわ》らず、若《も》し不当なる外来の圧迫がないならば、決して再興を不可能とせぬことを見た。彼の観る所に従えば、ペルシャは四千万円の内国公債によって、先ず対露公債を償却し、その残額を地籍簿の調製・人口調査・道路修築・灌漑工事・探鉱費等に使用し、一方税制を整理し、他方産業の発達に努めるならば、何らの困難なくして、ペルシャの歳入は直に九千万円の増収を見ることができたのだ。

さりながらシャスターの真摯《しんし》なる努力は、必然英露の喜ばざりしところ。シャスターは、露国のために操縦されて、ペルシャのためには極めて不利なる、露国のためには不当に有利なる関税率を定めたるベルギー人ノースの施設に向って、根本的改革に着手し、これがために露国の激しき反抗に遭《あ》った。次《つい》で新税法を励行《れいこう》せんがために、納税を肯《がえ》んぜざりし一皇族の財産を没収するに及んで、露国は遂に兵力を以て干渉を敢《あえ》てした。而してこれと同時に、最後通牒をペルシャ政府に送り、シャスターを免職すること、向後外人を傭聘する場合は、予《あらかじ》め英露公使の承諾を経べきこと、並に事件に際して派遣せる軍隊の費用を賠償すべきことを要求した。

ペルシャ政府並に議会は、極力この横暴なる要求を拒絶するに努めた。而も無力如何《いかん》ともす可からず、遂に全然屈服するの止むなきに至り、シャスターは在職僅《わず》かに八カ月にして、恨を呑んで帰国せざるを得なかった。

一九〇七年の英露協約は、これまでペルシャ政府に於て、正式にこれを承認することを肯んじなかったのであるが、英露両国は、この機に乗じてペルシャを強迫し、一九一二年二月十八日、遂に政府をして承認を余儀なくせしめた。爾来《じらい》ペルシャは、全く英露の掌《しょう》裡《り》〔手の内〕に翻弄され、彼等の意に適せざる政府は随時これを倒し、甚しきは毎月内閣の更迭《こうてつ》を見ることとさえあった。国民が血を以て獲得せる憲法は蹂躙せられ、議会は最早召集せられず、ペルシャは全く復興の希望を失えるかの如く見えた。

四　ペルシャ国力疲弊の原因

財政の窮迫が、常に革命又は亡国の直接原因となって居ることは、東西古今に共通である。衰退ペルシャも固《もと》よりその例に洩れぬ。而してペルシャ国力疲弊の最も重大なる原因は、その不完全なる租税制度に在る。ペルシャに於ける収税方法は、極めて原始的なる十分一税であって、生産又は収穫高の一割を徴収するを以て原則とする。而も納税は現金のみを以てするのでない。地主及び農民は、小麦・大麦・米・棉花乃至《ないし》その他の農産物を納めるのである。故に政府は、毎年の歳入に関して、啻《ただ》に正確なる計算を行い得ざるのみならず、納付せられたる農産物の保存並に処分に、非常なる困難を感ずる。

ペルシャは徴税の目的を以て、全国を十八区に分ち、各区に一名の収税長官がある。区は更に若干区劃に分たれ、各区劃に一名の収税官がある。該区劃は更に小区域に分たれ、各区域に同じく一名の収税係がある。この最後の収税係は町村長である。さて各区の収税長官は、毎年一定額の現金並に農産物を徴収して、これを中央政府に納めねばならぬ。而も中央政府は、各区の財源に就《つい》て、何等精確なる知識を有せず、従って収税長官が如何にして租税を徴収するかをも知らぬ。而して収税長官その人もまた各区の財源に関する知識なく、単に収税官の納付する金額並に農産物を受領するだけである。尤も収税長官及び収税官は、租税台帳（Kitabcha 小手帳の意味）を有って居て、これによって徴税を行うのであるが、該台帳は調製以来久しく年代を経たるもの。当時は繁栄なりし村落にして、今は極めて衰微せるものあり、又は微々たりし村落にして、今は繁栄に赴けるものも少くない。而も租税台帳は依然として旧の如《ごと》く、調製当時の税額を各村に課する故に、必然人民の負担に、不当なる軽重の差を生ぜざるを得ぬ。

加うるに租税台帳は極めて難解の書体を以て、小紙片の上に手写せるもの。これを読むには特殊の素養を必要とし、現にムスタウフィスと云う一階級のみ、能《よ》くその文字を解して、その職を世襲して居る。而して大蔵省には、ムスタウフィス局があって、七乃至八名のムスタウフィスが各数区の税務監督の任に当って居る。その俸給の如きは、一カ月百五十円内外に過ぎないが、シャスターの言に従えば、在職数年にして、巨万の富を積むを常とする。

事情かくの如くなるが故にペルシャ政府は、その歳入に関して精確なる知識を有せず、またその租税が、如何《いか》に国民より徴収せられつつあるかを知らぬ。従って各地の収税官は種々なる口実の下に徴収の困難を訴えて、政府の要求する定額を納めない。而も政府には、その実否を糺明《きゅうめい》する手段がない。加うるにペルシャに於ては、財産隠匿又《また》は虚偽の申立てを罰すべき法文なく、又委託金もしくは官金費消を罰すべき法文もないので、租税収納に関する人民、並に収税官の不正を取締ることが殆《ほとん》ど不可能となって居る。

ペルシャに於ける租税以外の財源としては、関税が唯一のものである。その他郵便電信及び旅券下附による若干の収入はあるけれど、極めて少額にして言うに足らぬ。而してペルシャの関税制度は、ムザッファルッディン帝時代に、ベルギー人ノースが、露国政府の傀儡となって組織せるもの。その税率は不当に低く、而も列国の同意を得ざれば、これを改訂することができないのだ。例えば一九〇九—一〇年度ペルシャ輸出入額は、約一億四千六百四十万円であって、これに対する関税総額は、約六百五十四万円、即ち四分五厘にも達しない。而して貿易額の過半を占むる露国貨物に対する税率は過当に低く、その主要輸入品なる砂糖に対して三分、石油に対しては実に五厘の従価税を課したるに過ぎぬ。

さりながら、ペルシャの貿易は年々順調に発展して来たから、若しこれによる収入が、悉く政府の手に入るならば、仮令ノースが露国の意を受けて制定せる税率が如何に低いにもせよ、猶且《なおかつ》主要なる一財源として、ペルシャ政府当面の急を救うに足る。然るにペルシャの関税は、英露両国の借款に対する担保となって居たので、毎年利子並に最低償還額を引去られた後には、僅々百十万円を剰すだけとなり、而もこの僅少なる残額のうちから、露国将校によって組織せらるるコサック騎兵旅団の経費を支出せねばならぬので、真に政府の手に入るのは漸《よう》く六十万円内外に過ぎなかった。

ペルシャの外債は、英露両国が利権獲得を目的として貸附けたるもの。数字の上では左まで巨額でないけれど、ペルシャはこれがために国家の体面を汚すが如き義務を負わせられたのである。世界戦前に於けるペルシャの外債は一九一三年の英国青書によれば英印借款約七百五十万円、英国銀行 Imperial Bank of Persia 借款約千二百五十万円、即ち英国に対する債務約二千万円、次に露国政府に対する公債約三千二百五十万ルーブル、露国銀行 Banque d'Escompte より借り入れたるもの約一千百一万円であった。而して露国が、特に公債額面をルーブルで表わしたのは、公債の利子並に元金支払いは露貨を以てするの契約を強いたためであって Banque d'Escompte は、その両替率を定めると云う驚く可き権利を与えられたのだ。

かくて、英露両国の陰険悪辣なる干渉を絶滅せざる限り、ペルシャ恢弘は殆ど絶望であったのだ。例えば前に挙げたる親衛コサック騎兵旅団に就てこれを見よ。この旅団は、一八八二年、ナズィルッディン帝時代に、露国陸軍大佐チャルコフスキーによって編制せられ、その目的とする所は、当時次第に醸成せられつつありし人民の反抗に対し、皇帝が一身の護衛に備うるに在った。旅団の兵力は、千五百乃至千六百名を定員とし、その経費として毎月約五万四千円を、関税収入から支出することに定められたのだ。而して五万四千円の経常費は、固より定員に対して定められたので、定員以下の場合は、これに応じて費用を削減されることになって居た。然るにコサック旅団の兵力は実際に於て千名を超えたこと無かったに拘らず、露国士官は常に経常費全額を支給せられ、且毎年臨時費として十万乃至十三万円の支出を強要して居た。ペルシャの心あるものは、これら外国の傭兵が常に皇帝の圧制、露国の陰謀のために利用せられ、国家のために百害あって一利なきを知悉《ちしつ》して居たけれど、若しこれが廃止を実行すれば、必然露国の激怒を買うべきが故に、また如何ともすべからざる状態にあった。

五　世界戦中のペルシャ

形勢かくの如き時、端なく世界戦が勃発した。ペルシャ国民は英露両国が、強敵ドイツのために敗られんことを心の底から希望した。殊《こと》にトルコが参戦するに及んで、ペルシャの国論はこの機に乗じて多年の恨を英露両国に晴らすべしと云うに傾き、政府部内に於てもこれに賛成する者あったが、結局戦争に参加せざるを有利とする説勝利を占め、ペルシャ政府は局外中立を中外に宣言した。

ペルシャの局外中立が、英露両国に取りて好都合なりしは言うまでもない。而も両国は、当初より全然ペルシャの中立を無視した。実例を挙ぐればペルシャ政府は、中立宣言後幾《いくば》くもなく、露国に対してその軍隊をペルシャ国境より撤退せんことを求めた。その理由とする所は、若し露国軍隊がペルシャに駐屯するに於ては、ペルシャは露土両軍の戦場たるに至る可しと云うに在った。されどロシアは、啻にこの正当なる理由に基ける正当なる要求を拒絶せるのみならず、却《かえ》ってペルシャ駐屯軍を増員し、ペルシャ領土を対土戦争の策源地とした。中欧諸国の領事並に国民は、悉くコーカサスに追放せられ、ドイツの商館は没収された。而してトルコ軍はペルシャが憂いたる如く、その東境を脅威せる露軍を掃蕩すべく、果してアゼルバイジャンに侵入した。かくてペルシャの最も繁栄なる一州は、露土両軍の戦場となり、見るかげもなく荒らされた。同時に英国もまた、トルコ軍討伐を口実として、その軍隊をペルシャ湾岸の諸港より上陸せしめ、西南ペルシャもまたこれがために兵火に苦しむこととなった。既にして一九一五年、フサイン・ラウフ・ベイは、トルコの大軍を率いて西部ペルシャに侵入し、各地の酋長を殺し、ケーレンドの町を焼払った。センジャビス族の如きは、中立を守りてトルコに味方せざりし理由を以て、多数の老幼男女が虐殺された。

同盟国側も、聯合国側も、ペルシャの中立を眼中に置かなかった。双方で盛んにプロパガンダを行った。陰謀・暗闘・暴動が日に甚しくなった。ペルシャの抗議は、毫末《ごうまつ》も顧みられなかった。而して国民の感情は日に日に排露反英に傾いて来た。露国は、かくの如き形勢を見て、一九一五年の暮軍隊をテーランに進め、トルコ大使をテーラン郊外に逮捕し、常套の高圧手段をペルシャに加えんとした。於是《ここにおいて》皇帝及び政府は、露国の高圧を免《まぬが》るべく、首府テーランを撤退し、トルコ国境に蒙塵《もうじん》せんとした。而して極力これを慫慂《しょうよう》せるものはドイツ公使であった。彼はペルシャ皇帝及び政府を抱込《かかえこ》んで、否応なしにペルシャを同盟国側に参加せしめんと企てたのだ。英露両国は、薬の効き過ぎたるを見て、今更の如く狼狽《ろうばい》し、急に両国公使をして、露国軍隊は決して首府占領の意図を有せずと保障せしめ、辛うじてペルシャ皇帝のドイツに奪わるるを防いだ。

かくの如くにしてペルシャは次第に窮地に陥《おちい》った。ペルシャは両軍の戦場となり、何の得る所もなくして戦争の一切の悲惨を嘗《な》めさせられた。町々は破壊せられ、人民は殺され、飢饉と財政の逼迫《ひっぱく》とに四苦八苦した。ペルシャ政府は、寧《むし》ろ孰《いず》れかに去就を決して戦争に参加することが、その災厄を軽くする唯一の途なるを思い、遂に心ならずも聯合国側に参戦するに決し、一九一五年十二月、これを英露両国公使に提議した。両国公使は、ペルシャ政府の提議を、それぞれ本国政府に伝達することを約束した。ペルシャは両国よりの回答を待った。而して翌一九一六年八月一日、待ちに待ちたる回答に接した。而も見よ、その回答は、実にペルシャに対する英露両国の最後通牒であった。両国は、ペルシャ政府に向って、英露両軍のペルシャ占領を承認すべきこと、ペルシャに於て兵員を徴募し、北方に於ては露国将校これを指揮すること、ペルシャの財政管理は全然英露両国に於てこれを行うべきことを要求した。而してペルシャは、この意外なる通告に対し、敢然その悪虐無道を斥《しりぞ》ける力がないのだ。ペルシャは、悲憤の涙を呑んで、暫《しばら》く英露両国の意の儘《まま》になるより外に、何の良策もなかった。

六　ロシア革命によって復活せんとせるペルシャ

窮すれば通ずとは、いみじき諺《ことわざ》である。而してこの諺は、特にペルシャのためにできたかと思われるほど、適切にペルシャ近時の国情に当てはまる。一九一六年八月の英露通牒によって、最後の窮地に沈淪せるペルシャは、翌一九一七年三月の露国革命によって、思いも寄らざりし活路を得た。

露国三月革命の直後に成立せる政府は、リヴォフ公爵の内閣である。その中心人物は法相ケレンスキーであった。而してこの新内閣は革命の翌月、即ち四月九日を以て、露国は従来の侵略主義を放棄せることを宣言し、他国の領土を奪い、その民を奴隷とする旧来の政策を一抛して、民族自決の権利を基礎とする恒久的平和の確立に努力すべしと声明した。而してペルシャに駐在せる露国官吏を殆ど全部更迭し、ペルシャに対する従来の態度を一変した。

ペルシャ国民が抃舞《べんぶ》してこれを喜んだことは言うまでもない。彼等は各地に「自由祭」及び「憲法祭」を催して、ペルシャ復活の日到来せるを祝した。而して新に赴任せる露国官吏、またペルシャ国民と共に列席し、タブリスに於ける祝祭では、一露国将校が、実に下の如き演説をやった。曰《いわ》く「旧露国を怖れて、諸君は十一年間自由祭を行わなかった。而も諸君の恐れたるものは無くなった。吾等は平和を愛する。吾等もまた諸君と同じく、旧き毒蛇ツアーのために蹂躙されて来たのだ。吾等と諸君とは、啻に善隣の民たるのみならず、また自由に於ける同胞でなければならぬ」と。而して国民運動の中心勢力たる青年ペルシャ党は、国民を覚醒し奮起せしむ可く最も活躍し、国民に向って下の要旨を飛檄した。

「同胞よ。吾等が翹望《ぎょうぼう》せる自由の日は遂に来た。この時に於て吾等は、久しく吾等の権利を蹂躙し来れる邪悪腐敗の官僚を懲罰せねばならぬ。同胞は、これら国民の敵、国家の叛逆者を放逐《ほうちく》し、彼等の壟断《ろうだん》せる仕事を、愛国心と勇気とに充てるイランの青年に委ねねばならぬ。自己の地位を維持せんがために、国家を外人に売る如き、陋劣なる閣僚を許してはならぬ。叛逆を知らず、利己のために国家を犠牲とする事なき青年に権利を与えよ。議員選挙の成敗は、懸《かか》りて同胞が自覚して賢明なる措置を執るや否やに在る」

かくの如くにして、露国に擁立せられ、従って露国の傀儡たりしスィルダール内閣倒れて、アラエ・スルタネ内閣の成立となり、十一年間有名無実なりし憲法は復活し、議会は召集せられ、希望の光、全ペルシャに漲らんとした。而して新内閣は露国政府に対しその声明に基いて軍隊をペルシャより撤退せんことを要求した。一方露国に於ては七月ケレンスキーの穏和社会党内閣の成立を見、次で十一月革命によってレニン執権の下に労農ロシアの出現となった。而して労農ロシアが、従来の資本的侵略主義を、徹底して否認せることは呶々《どど》〔多言〕を要せぬ。その対外政策を最も無遠慮に表明せるものは、この年十二月二十六日附政府官報を以て発せられたる命令である。曰く、

「国民委員は、無産労働者の国際的団結主義、及び万国労働者の同胞主義を基礎とし、戦争並に帝国主義に対する抗争は、国際的規模を以てして勝利を得べしと思惟《しい》するが故に、国民委員会は、各国労働運動の極端なる国民無差別に対し、金銭及びその他出来得る限りの援助を与うる必要を認む。而してその露国に対する交戦国なると、同盟国なると、また中立国なるとは敢て問うを要せず。国民委員会は、この目的を以て、革命的国民無差別主義運動のために二百万ルーブルを支出し、これを外務委員及び外

国駐在代表者に処分せしむ」

と。かくて翌一九一八年一月十四日、外相トロッキーは、ペルシャ政府に通牒して、英露協約を初めとし、ペルシャに対して各種の負担を課せる一切の条約を破棄し、ツアー政府がペルシャより奪える一切のものを還附し、固よりペルシャに駐屯せる露国軍隊を撤退せしむべきことを声明した。

かくの如くにしてペルシャ国民のために、新しき自由なる生活が始まりそうになった。然るにこの年の春より、トルコ軍征討を口実として、英国軍隊が次第にペルシャ全土を占領し始めた。英国政府は、一九一八年三月十二日附通牒に於て、英軍はペルシャよりトルコ軍を掃蕩せる後には、直にこれを撤退すべきことを約し、英軍の行動によりて生ずる一切の損害を賠償すべきことを約し、且戦争終結の後、ペルシャの崩潰せる経済的生活を改造することに助力すべしと提議した。かくて英軍は露軍の撤退せる後を追うて、ペルシャ全土を英国武力の下に置くに至った。ある地方、例えばカズヴィンに於ては、将《まさ》に撤退せんとする露兵に、巨額の俸給を与えて英軍指揮の下に傭使せんとさえした。この饜《あ》くを知らぬ貪婪《どんらん》国は、露国が従来ペルシャに於て有せる一切の政治的並に経済的特権を、自国の手に収めんとしたのだ。憐《あわれ》むべきペルシャ国民よ、彼等の喜びは果敢なき夢に終らんとした。旧露にも優《まさ》りて陰険邪悪なる敵が、今やその被り来りし偽善の面を脱棄てて、彼等の前に現われたのだ。

七　英国のために亡び去らんとせるペルシャ

かかる間に世界戦は、ドイツの屈服によって終り、講和会議が仏国パリで開かれた。而してアジア諸国のうち、唯だペルシャ一国のみが、局外中立国たりしと云う理由の下に、会議に招かれなかったのだ。

而もペルシャ国民は、アリゴリ汗を首班とせる国民委員一行をパリに送った。一九一九年二月、アリゴリ汗は極めて正当なる理由の下に、ペルシャの会議参加を要求し、注意すべき覚書を会議に提出した。覚書は、両交戦団体の中立蹂躙によって、ペルシャが蒙《こうむ》れる甚大なる損害を明細に叙述し、一九一五年ペルシャよりせる聯合軍参加の提議を引照して、ペルシャを遇するに中立国を以てするの非を鳴らして居る。事実ペルシャは、前後四年を超ゆる世界戦を通じて、所謂「交戦国」のあるものよりは、戦争に貢献すること遥かに大に、且戦禍に苦しむこともまた遥かに大であったのだ。

ペルシャは遂に会議に列席するを得なかった。而もペルシャ国民委員会は「パリ講和会議に対するペルシャの要求」を各国全権に交附した。ペルシャはこの文書に於て、第十九世紀に、露土両国の侵略によりて強奪せられたる領土の還附を主張し、戦時中に独露土三国より蒙れる損害賠償を要求し、且政治的・司法的・経済的独立を確保するために、左の九カ条の要求を提議して居る――

一　一九〇七年英露協約廃棄。

二　政治的及び軍事的性質を有する特権を外人に与うるを禁ずる一九一〇年英露通牒の廃棄。

三　外人雇傭に際し、ペルシャは予め英露の承認を経べしとする一九一一年英露通牒の廃棄。

四　列強が、ペルシャに於て、ペルシャ臣民を保護すと云う権利の撤回。

五　ペルシャの内政に関し、一切の方法、並に一切の理由による外国干渉の廃止。

六　納税に関して、ペルシャ在住の外人は、ペルシャ臣民と同一に取扱わるべきこと。

七　外国軍隊及び領事館護衛隊の撤退。

八　ペルシャの政治的・司法的・経済的独立に牴触する条約の改訂。

九　ペルシャの経済的利益に牴触する外人利権の改訂。

十　関税改革並に外国貨物輸入の自由。

叙上の要求は、ペルシャがその独立を完全に維持するために、極めて正当且必要なる条件なるに拘らず、講和会議は一顧眄だも与えなかった。而も一面に於て国民が、かくの如く自由と独立のために奮闘しつつありし時、他面に於て英国政府の暴力と黄金とは、ペルシャ政府を威圧し籠絡して、この年八月九日、遂に新英波条約の調印を見るに至った。

ペルシャ国民委員の要求と、而してこの新英波条約と、求むる所と与えられたるものとの間に、何たる相違懸隔《けんかく》ぞ。蓋し新英波条約は、太陽の神ミトラの国ペルシャをして、落日のペルシャたらしむるもの。条約は二種より成り、第一は政治的のものにして、ペルシャの行政を補佐する官吏を英国より送ること、ペルシャ軍隊を英国士官の手によりて改造し組織すること、内政改革の目的を以て英国より借款すること、鉄道建設乃至《ないし》その他の輸送機関改善に関して英国と協同すること、英国と協力して関税改革を行うこと等を規定した。第二は借款に関する条約にして関税を担保とし、期限二十カ年、利率七分を以て二百万ポンドの貸借関係を定めたるもの。これによって英国は、ペルシャに於て軍事と財政を確実に掌中に収めた。而して曰《いわ》く「あくまでもペルシャの保全を念とし、その独立を尊重す」と。而も外交と軍事と財政との実権を奪い去りて、また何の独立ぞ。当時パリに在りし一ペルシャ人、激悲して曰く「英国は黄金の鎖を以て吾等を縛った、ペルシャ復興多年の努力は、財政の独立を英国に売り、軍隊を英人士官の手に渡すことに終った」と。然り、ペルシャは明らかに事実上の独立を失ったのだ。

英国は、英波条約締結以来、着々として該条約を利用した。先ず従来はベルギー官吏によって監督されて居たペルシャの財政は、事実英国の監督に移された。一九二〇年一月、曽て英国大蔵次官たりしS・A・A・スミスがペルシャ政府総顧問に任命せられ、翌二月陸軍中佐J・J・H・ネーション、秘書G・G・クロッカー等と共にテーランに赴任した。

三月にはペルシャ内務省顧問として、イスパハン総領事ヘーグが任命された。

同じく一九二〇年一月以来、陸軍少将W・E・ディクソン以下七名の英国将校が、陸軍顧問として活動を始めた。二月にはペルシャ憲兵組織のために、陸軍中佐スマイス以下四名の軍人が派遣された。而して三月に至り、英波軍事委員協議の結果、ペルシャ陸軍の定員を左の如く定めた。即ち兵卒三万六千、憲兵一万二千、巡警八千、親衛コサック四千、合計六万である。ペルシャ軍隊は、従来内務大臣に属して居たが、今度は軍務大臣に服属することとなった。四月に発表せられたるペルシャ陸軍の編制計画によれば、上の六万人を以て、歩兵中隊百九十八、騎兵中隊六十一、砲兵中隊十八、機関銃中隊八、飛行隊六を造ることになった。これに要する経費は一千五百万トマン（一トマンは約十シリング）と計上された。

ペルシャの各聯隊には、英国陸軍大佐一名、将校二名、及び下士四名が附けられる。各軍管区には英国将校指揮の下に立つ一個の模範聯隊が永続的に置かれる。戦時及び平時に於ける軍隊の戦闘能力に関し、軍務大臣に対して責任を負う最高軍事顧問は英人でなければならぬ。参謀総長はペルシャ人であるが、一名の英人を顧問とする。而して陸軍経理部長官は英人でなければならぬ。かくして英国は、完全にペルシャの武力を掌裡に握らんとした。

次に鉄道その他交通機関改善に関しては、一九二〇年二月、「ペルシャ鉄道シンジケート」が、バグダードより裏海沿岸エンゼリに至る鉄道敷設の測量を始めた。而して測量完成の後、ペルシャ政府は経費を該シンジケートより借款して自らこれを建設するか、又は該シンジケートに建設権を与えねばならぬ。

該シンジケートは、一九一一年に設立せられたるを拡張せるもの。カルンに於て広大なる油田を開鑿《かいさく》しつつある「ペルシャ石油会社」、リンチ兄弟商会及びマッケンジー商会の事業を継承せる「ペルシャ・メソポタミア・コーポレーション」、「ペルシャ帝国銀行」、「ストリック・スコット商会」、その他ペルシャに事業を営みつつある若干商会の協同より成って居る。而して英国の大機械会社、即ちヴィッカース、ピアソン、アームストロング等が、該シンジケートと相結んで居る。シンジケートの総裁は「英波石油会社」総裁サー・チャールス・グリーンウェーで、一九一一年に該シンジケートを創立せる人である。

右の外、ペルシャ政府は、モハメラー・コラマバード線を北方に延長することを英国に許可した。一九〇七年の英露協約に従えば、英国が建設する鉄道はブルジルドを終点とし、これより北に進むを得なかったのであるが、ツアー政府崩壊後、英国はペルシャ政府に迫り、ブルジルド以北に鉄道を延長することを承認せしめ、かくしてハマダンもしくはその他適宜の地点に於て、バグダード・テーラン線と連絡せしむるの計画を樹《た》てた。

如上両線、即ちバグダード・ハマダン・テーラン線、及びモハメラー・ブルジルド・ハマダン線は、ペルシャ将来の発展に最も重大なる意義を有する。蓋し前者は直接地中海とテーランとを結び、且テーラン・エンゼリ線によりて実に地中海と裏海とを結ぶもの。後者はテーランとペルシャ湾諸港との交通を極めて容易ならしめ、且これによって豊饒なる中部ペルシャの発達を促すものである。

インドとの連絡のためには、テーランよりメシェドに至る鉄道計画あり、而してメシェドよりベルジスタンに至る六百マイル間は、既に自動車を通ずる道路ができた。またブンデラバス・ケルマン間及びブシール・シラス間には、車輛を通ずる道路が修築された。テーラン・クム・イスパハン間の道路も、両三年間に自由に車輛を通じ得るように改築されることになった。かくてペルシャの商業は、最早コーカサス又は裏海を経由せず、直に地中海より、もしくばペルシャ湾諸港を経て行われるに至るであろう。

最後には関税改革である。従前の関税は、ロシアが恣《ほしい》ままにペルシャに強要して定めたる、ロシア本位のものであったが、これを改訂するために、一九二〇年二月十六日、英波両国委員がテーランに会議を開いた。ペルシャ側委員は大蔵大臣アクバール・ミルザ・サラマッドーレー、商務大臣エミール汗、大蔵省局長サデク・ハースラート、税関総長ベルギー人ハインセン、逓信総長ベルギー人モクトル、大蔵省監察官英人ハートの諸氏、イギリス側委員はH・L・スミス、A・C・メウォッター、C・R・ラトキンス、T・M・エンスカフ、W・カーター・ウィラード少佐等であった。委員会の商議は、三月中旬早くも終了し、その作成せる関税改訂案は、直にペルシャ政府の認可を得て実施されることになった。

ペルシャに於ける重要なる電信線の全部は、インド政府の印欧電信局か、又は英人の経営に成る「印欧電信株式会社」かの孰《いず》れかに属し、各所の電信局は悉《ことごと》く英人を局長として居る。ペルシャの最も重要なる商業道路は、英人の経営に成れる前の「ペルシャ運送会社」、今の「ペルシャ・メソポタミア・コーポレーション」によって支配されて居る。ペルシャの豊富なる油田は二千万ポンドの資本を擁する「英波石油会社」によって開鑿されて居る。鉱山採掘の独占権も英人に握られて居る。総ての大商会は悉く英人の経営であり、曽て露国の商会たりしものも概ね英人の手に帰した。ペルシャの財政・軍事・交通・税関に於ける政治上の勢力と、経済的発展の全権とは、かくして英国の手に帰せんとしたのだ。

八　労農ロシアによって興らんとするペルシャ

新英波条約は甚しくペルシャ国民主義者を憤激せしめた。西部ペルシャに於てはクチュク汗が民衆を糾合して反英運動を起し、東部ペルシャにはホド汗指揮の下に反英軍組織せられ、形勢次第に危急を告げた。クチュク汗は、もと敬虔なる回教僧であった。而も英国のペルシャに加うる暴虐を見るに及び、烈火の憤怒抑え難く、遂に法衣を脱棄して剣を執った。彼が山中に入りて若干の同志と結びペルシャ解放を標榜《ひょうぼう》して人民を糾合し、討英軍を組織して英国に宣戦したのは一九一五年のことである。爾来前後実に六年、彼は屢々疾風の如く山を下りて英軍を襲い、多大の損害を加えたる後、また急遽軍を収めて山中に籠《こも》り、常にイギリスを悩まして来たのだ。今や新英波条約の締結に赫怒《かくど》せるクチュク汗は、更に討英の剣を鋭くした。

かかる時に当ってイギリスは、裏海の覇権を掌裡に収むべく、エンゼリ港を策源地として盛んなる活動を始めて居た。イギリスは曩《さき》に裏海争覇戦に於て、赤軍のために破られたるデニキン白軍艦隊の全部、その陸軍の一部並に軍需品をエンゼリに集注し、且エンゼリに防禦工事を施し、中東侵略の最も重大なる一拠点たらしめんとした。然るに労農赤軍は、海陸にデニキン軍を撃破せる勢に乗じ、この年五月十八日朝、一挙にしてエンゼリを攻落し、遂に英軍を該地方より掃蕩し、クチュク汗を招致して、裏海沿岸の政権を掌握せしめた。而してペルシャ政府は当初英国に対する義理と遠慮から、クチュク汗を遇するに叛逆者を以てしたが、今や彼を知事に任命して、却ってその意を迎えねばならなくなった。

加うるに、露国革命後に復活せるペルシャ議会は、憲法によって賦与せられたる権能によって、新英波条約に協賛を与うることを拒み、その無効を宣言した。一九〇六年十二月三十日に発布せられたる、ペルシャ憲法第二部第二十四条は実に下の如く規定してある。曰く「条約及び規約の締結、臣民に対すると外国臣民に対するとを問わず、商業上・工業上・農業上及びその他の特権賦与は、国家及び公益のためにこれを秘密に附するを要するものを除き、議会の協賛を経ざる可からず」と。而してペルシャ議会は満場一致を以て、この恥ずべき条約を否決したのだ。

かくして英波条約は、理論の上に於て明白に無効に帰したのだ。当時（一九一九年八月十四日）エコー・ド・パリが「過去五年間、インド並にエジプトの防波堤を築かんとして、英国が払える努力のうち、最も重要なる成績を挙げたるもの」と批評せるこの条約も、はなはだ覚束なきものとなって来た。ペルシャ国民主義者は、この機に乗じて国家を亡滅の危急より救うべく活躍した。彼等は一面国民を覚醒して排英精神を熾《し》烈《れつ》ならしむると共に、他面軍隊を味方として実力を握るに努めた。彼等の勢力は次第に強くなった。かくて一九二一年二月二十一日夜半、国民主義者と提携せるレザ汗将軍は、コサック軍の一隊を率いて、突如テーランを襲い、武力を以て優柔なる親英内閣を倒し新政府を組織した。而して新ペルシャ政府は固よりその政綱宣言に於て英波条約の廃棄を宣言した。

この報英国に伝わるや、三月二十一日の下院に於て、これに関する質問が起った。外相カーゾン卿答えて曰く「英波条約は、廃棄せられたるに非ざるも、テーランよりの報告によれば、ペルシャ政府はこれを議会に提出するの意思を有せずとのことである。従って該条約は、無効に帰したるものと見ることができる」と。前節に詳説せる如く、イギリスのペルシャ搾取政策は、徹底且大規模のものである。而も英国がこの政策を強行するがためには、該条約が破棄された以上、武力を以てこれを遂ぐる外に別途なくなった。しかしながら今に於て大なる武力をペルシャに用《もち》うるが如きは、イギリスの国情決してこれを許さぬ。かくしてカーゾン卿の荘厳なる夢は、実現したと思う間もなく、あわれ水泡に帰せんとする。

イギリスのペルシャ政策蹉跌《さてつ》し、反英精神ペルシャに漲《みなぎ》り来りし時、労農ロシアは、全力を挙げてペルシャとの握手に努めた。而して政変後幾《いくば》くもなく、ペルシャ政府と労農ロシアとの間に、二月二十七日を以て、極めて注意すべき露波条約が、モスクワに於て締結せらるるに至った。条約の要領は、実に下の如くである。

一　労農政府は、旧露帝国がペルシャに対して執れる侵略政策を放棄し、且旧露帝国の締結せる一切の条約を廃棄す。

一　労農政府は、旧露帝国が、アジア諸国民の同意なく、而も諸国民の独立保障を口実として欧洲列強との間に、東洋諸国に関して侵略的条約を締結せる政策は、これを犯罪行為として絶対に弾劾す。従ってペルシャに関して、第三国と締結せる一切の条約を廃棄す。

一　労農政府は、ペルシャに対する一切の債権を放棄す。

一　労農政府は、ペルシャに於ける治外法権を放棄す。

一　両締盟国は、一八八一年の両国国境を承認す。労農政府は、アストラバード沿岸アシュラダその他諸島の使用権、及び一八九三年ペルシャより旧露に割譲せるフィルザ並にその附近地帯をペルシャに還附す。但《ただし》オール・ド・セラクス並にその附近地帯はこれを露領とす。
一　両締盟国は、両国領土内に於て、両国又は両国の同盟国に対する抗争を目的とする一切の団体又は結社又は個人の存在を許さず。
一　両締盟国は、両国領土内に、第三国の軍隊又は武力の存在を許さず。
一　若し第三国が、ペルシャに対して武力干渉を行い、又はペルシャを反露軍事行動の根拠地に用いんとし、而してペルシャが独力を以てこれを防止し得ざる時は、労農ロシアはペルシャ国土内に於て、軍事行動に出づるの権利を有す。但し危険排除と共に、露国軍隊は、直にペルシャ国境より撤退すべし。
一　両締盟国は、条約調印の日より、自由に裏海を航行するの権利を平等に享有す。
一　両締盟国は、通商関係及び逓信関係を再開す。而してこれに関して両国代表者より成る特別委員会を設置し、直に通商条約並に郵便電信条約の改正に着手すべし。
かくの如きは、露波条約の精神である。それ労農ロシアは、世界の諸政府が、無頼漢の巣窟として嫌棄するところ。而してイギリス政府は、所謂ジェントルマン諸君の組織するものとして諸国の拝跪礼讃《はいきらいさん》するところ。而も一九一九年の英波条約と、この露波条約とを比較せよ。前者は名を正義に藉《か》りて一個の国民を奴隷とするもの、後者は赤裸々に自国の正当なる必要を主張し、同時に他国をして真個独立の面目を保たしめんとするものである。

然り、労農ロシアは、彼等の誠意を徹底せしむるため、多年露国のペルシャ掠奪機関たりし「ペルシャ手形割引銀行」をペルシャに与え、該銀行がペルシャに於て有する一切の動産不動産をも、併せてペルシャに与えたのだ。

亡国の危機に瀕すること幾回、ペルシャは漸《ようや》く復興の希望を抱くを得たのだ。ペルシャは、今を距る約四十年以前、ザイド・ジャマルッディンの熱烈なる提唱によって、初めて長夜の惰眠より国民的に覚醒した。暴君ナズィルッディンを殺して、ペルシャ革命の機運を激成せるミルザ・レザは、実に彼の弟子であった。彼によって点ぜられたる覚醒の炎は、更に日露戦争によって油を注《そそ》がれた。一九〇六年のペルシャ革命は、アジア日本のヨーロッパ・ロシアに対する戦勝に対する感激と、同じく日露戦争が導火線となれる露国の憲法発布による刺戟とを因縁とせるものであった。爾来春秋すでに十七。この間革命志士の苦心は、筆紙に尽し難きものありしは言うまでもない。今やイギリスのペルシャ政策蹉跌と労農ロシアの後援とによりて、僅かに復活の一路を見出したとは言え、イギリス積年の勢力は、尚深くその根をペルシャに張って居る。ペルシャ国民の前には、更に悪戦苦闘を試みねばならぬ幾多の難局がある。而も大勢は決した。ペルシャの国歩、如何に艱難を極めようとも、歩々復興の途を進むであろう。何となれば興亜の機運は熟しつつあるが故に、ペルシャの国運は、この機運と共に登高するであろう。而して復興ペルシャ――換言すればペルシャに於ける英国勢力の掃蕩が、アジア復興に対する意義は、実に深甚である。

第七　労農ロシアの中東政策

一　労農ロシアの対外政策

アジア問題が、アジア復興の努力を意味するに至れる今日に於て、労農ロシアのアジアに対する政策、殊《こと》にロシアと直接国境を接し、且《かつ》従来国際的低気圧の中心たりし中東諸国に対する政策は、諸種の理由から、吾等の慎重なる研究を必要とする。

ボルシェヴィキは、真個驚嘆に値する善戦健闘によって、世界に於ける資本主義の掃蕩、社会主義の確立を志しつつある。彼等の目指す第一の敵が、西欧諸国であることは言うまでもない。就中《なかんずく》西欧資本主義の権化英国が、彼等の最も憎むところの敵であることは、レニンその人の言論文章によって明瞭である。而《しか》も社会主義の西漸《せいぜん》は、今日までのところ、見事に阻止されて来た。西欧諸国は、死力を尽して、ロシア以西に於ける一切の革命運動を、法律乃至《ないし》軍事的に抑圧することに成功した。洪水の危険は、刻々に迫りつつある。而も西欧諸国が必死の努力を以て築き上げたる防波堤を破ることは、現在のボルシェヴィキ政府にとりて、決して容易のことでない。

かくしてボルシェヴィキは、その世界征服の立場から、当然鋒先を東方並《ならび》に南方に向けた。ロシアの対外政策が、レニン執権以前に於《お》いて、既《すで》に全然新しき主義に立ったことは、一九一七年四月ルヴォフ公爵を首相とせる、三月革命直後の内閣の宣言に現われて居る。それは「自由を得たるロシアは、他国民を支配するを欲せず、その伝来の立国権を奪い、強力を以て外国領土を占領するを欲せず、その期する所は、民族自決の権利を基礎として、永久的平和を確立するに在り」と言明した。而してレニン執権後に於て、この主義は啻《ただ》に変更せられざりしのみならず、一層高調されたことは無論である。

ロシアのこの新政策の第一の結果は、旧露帝国内に於ける諸回教民族の独立である。タルタリア・バシキリア・キルギジア・トルキスタン・ヒヴァ・ブハラ等が、皆《み》な自治を承認された。而してそれらの一つバシキリアの有志が、叙上《じょじょう》〔前述の〕諸回教国聯盟の志《こころざし》を抱いて、各種の運動を行いつつあることは、彼等が一九二一年春来国の際、吾等に告げた所である。第二の結果は、ペルシャに対して、ボルシェヴィキ政府の外相トロツキーが、一九一八年十月十四日附の通牒を以《もっ》て、ペルシャに関し英露その他諸国の間に結ばれたる一切の秘密条約を廃棄し、且《かつ》ツアー政府がペルシャより奪える一切のものを還附すべしと声明したことである。第三の結果は、トルコ・インドその他の国民主義者に対して声援乃至援助を与え初めたことである。

これらの諸結果が、アジア不安を激成せる重大なる要素となれることは言を待たぬ。否《いな》現在に於て、アジア復興の最も重大なる外面的刺戟は、実に労農ロシアそのものより来る。世界戦尚未だ酣《たけなわ》なりし頃、聯合諸国は人道と自由とを口実とし、民族自決乃至独立等の誘惑的標榜《ひょうぼう》を掲げて、能《よ》くアジアの弱小民族を己れに加担せしめたるに拘《かかわ》らず、戦後に於ける彼等の態度は、深刻鮮明にその標榜と懸隔《けんかく》せるが故《ゆえ》に、今や到処《いたるところ》真摯なる国民主義者の道徳的信頼を失い尽した。而して彼等は唯《た》だボルシェヴィキによってのみ、大なる希望を鼓吹せられつつある。

二　労農ロシアの東漸政策

ボルシェヴィキの東漸政策は、明らかに二個の目的を有する。その一はボルシェヴィズムそのものの宣伝であり、その二はアジアに於けるヨーロッパ資本国家の駆逐である。第二の目的に於て、ボルシェヴィキとアジアとが、全然相一致することは言うまでもない。但《ただ》し第一の目的に至っては、二重の意味に於て、新アジアと相容れぬ。第一にはボルシェヴィキの国家が、果して新しき社会の必然の形態であるか否かが、大なる疑問である。第二に、彼等の主義は、アジアに対してこれを強《し》うべき、何等の精神的根拠を有して居らぬ。西欧に於ては、資本主義的産業組織を基礎とせる社会生活が、最早如何《いかん》ともす可《べ》からざる窮極に達したるが故に、資本主義と等しくヨーロッパ精神の所産たる社会主義による改造は、社会主義そのものの価値如何を論外として、兎《と》にも角《かく》にも精神的根拠を有する。さりながらボルシェヴィキが自己の主義をアジアに強うることは、これを西欧に強うると甚《はなは》だしくその意味を異にする。今日アジアの努力は、その正当なる権利の回収に集注せられ、未だ何ら積極的創造のために健闘するに至らないけれど、アジア復興運動が、吾等の述べたる如《ごと》く政治的であり且精神的である限り、アジアの魂と顕著に相異《あいこと》なれる西欧精神の所産なる制度を、如実に踏襲したる社会生活を建設することは、覚め来れるアジア精神の断乎として斥《しりぞ》くる所である。

ボルシェヴィキは、当初アジア諸国民族をして、ソヴィエト政府を樹立せしむべく努力した。彼等の最初の方針は、社会主義的国家の建設を条件として、英仏勢力掃蕩のために、その力をアジア諸民族に藉《か》すに在った。若《も》し彼等が、あくまでもこの方針を固執したならば、英国の東洋通サー・F・ヤングハズバンドが言える如く、アジア人の思想・性向が、彼等の主義と著しき懸隔あるが故に到底《とうてい》その功を収め難いことは確実である。ボルシェヴィキは、次第にこの間の消息を明らかにして来た。故に彼等は、暫《しばら》く第一の目的を控えて、専《もっぱ》ら第二の目的にその力を注ぐに至った。レニンは、一九二〇年春、モスクワに於て公然声明して、ボルシェヴィズムをアジア諸国に宣伝するに当っては、彼等の心理に適応するが如くこれを変更して説かねばならぬと言った。而して事実彼等は、今やアジア各国の国情に応じて、巧みに宣伝を行って居る。彼等はアジア諸国に対して、資本主義を倒せと云う如き愚なる説法を止めた。彼等はアジア諸国に於て、概《おおむ》ね官僚が掠奪階級なるが故に、先《ま》ずこれに対する反抗を煽り、次に国家的圧迫者たる西欧列強の勢力駆逐を説く。かくて今や革命ロシアとアジア隷属民族との結合は、日に堅きを加うるに至った。

三　労農ロシアと回教徒

労農ロシアは、英仏勢力顚覆《てんぷく》の目的を以て、回教徒全般との提携を企てた。而してこの運動はトルコに対する聯合国の態度に憤激せる回教諸政治団体の代表者が、一九一九年七月、モスクワに於てボルシェヴィキ代表者と会合せる時から、具体的のものとなった。既にこの時の会合に於て両者の間に提携の約束が結ばれ、八月七日エルゼルムに於けるトルコ・ペルシャ・コーカサス・トルキスタンの国民主義者の会議に於て、赤露と相結んで「回教解放同盟」を組織すべしと決議された。而して八月下旬に至り、該同盟は露国政府外交部東方局回教課の斡旋によって実際に設立せられその中央実行委員はモスクワに駐在し、東洋事務局をシヴァスに置き、ヨーロッパ事務局をベルリンに置いて運動に着手した。而して九月には第二回の回教・赤露聯合会議が、シヴァスに於て開催せられ、トルコ・アゼルバイジャン及びフェイサル王治下のアラビアの間に同盟を実現せしむべく努力す可きことを決議した。而して十二月には、クレムリンの外交部内に、露国内諸回教民族代表者を招致して、ボルシェヴィキ政府と国内回教徒との提携を議した。

かくの如くロシアは、一面に於て全回教運動を助成すると同時に、他面に於て一々の回教国に対して提携を企てた。

四　労農ロシアとペルシャ

ボルシェヴィキがペルシャに対してその力を注げることは、総ての点から見て極めて当然のことである。そは前述の如く、一九一八年一月に於て、夙《はや》く既にペルシャに対して明白にペルシャに不利なる条約の廃棄と、ペルシャより旧露が奪える一切の還附とを声明し、ペルシャ政府もまたこれら一切の条約の無効を宣言した。而もこの頃に於てボルシェヴィキ最大の関心事は、先ずペルシャの赤化にあった。彼等は「マホメットはボルシェヴィキなりき」とか、或《あるい》は「ボルシェヴィキは回教の友なり、新回教なり」と言うが如き宣伝を盛んに行った。しかしながら後にはかくの如き宣伝の多く効果なきを悟り、一九一九年六月の第二回対波〔ペルシャ〕通牒によっても知らるる如く、主としてペルシャ国民の国民的感情を煽ることによって、英国に対する敵愾心を鼓舞し、並に親英的官僚に対する反感を激成するに努むるに至った。

今ボルシェヴィキの対波宣伝を例証するために、第二回通牒と前後して、ロシア政府がペルシャの「労働者及び農民」に与えたる檄文《げきぶん》の数節を引く。該檄文は、冒頭に「イギリスの群盗及びツアー政府の手先共」が、ペルシャに向って加えたる暴虐を力説し、次で「偉大なる露国革命」が、ペルシャの国民生活に新しき希望を鼓吹せるに拘らず、イギリスのために再びペルシャは圧抑に苦しまねばならぬことを説き、下の如く述べて居る。曰《いわ》く「かくて（露国革命と共に）新しき自由なる生活が始まるべく見えた。然《しか》るにこの年の春より、英国軍隊が次第にペルシャ全土を占領し初めた。イギリス人は、彼等がトルコ人をペルシャより掃蕩せる後に、直《ただち》に撤兵すべきことを約し、且英軍の行動によって生ずる一切の損害を賠償すべしと約束した。一九一八年三月十二日附英国政府の通牒は、載せて同月十四日発行のペルシャ新聞バアブに在る。英国は、ペルシャの何人よりの依頼を受けないのに、戦争終了後には、ペルシャの崩潰せる経済的生活の改造に助力すべしと告げて居る。而も助力どころか、今やペルシャ国民を挙げて奴隷として仕舞《しま》った。英国資本家は、仏米の資本家と協力し、世界的競争者たるドイツの帝国主義を倒し去れる後、今こそ全ペルシャ帝国を掌裡《しょうり》に収むべき絶好の機会だと考えたのだ。かくてペルシャは独立国の間より落伍し、国民には最早自由がなくなった。何となれば、ペルシャの政治を行う官吏どもは、黄金をイギリスから貰ってその手先となるからだ」と。

この檄文以後、幾《いく》ばくもなく英波協約の締結によって、ペルシャは「独立国の間より落伍」するに至った。而してこの協約は、正しく「黄金を英国より受けてその手先となれる官吏」によって締結されたものであった。幸いにしてペルシャの憲法は、かくの如き条約の締結は、議会の協賛を必要とすることを定めてある。而して露国革命後に復活せるペルシャ議会は、徹底して該条約を否定せるが故に、英国にして若しこれを強制せんと欲せば、武力に訴うるの外《ほか》別策はない。而も今更ペルシャに向って大兵を動かすが如きは、到底不可能なるが故に、流石のカーゾン卿も、竟《つい》に一先ず手を緩めざるを得ざるに至った。

五　新露波協約

かくの如き事情は、必然ペルシャの排英的精神を激成せねば止まぬ。而してこれ実にボルシェヴィキの乗ずる所である。彼等は次第にペルシャとの結合を堅くして来た。而してその結果は、終に新しき露波協約の締結となった。該協約は二十二カ条より成り、重要なる諸事項を議定して居る。

そは第五条に於て、（一）両国領土内に於てペルシャ又《また》はロシアに対し、或は両国の締盟国に対する抗争を目的とする、一切の結社又は団体の構成、もしくは個人の存在を許さず、且両国領土内に於て、かくの如き団体の軍隊のために、動員又は募兵を許さざること、（二）相手国に対抗する目的を以て、相手国に不利なる物をその領土内に置き、或はその領土を通じて運搬することを禁ずること、(三)その領土内に第三国の軍隊又は武力を存在せしめざること、を定めて居る。

而して第六条に於て「若し第三国が武力干渉によりて不当なる政策を実現せんとし、或はペルシャ領土をロシアに対する軍事行動の策源地となし、従って国境脅威せらるる場合に際し、若しペルシャにしてその危険を排除するに力足らざるときは、ロシアは正当防衛上、ペルシャ領土内に於て必要なる軍事行動に出《い》づるの権利を有す、但《ただ》し危険排除と同時に露国軍隊はペルシャ国境より撤退す可し」と定めて居る。如上《じょじょう》〔前述の〕二カ条の協約が、イギリスに備《そな》うるためのものであることは、火を見るよりも瞭《あき》らかである。

第十九条乃至第二十一条は、通商関係並に逓信事務に関して、両国代表者より成る特別委育会を設け、直に通商条約並に郵便電信条約の改正に着手すべきことを定め、第十七条に於ては露波両国が協約調印の時より、自由に裏海を航行するの権利を平等に享有することを定め、且裏海に艦隊を置くの権利をペルシャより奪える一八二八年二月十日の露波平和条約は、その効力を失えることを声明して居る。

ロシアはこの条約に於て、彼等の誠意を徹底せしむるため、従来ペルシャが種々なる利権を担保としてロシアより借入たる借款全部に対する債権を放棄したるのみならず、多年ペルシャに於ける露国の経済的掠奪機関たりし「ペルシャ手形割引銀行」をペルシャに与え、ペルシャ国内に於て該銀行の所有にかかる動産不動産の全部を無償にて譲渡した。

新露波協約は、一九一九年八月の英波協約が、表面には「あくまでもペルシャの保全を念とし、その独立を尊重す」と標榜しつつ、而も財政と軍事との実権を奪わんとせるに比し、真に公明正大を極めて居る。マンチェスター・ガーディアン記者が、一九二一年四月一日発行週刊の時評欄に於て「吾等はかくの如き協約が、ペルシャ並に自余の全東洋諸国に与うる深甚なる感銘を念わざるを得ない。そは過去に於てなされし如く、将来に於てある強国が、名目のみの東方独立国を、自己に隷属せしめんとする計画を甚しく困難にするであろう」と言ったのは、固《もと》より公平なる観察である。

ペルシャは今や労農ロシアに於て、少くとも英国よりは遥かに信頼すべき所謂「友邦」を見出したのである。

六　労農ロシアとアフガニスタン

ボルシェヴィキは、またアフガニスタンに対して、早くよりこれを籠絡《ろうらく》するの計画を立てた。彼等は回教の解放者を標榜して先ずヒヴァ・ブハラの両汗国に自由を与え、タシュケントを中心として盛《さか》んに中亜の赤化に努めた。されど中亜諸国は、決してボルシェヴィキの共産主義を喜ぶものでない。農業と牧畜とを主たる産業とする彼等に向って、土地の私有を直に廃止せよと云うが如きは、到底その肯諾を得る所以でない。

アフガン政治家イクバアル・アリ・シャーが、一九二〇年十一月十日、英国中央アジア協会に於て試みたる演説に拠《よ》れば、前アフガン王ハビブラー汗は、ボルシェヴィキの宣伝に於て、旧露の武力と異なる所なき恐るべき侵略を見た。従って彼にとりて、革命ロシアは旧露と異なる所なき敵であった。故に彼は父王アブドゥル・ラーマンの努力せる、中亜回教同盟を、この混沌期に於て実現すべく企てた。かくて陣中に於ける彼の非命の最後は、彼の政策を不便とするボルシェヴィキの指嗾《しそう》によるとさえ伝えられて居る。

常にアフガニスタンに於て見る継承に関する血腥《ちなまぐさ》き内乱の後、現アフガン王アマヌラー汗が王位を獲得した。而して赤露政府の使者が、群を成してカブールの宮廷に入込めるに拘らず、王もまた彼等の差出せる手を握らなかった。王が赤露を斥けるのは当然であった。現にブハラの如き、一旦は独立を与えられたに拘らず、ボルシェヴィキはその中亜政策実現の必要から、種々なる陰謀によって、この国を以前よりも窮地に陥れた。一九二〇年夏の如きも、彼等はブハラの同志に計画を授け八月二十九日朝、革命運動を起させ、暴動勃発と共に、迅速に赤軍騎兵をブハラに進めた。ブハラ市街に於て惨憺たる戦が行われた後、市街は赤軍の手中に落ち、国王は残余の軍隊と共に南方に敗走した。而してこの憐れむべき君主は、その後アフガニスタンの首府カブールに亡命した。

さりながらアフガニスタンとロシアとの関係は、二つの理由から次第に緩和されて来た。第一の理由はボルシェヴィキが短気なる主義の押売を差控えるに至ったことである。第二の理由は、トルコの運命に対する憤激が、アフガン人をして排英的精神に燃えしめたことである。かくて両国は倒英と云う共通目的のために次第に接近し来り、遂に露波協約と前後して、露亜協約の締結を見るに至った。

七　新露亜協約

露亜協約は、十カ条並に補遺より成り、種々なる点に於て極めて注目に値する。その第七条に於て、露亜両国は「独立の原則に基き、且各国民の一般意思に従い東洋諸国の自由を承認す」と規定し、第八条に於て、如上の協定に準拠し「ブハラ及びヒヴァの確実なる独立及び自由を承認し、その統治の形式は全然両国民の欲する所に委す」と言明して居る。これは明白にボルシェヴィキが、当初の所謂赤化政策を改めたことを立証するものである。

第三条及び第四条は、公使館並に領事館設置に関する協定で、露国はアフガニスタン領土内の五カ所に、アフガニスタンは露領内の七カ所（但し五カ所は中央アジア）に、各領事館を設置することに定めた。

第九条は、前世紀に於てアフガン領たりし国境地方を還附すること、第十条は、両国の親善関係を緊密ならしむるために、露国は財政その他の援助をアフガニスタンに与うべきことを約し、補遺として、（一）毎年露国より金銀貨又は金銀塊にて百万ルーブルをアフガニスタンに贈与すること、（二）クシュク・ヘラート・カンダハール・カブール間に電線を架設すること、（三）露国はアフガニスタンの依頼に応じて専門技術家を援派することを定めた。

その中亜政策に於て、ペルシャに対して勝利を得たるロシアは、アフガニスタンに対してもまた英国に勝ったのである。

八　中東に於ける新しき英露対抗

中央アジア一帯が、百年以来アジアに於ける英露両国の争点なりしことは、更めて言うを須《もち》いぬ。ロシアは、所謂「ピョートル大帝の遺詔」なるものを奉じて、驚く可き大胆と執拗とを以て南下政策を遂行して来た。而してその最後の目的は、インド進出に外ならなかった。然るに英国は、カーゾン卿が明言せる如く、若しインドを失う時は一朝にして第三流国に堕すべきが故に、死力を尽してロシアの南下を阻止せねばならぬ。第十九世紀の政治外交史は、実にこの一点を中心として描かれたのだ。

然るにロシア帝国は亡んだ。その露骨なりし侵略政策も、またこれと共に中断した。イギリスは決してこの好機を逸しなかった。そは西方の戦、最も酣なりし時に於て、尚且《なおかつ》中亜経略に力を注ぐことを忘れなかった。而して一時的成功を贏《か》ち得た。さりながらボルシェヴィキは、その実旧露に優るとも劣らざる英国の敵であった。レニンは、聊《いささ》かも包むところなく、英国を倒すことは世界に於ける資本主義の根城を覆《くつがえ》す所以《ゆえん》であると声言した。而して英国の最も急所とする所は、インドそのものなるが故に、赤露は旧露と別個の意味に於て南下して来た。意味は如何《いか》ようにもあれ、イギリスにとりては同一の危険である。否、赤露のインド脅威は、旧露のそれよりも、一層危険なる性質を帯びて居る。故に形勢は更に復旧して、中亜を挿《はさ》んで英露両国の対抗を再現した。

若し赤露が、当初の如く中亜に対して所謂「赤化」を固執したならば、中亜諸国は依然として北よりするボルシェヴィキと、南よりするイギリスとによりて、社会的乃至政治的に蹂躙《じゅうりん》せられねばならぬのである。而もボルシェヴィキがその奉ずる社会主義の強要を中止し、主として政治的理由による中亜との聯合を企《くわだ》つるに至って、形勢は新たに一変したと言わねばならぬ。而してこの新形勢は、少くも現在のところ、アジア復興のために明白に有利である。然り、それがアジアの圧制者にとりて不利なるだけ、それだけアジアそのものに有利である。

九　回教諸国聯盟問題

この新形勢と聯関して、最後に吾等の看過すべからざる一事は、回教諸国聯盟問題である。既に一八六三年、アフガニスタンに於てドスト・ムハムマッド治世の時、全回教主義の最も熱烈なる宣伝者として名高きザイド・ジャマルッディンは、回教諸国に向って極力政治的同盟を勧告し、かくの如き政治的利害の共通が、回教そのものの興隆に欠くべからざる条件なることを力説した。彼はかくの如き理想を宣伝するために、エジプト・ペルシャ・インド・トルコを歴遊した。而して時のトルコ皇帝アブドゥル・ハミッドは、彼のために一切の後援を惜しまなかった。

この種の運動に激成せられ、一九〇二年メッカに於て世界回教会議の開催が提議せらるるに至った。されどトルコ皇帝は、かくの如き会議が、アラビア人の勢力を増進すべきを恐れ、遂に種々なる手段を弄してこれを阻止した。

この事ありて幾くもなく、所謂ツラン主義〔トゥラン主義／汎テュルク主義〕が提唱され始めた。そはアジアに於ける全ツラン人の糾合を目的とせるもの、同時に宗教的・文化的・政治的の運動である。その唱道の当初に於ては主として文化的方面を高調し、トルコの復興・トルコ文学の建設を力説した。即ち回教の説教はトルコ語を以てす可きこと、一切の外来語——主としてアラビア語を、トルコより駆逐し、純乎として純なる「トルコ」を復活せしむべきことを熱心に主張した。この思想は、その本質に於て、明治維新の先駆をなせる吾国の国学者のそれと、正しく同一のものに属する。されどかくの如き主張は、オーソドックスの回教信仰と抵触せるが故に、全ツラン主義者は、全回教主義と提携するの目的を以て、次第にその主張を改めた。

これらの運動は、素朴であり且非現実的であったに拘らず、その間接の効果は極めて大であった。蓋し中亜の回教諸邦は、これらの運動によって初めて民族的・政治的自覚を鼓吹せられ世界政局に対して必要なる注意を払い初め、従って明確に英露両国より来る脅威を意識するに至った。而して時を経るに従い、回教聯盟の観念が次第に有識者を動かし来り、キリスト教国の止まるを知らぬ侵略に当るため、全ツラン主義及び全回教主義の基礎の上に、何らかの形態に於て聯盟を試みんとする希望が、現実の問題として起って来た。

この希望の実現に対して現われたる最初の具体案は、恐らくアフガン王アブドゥル・ラーマンによって提唱せられたるアフガニスタン・ペルシャ・ブハラの三国同盟であろう。その主目的は言うまでもなくロシアの南下に備うるに存し、アブドゥル・ラーマンは、全力を挙げてこれを成立せしめんとした。王はその志を遂げずして世を逝《さ》った。彼の後を嗣《つ》げるハビブラー汗は、即位と同時に父王の遺志を実現するに努めた。而して現アフガン王もまた中亜聯盟の計画者である。

アフガン政治家のある者は、例えば前に挙げたるイクバアル・アリ・シャーの如きは、英国後援の下に、自国を盟主とする中亜回教聯盟を画策し、公然これを英国の公衆に訴えた。而も旧ロシア帝国崩潰後、英国が中亜に於て敢《あえ》てせる侵略的行動は、中亜諸民族の魂ある指導者をして、甚しく憤激せしめた。加うるにトルコに対する英国の態度は、全世界の回教徒をして、激しき敵意を抱かしむるに至った。現にインドに於ては、多数の回教徒が、英国治下に生くるを欲せずと公言して、続々国境を超えてアフガニスタンに移住しつつある。故に英国を後援とする回教聯盟は、到底成立すべくもない。且現アフガン王は、英国に対して強大なる敵意を有して居る。一九一九年、インド・パンジャブに頻発せる暴動に対して、王が少からぬ援助を与えたと云うことは、英国政治家の等しく信ずる所である。故に英国側よりするも、アフガンの勢力を加うる如き聯盟の成立に助力を与えぬであろう。

かかる時に際して、ペルシャ及びアフガニスタンが、労農ロシアと条約を結ぶに至りしことは、回教聯盟の前途に対して、まがう可くもなく一道の光明を投じたるものである。ボルシェヴィキは、今や国内の回教民族とも領会を得て居る。而してトルコ国民主義とボルシェヴィキとの間にも、前記露波条約及び露亜条約と同様の条約が結ばれた。故にロシアの後援の下に、諸回教民族が何らかの形態に於て、聯合もしくは提携するに至るべきことは、必ずしも不可能でなくなった。吾等はこの種の回教運動が近き将来の世界政局に於て、重大なる役割を勤む可きことを確信する。然り、若しかくの如き聯盟が成立するならば、そは疑いもなくアジア復興の先駆となるであろう。かく考え来る時、吾等は今更の如く、ボルシェヴィキが世界に与えつつある深刻偉大なる刺戟に驚かざるを得ぬ。

第八　青年トルコ党の五十年

一　青年トルコ党の父シナッスィ・エフェンディ

近代トルコに於ける改革の機運は、第十九世紀初頭帝位に登れる英邁《えいまい》なる君主、マームード二世その人によって促成された。当時のトルコは、頽勢既《すで》に著《いちじる》しく、外はオーストリアのためにダニューブ左岸を奪われ、ロシアのために黒海北岸を奪われて居た。而《しか》して内は権臣威を振い、行政・財政共に紊乱《びんらん》し、各地の太守は半独立の姿となり、加うるにイエニチェリ軍隊の跋扈《ばっこ》、最も甚《はなは》だしくなって来た（註1）。

マームード二世は、断乎たる覚悟を以て、国運を恢復せんと決心した。彼はアルバニア太守を誅戮《ちゅうりく》して、威を地方官に示した。横暴なるイェニチェリ軍を解散して、命に服せざる数千を屠った。而してヨーロッパ軍人を聘《へい》して、新たに軍隊を編成し、ヨーロッパ式訓練をこれに与え、自ら西欧の軍装を着け、好んでフランスの兵書を読み、屢々《しばしば》軍隊に親臨して士気を鼓舞した。彼は、かくの如《ごと》くにして、先《ま》ず皇帝の権力を確立し、進んで国運の挽回に心身を労した。さりながら、帝の雄図は、ギリシャの独立・エジプトの叛乱等の続出によって、竟《つい》に挫折せざるを得なかった。

　而もこの事ありて以来、トルコの教養ある士人にして、或《あるい》は西欧の書を繙《ひもと》くもの、或は親しく西欧諸国に遊ぶもの、漸《ようや》く多きを加えて来た。而してこれと同時に、彼等の眠れる国民意識が、次第に覚醒されて来た。彼等は停止する所なき国運の衰退を慨《なげ》いた。領内キリスト教民の不穏を憂《うれ》えた。トルコの弱きに乗ずる外国の干渉を憤《いきどお》った。彼等は、トルコを亡国の悲運より救うべく、改革の急務を切実に感じ初めた。

　この国民的自覚は、イブラヒム・シナッスィ・エフェンディの国語改革運動に於て、最初に具体的の相《すがた》を取った（註2）。シナッスィの目的とせる所は、トルコ語をアラビア語及びペルシャ語より独立せしめ、純乎として純なるトルコ国民文学を創造するに在った。彼はこの目的のために一八五九年及び一八六一年、二個の機関紙を発行して、熱烈にその主張を宣伝した。この宣伝は、覚醒せる国民意識の琴線に触れたるが故に、忽《たちま》ちにして多数の同志を得た。而してこの運動こそ、初めは漠然と「青年トルコ運動」の名を以て呼ばれ、後に一個儼然《げんぜん》たる政治的団体、即ち「青年トルコ党」となれるものである。

　かくの如く、青年トルコ運動は、その初めて世に現わるるや、一個の文化運動であった。さりながら、シナッスィは、既にその機関紙に於て、文学的論文と共に政治的論文を発表し、政治的改革の急務をも力説して居た。而してこの政治的傾向は、ケマール・ベイ、ズィア・パシャ及びエジプト王子ファズィル・ムスタファ・パシャ等の有力なる政治家が、該運動の熱心なる参加者となるに及んで、頓《とみ》に顕著になって来た。同時に、当初の文学的色彩は次第に薄らぎ、一八七〇年代には、既に一個の政治的改革運動となり、その最も有為なる首領を、ミドハト・パシャに於て見出して居た。彼等は、思想の泉を西欧殊《こと》にフランスに汲みたる自由主義者として、宮廷専制政治に反抗して、立憲政治の建設を唱えた。而も彼等は、同時に最も真摯《しんし》なる国民主義者であった。彼等は、範を西欧に取って、立憲政治を実現することが、トルコ復興の唯一路なること、従って悲憤措《お》く能《あた》わざる外国の侵迫を撃退する唯一路なることを信じたのだ。彼等は、往々にして単なる西欧の崇拝者なりしかの如く哂《わら》われて居る。さりながら、彼等の運動は、その源をシナッスィの強烈なるトルコ的精神に発し、これによって振作せられたる国民的自覚が、国家の悲運に激して政治的改革運動となれるもの。その西欧に学ばんとせるは、武器を敵に取って逆まに敵と戦わんとせる愛国の至情に出《い》づ。表面の成敗を浅薄に観察して、冷評を彼等に加うるが如きは、国士無限の苦衷に対して、甚しく敬意を欠くものである（註3）。

註1　イェニチェリ Jenicheri は「新軍」の意味。一三三〇年に創設されたトルコの常備軍。当初は征服せるキリスト教徒の青年中より毎年約一千名を徴発して厳格なる軍事的訓練を施した。後には回教徒もまたこれに編入せられ種々なる特権を与えられた。第十八世紀後半に至り、イェニチェリははなはだ有力となり、次第に跋扈《ばっこ》して遂《つい》には恣《ほしい》ままに皇帝を廃立するに至った。マームード二世は、一八二六年、ことさらに彼等を激して

叛乱を起さしめ、数千人を屠りてその解散を断行したのだ。

註2　Ibrahim Schinassi Efendi は、一八二六年コンスタンチノープルに生れ、長じてフランス・パリに留学し、政治経済の諸学を修めて帰国し、後に大蔵大臣に任ぜられた。されど余りに改革運動に専心したるため、アブドゥル・アズィズ帝の欣ばざる所となりて職を退き、一八六四年、復《ま》たパリに赴いた。一八六七年召還せられて、スミルナ太守に任ぜられたが、幾《いくば》くもなくしてこれを辞し、一八六九年、脳病に罹《かか》り、三度びパリに赴きて療養中、一八七一年九月、遂に客死した。

註3　本篇中に屢々《しばしば》現わるるエフェンディ、パシャ、ベイ等の称号に就て、簡単なる説明を加えておく。Efendi は紳士・主人並に王族を意味するトルコ語にして、英語のミスター又は独語のヘルと等しく、広く官吏・学者の敬称として用いられる。但し多くの場合、わが国の「先生」又は「師」と云う敬称に該当し、学者・詩人その他教養高き人士に対して姓名の後にこれを附する。Pasha はトルコ語・ペルシャ語にて本来は君主・王族の意味。王族並に文武の高官に与えらるる称号。Bey はもと県 Sanjak 知事のこと。パシャの子、少佐以上の軍人、富豪等に与えらるる称号である。

二　ミドハト・パシャの皇帝廃位断行

さてトルコの頽勢は、年毎に甚しくなった。一八七四年にはヘルゼゴヴィナに、翌七五年にはボスニアに叛乱起り、領内キリスト教民を鼎沸《ていふつ》せしめた。而してこれに対するトルコの高圧政策は、セルビア・モンテネグロ両国民を激昂せしめ、トルコに向って宣戦せしむるに至った。両国はこれを破ることを得たが、これによってトルコは、干渉の口実を列強に与えた。

時の皇帝は淫佚奢侈《いんいつしゃし》、而して凡庸無能なるアブドゥル・アズィズであった。皇帝は、頑冥不霊なる君側の保守主義者に擁せられて、一切の改革を憎悪し拒否した。彼帝位に在る間、トルコの改革は行われず、国運の恢復は望まるべくもない。青年トルコ党は、その改革の目的を遂《と》ぐるため、先《ま》ず皇帝を廃するの必要を見た。而してこの廃帝運動は、青年トルコ党の指導者、絶倫の才幹と高潔なる人格とによって、最も重きを政界になせるミドハト・パシャ金剛の決意によって迅雷の如く断行された。

彼は、一八二二年、コンスタンチノープルに生れた。判事の職にありしその父は、熱心なる改革主義者であった。而して他日その子をトルコ改革のために役立たしむるため、政治家たるべき教育と訓練とを与えた。彼の政治的生活は、二十二歳の時に始まった。G・F・バーウィック、彼を評して曰く「彼は、偉大なる才幹と、広大なる同情と、純一なる愛国心とに加うるに、トルコ高官に最も稀なる、絶対の廉潔を兼ね有した。彼の職を去る時は、これに就《つ》ける時と等しく貧しかった」と（註1）。かくの如き彼の性格は、官界に於ける彼の栄達を速《すみ》やかならしめた。ルメリア及びブルガリアの暴動を見事に鎮静せる功によって、一八六〇年には、夙《はや》くも大臣に任ぜられ、パシャの称号を与えられた。彼は、その政治的先輩にして、同じく改革主義者なりしアリ・パシャ、フォード・パシャ等と共に、政務の刷新を図ったが、一八七一年アリ・パシャ死し、その後を継いで首相となれるマームード・ネジムは、頑冥なる保守主義者なりしを以て、彼は皇帝に強諫してマームードを黜《しりぞ》け、自ら代って首相に任ぜられた。然るに彼の改革主義を憎める君側の守旧派は、極力彼の排擠《はいせい》に努めた。皇帝は、彼等の運動に動かされ、僅《わず》かに三カ月の後、彼を罷免して再びマームードを首相に任じた。ミドハト・パシャは、政府に在りて改革を行うことの到底不可能なるを見た。彼は、再び大臣の職に就かずと声明し、堅く期する所ありて野に下った。

野に下れる彼は、求めずして青年トルコ党の首領と仰がれた。彼はトルコ党を指導しつつ、その諸友と共に、改革の具体案に苦心した。かかる間に、トルコの内憂外患は、次第に危急を加えた。青年トルコ党は、声を大にして改革の急務を唱えた。而して回教の教師団《ウレーマ》並《ならび》に学徒団《ソフタ》も、また熱心なる改革賛同者となった（註2）。殊《こと》に年若き学徒等は、屢々熱狂的示威運動を行った。一八七六年五月十日、学徒の一団は、皇長子ユスフ・イゼディンを途に要し、宮廷に帰りて父帝にマームードの辞職を求めよと迫るに至った。マームードはかくして罷《や》められた。而してミドハト・パシャと好かりし進歩主義者メーメッド・ルシディ首相となった。これらの出来事は、益々《ますます》皇帝を不人望に陥らしめ、今や上下の間に廃位を求める声が高くなった。

皇帝廃位の要望、改革主義者の間に止み難くなれるを見て、ミドハト・パシャは、死を以て自らその任に当るに決した。彼は、何人にも謀《はか》らず、唯だ陸相フサイン・アヴィニ一人を味方とし、一切の手筈を二人で極めた。一八七六年八月二十九日夜、二人はボスフォラスの対岸に在るフサイン・アヴィニの別荘で、夜の更《ふ》くるを待った。真夜中を過ぎて、激しく雨が降り出した。二人は、唯だ一人の僕を従え、闇に紛れて軽舟を出だし、予《あらかじ》め牒し置きたるコンスタンチノープルの地点に漕付《こぎつ》けた。そこには、馬車が待って居る筈《はず》だったのに、その姿が見えぬ。従僕がこれを探し出して連れ来るまで、彼等は陰謀発覚の懸念に襲われながら、覆盆《ふくぼん》の如き雨に濡《ぬ》れそぼちて待たねばならなかった。馬車は間違った場所に彼等を待って居たのである。

予ての手筈に従い、ミドハト・パシャは、直ちに馬車を陸軍省に駆った。フサイン・アヴィニはドルマ・バクチェ軍営に疾駆し、一個聯隊の兵を率いて宮城に到り、音も立てずこれを包囲した。彼は城内に入りて宮内大臣と会見し、皇帝に退位を請えと求めた。この寝耳に水の奏請は、皇帝をして驚愕措《お》く能《あた》わざらしめた。而も固より容易に退位を肯《がえ》んじなかった。フサイン・アヴィニは遂に自ら皇帝の面前に到り、抵抗の到底不可能なるを説きて、退位に同意せしめた。而して皇帝逮捕が、見事に成功せることを、ミドハト・パシャに知らすべく、合図の小銃を放った。

一方ミドハト・パシャは、濡鼠《ぬれねずみ》の如くになって陸軍省に到り、漸《ようや》く司令部を説服して、一隊の兵を広場に整列せしめ、フサイン・アヴィニの合図を、一刻千秋の思いして待った。若し軍隊の中に彼に敵意を有する者あれば、彼は直ちにその命を失わねばならぬ。危きこと真に風前の灯火である。黎明に近く、合図の銃声を聴いた。彼は直ちに軍隊の前に進み、皇帝の廃位を宣言し、その理由を説明した。軍隊は一言も不平を唱えなかった。彼は更に軍隊に向い、トルコ国法に従い、皇帝の男性最年長者、帝甥ムラード親王、帝位を継ぐべきが故に、親王邸に赴きて、これを陸軍省に迎え来れと命じた。軍隊は歓呼して命令に従った。かくて一八七六年八月三十日、旧帝は廃せられ、而して新帝が即位した（註3）。

註1　Encyclopaedia Britannica 第十一版所載。

註2　茲に「教師団」と言うは Ulemâ のことである。ウレーマアは、学者を意味するアラビア語で、回教律法に通ずる神学者・宗教教師全体の呼称である。回教国に於て、この階級が至大の勢力を有するは言うまでもない。「学徒」と言うは Softa のこと。ウレーマアたる可く学びつつある青年神学生である。彼等は、独りこの時のみならず、その青春の熱情によって、屢々政治的運動に加わり、政府の一脅威となって居る。

註3　廃帝断行の顚末は、Sir Edwin Pears : Life of Abdul Hamid に引用せられたる、一八八八年二月号 Nineteenth Century 所載 Sir Henry Eliot の文に拠る。

三　ミドハト・パシャの悲劇的最期

新帝ムラードは、夙くより精神に異常あり、且暴酒の故を以て、真摯なる回教徒の喜ばざる所となって居た。改革党は、当初より彼の弟アブドゥル・ハミッドを即位せしめたいと望んで居たが、教師団《ウレーマア》が律法によって固く最年長男子継承説を執ったので、ムラードが帝位に登ることとなったのだ。然るに即位以来幾《いくば》くもなく、帝の病状次第に重く、遂に発狂状態に陥ったので、アブドゥル・ハミッドが、愈々《いよいよ》帝位を継ぐこととなった。而して新帝は、ミドハト・パシャの勧告に従い、憲法の編纂を命じ、同年十二月二十二日、ミドハト・パシャを首相に任じ、翌二十三日、新憲法を発布した。これが名高き一八七六年のトルコ憲法であって、その要点は左の如くである。

トルコ帝国の総ての臣民は、宗教の如何を問わず、一様にオトマンと呼ばれ、全く同等の権利義務を有する。議会は元老院及び衆議院の両院より成り、毎年一回十一月一日に開き、翌年三月一日に閉じる。元老院議長及び議員は、皇帝これを勅選し、任期は終身である。その資格は、大臣・総督・聯隊長・大判事・陸海軍将官等にしてその職を退ける四十歳以上の男子たるを要し、衆議院議員数の三分の一を超えざること。衆議院議員は、満三十歳以上の男子にして、トルコ語を解し、破産・禁治産の宣告を受けず、全国の男子五万人に対し一名の割合を以て、一定の税額を納むる満二十一歳以上の男子の選挙によって選出せられ、その任期は四年である。法律案及び予算案は内閣これを議会に提出し、両院の協賛を経て、皇帝の裁可を得るを要する。両院の一より要求する法律は、皇帝の裁可を得て、参事院これを起草することとなった。

青年トルコ党の目的は、この憲法発布によって、成就の第一段を踏んだかの如く見えた。さりながら、新帝アブドゥル・ハミッドは、表面改革に賛成し、而して賛成を装《よそお》うことによって、容易に帝位に登るを得たが、実は廃帝よりも恐るべき改革の憎悪者であった。彼は憲法による帝権の制限を欲しなかった。而して、それにも増して、ミドハト・パシャの声望を嫉《ねた》んだ。彼は密《ひそ》かに守旧派の勢力を糾合し、憲法発布後幾くもなく、突如ミドハト・パシャを斥けた。彼は固より憲法をも廃止せんと欲したのであるが、一旦《いったん》発布して直《ただ》ちにこれを廃止しては、人民の激昂を招くべきが故に、暫《しばら》く放置して機を待つこととした。かくてトルコ最初の議会は、翌一八七七年三月開会せられ、同六月無事に閉会したが、翌一八七八年の議会は、皇帝並に政府に反対せるため、直ちに解散を命ぜられ、憲法は廃止せられなかったが、理由を述べずに中止されてしまった。

爾来《じらい》アブドゥル・ハミッドは、全力を挙げて青年トルコ党の剿絶《そうぜつ》を企てた。彼は近衛兵を増して宮中の警戒を厳にし、極度に言論出版を抑圧し、盛んに秘密探偵を放ちて、危険人物の動静を監視した。彼は最もミドハト・パシャを恐れた。ミドハトの野に在る間、彼の眠りは安きを得ぬ。かくて一八七九年五月、ミドハトは廃帝アブドゥル・アズィズを弑《しい》逆《ぎゃく》せりと云う根も無き罪名の下に捕えられ、一度び死刑を宣告されたが、この無道なる処置は、列強の激しき反感を招けるため皇帝は死刑を取消《とりけ》して、終身流刑に処すべきを宣告し、これを中部アラビアの一邑タイフに護送した。而して一八八三年七月、この愛国者は、皇帝の密かに遣わせる暗殺者のために、六十一歳を以て、配所に非命の最期を遂げた。一旦埋葬に附せられたる彼の死骸は、再び掘出《ほりい》だされ、その首を切りて箱詰となし、箱の上にはフランス語にて「日本製象牙細工」と貼札して、遥かに皇帝の許に送られた。

四　臥薪嘗胆の三十年

アブドゥル・ハミッドの極端なる圧迫は、青年トルコ党を雌伏せしめた。その領袖《りょうしゅう》は、多く国外に亡命した。而も彼等は、決して初志を翻《ひるがえ》さなかった。一八九〇年代に至り、仏国パリに集まれる青年党の亡命志士は、ミドハト・パシャの遺志を継いで故国のために戦うべく、一個の団体を組織し、パリ及びスイス・ジュネーヴを中心として、国外に在る志士の団結を企て、両市に機関紙を発行して、主張の宣伝に努めた（註1）。当時両機関紙上に発表せられたる言論は、極めて穏健なるものなりしを以て、ヨーロッパの公衆は、多大の同情を彼等に注いだ。初め彼等は、ムラード・ベイを推して首領としたが、後に彼は同志を裏切り、結社の秘密をアブドゥル・ハミッド帝に告げたるがため、彼等の運動は少からず阻止された。而も彼に代って団体を率いたるアーメッド・リザ・ベイはその真摯なる努力により、能く続出せる難局に処し、着々団体の発展を遂げしめた。この団体が、取りも直さず「オトマン統一進歩協会」である。

彼等は、皇帝が八方に配置せる密偵の目を潜り、一切の困難と戦いて、熱心なる宣伝を行い、東欧・小亜及びエジプトに於て多数の同志を得た。党勢の拡張と共に、彼等の主張は、次第に戦闘的となって来た。この頃に至りて、党内の言論は、パリ及びジュネーヴに於ける実行委員をして、憂を抱かしめたるほど積極的となった。ここに於いてオトマン統一進歩協会は、一九〇二年、具体的政綱を協定するの目的を以て、パリに会議を開き、諸方の代表者四十七名の出席を得た。この会議に於いて、下の四大綱領が決議された。

一　法律の範囲内に於いて、現帝室に対する忠誠を宣言すること。

二　回教教義の信奉者間に、近世の進歩的文化を弘布すること、並に平等観念に基き、他宗教を擁護すること。

三　回教徒たると非回教徒たるとを問わず、全トルコ臣民の間に政治的協調を実現すること。

四　政治の基礎として、一八七六年に発布せられたる憲法を採用すること。

この会議に出席せる代表者中には、トルコ人あり、アラビア人あり、ギリシャ人あり、ユダヤ人あり、アルバニア人あり、アルメニア人ありて、各々《おのおの》異なれる利害関係を有せるが故に、激しき論争が行われた。さりながらアブドゥル・ハミッドの政治に対する不満は、総《すべ》てに共通であり、且専制政治を倒すと云う目的に於いて一致したために、兎《と》に角《かく》にも叙上《じょじょう》の決議に達するを得た。而もその後に至り、それぞれの民族が各自の運動を始め、アルメニア人は「革命同盟」を組織し、マケドニアには「ブルガリア国内団」の組織を見るに至り、青年トルコ党は、漸《ようや》くトルコ人のみの団体たるべき傾向を生じて来た。

既にしてマケドニアに於けるキリスト教徒の反皇帝運動は、次第に激しくなって、暴動の頻発を見るに至った。トルコ政府は、これに対して苛酷なる圧迫を加えたが、形勢は益々悪化するのみであった。英仏伊三国は、キリスト教民保護を名として、先ず国際憲兵をマケドニアに配置し、その処分案を協議するに至った。青年トルコ党は、外国勢力の侵迫を憤ったが、同時にこの事によりて、政府の威力行われざるに乗じ、故国に接壌《せつじょう》せるマケドニアに於いて、改革の宣伝に従う便宜を得た。

一九〇五年に至り、マケドニアの秕政改革を目的として、一団の同志が「自由協会」を組織し、本部をサロニカに置いて、盛んなる活動を開始した。この団体は、青年トルコ党と、その根本目的を同じくせるが故に、両者の間に提携の議起り、一九〇六年、自由協会は統一進歩協会に併合し、爾来サロニカに青年トルコ党中央委員本部を設け、改革運動の中心をこの地に置くことになった。而してこの時より、彼等の運動は、頓《とみ》に実行的となった。

註1　パリに於いて発行せられたるは日刊「相談 Meshvert」、アーメッド・リザ・ベイこれが主筆たり。ジュネーヴのは毎月二回雑誌『新月 Halal』、ハリール・ガネムこれが主筆たり。ガネムは、後にパリに於いて日刊「青年トルコ La jeune Turquis」を発行した。

五　青年トルコ党の組織

吾等は、茲に青年トルコ党の組織、並にその運動方法に就て述べねばならぬ。青年トルコ党は皇帝の最も油断なき警戒の下に、密偵の目をくらましつつ活動せるものなるが故に、秘密が第一のモットオであった。そはパリに三名より成る評議会、サロニカに十名より成る評議会を置いた。議員は、秘密投票によりて選ばれ、且屢々これを代えた。而して党の秘密顧問機関として、抽籤《ちゅうせん》によって就任する六名の委員を設け、一切の運動に関してこれに諮問する事になって居た。党員は、この頃に至りて、マケドニアのみで一万五千人、トルコ全体で八万人に達したが、各百五十人を以て一団とした。各団には、二名の幹事を置き、一名はサロニカの評議員と接触を保ち、団の行動を指揮するもの、他の一名は、これを監視して、その裏切を防ぐために置かれた。而して各団は、五人よりなる班に分たれ、党員は唯だ班を同じくする四名の同志を知るのみで、その他は何人が党員であるかを知らない。

会員の召集は、必ず口頭を以て行われ、決して文書を用いぬ。而してこの伝達には、婦人が多くその任に当った。会合の場所は、能《あと》う限り人里離れし地を選び、屢々森林中に開かれ、会員は悉《ことごと》く覆面して出席する。委員は幹事の外、言を発することを許されない。新たに入党するものは、極めて厳格なる手続を経ねばならぬ。志願者は、目隠しをして、ある集合所に連れ行かれ、党の目的及び会員の義務を打明けられ、秘密を厳守すべきこと、及び決して変心せざることを誓いて、初めて党員となる。

宣誓式は森厳悽愴《しんげんせいそう》を極める。党員は、コランの上に置かれたる拳銃と剣との前に立ち、入党の上は、肉体と魂とを、総て党のために献げ、党の命令あれば、その兄弟を殺すことをも辞すべからざる旨を言渡され、然る後に下の如き誓言をなさねばならぬ――

「一滴の血、わが肉体に残らん限り、吾は国民と自由と真理とのために戦わん。アラーとマホメットの名に於て、吾これを誓う」

党員は、収入の二分を党費として納め、何時にても家族・事業・友人を棄てて、召集に応ずるの覚悟を有たねばならぬ。集められたる党費は、他の寄附金と共に、主として武器・弾薬の購入に費やされ、且革命に際して生命を失うことあるべき同志の遺族扶助金として積立てられた。

党の敵、並に裏切者に対しては、党内の秘密裁判機関に於いて、事件を審査した上、必要の場合には死刑を宣告する。敵とは、党員又は党そのものに対し、その活動を阻止する迫害を加える者を謂《い》い、裏切者とは、党の秘密を官憲に密告し、又は運動計画を阻害する者を謂う。而して死刑の執行は、この目的のために設けられたる暗殺団これに当る。かくの如き組織の下に、青年トルコ党はその党員に向って、下の如き行動に出づべく準備せんことを求めた。一、官憲の行動に対し、武器を以て抵抗すること。二、政治的並に経済的罷業によって、武器を用いざる抵抗を行うこと。三、納税を拒むこと。四、軍隊に宣伝して、革命勃発の際に、人民の敵に立たしめざること。五、全般的暴動の準備に努むること。

叙上の諸計画のうち、青年トルコ党が、最も力を注ぎたるは、実にマケドニア軍隊の誘致であった。蓋しトルコ政府はコンスタンチノープルの親衛軍には特に高給を与え、衣食共に優遇し、且兵卒の士官進級制度を設け、その忠誠を買うに努めて居たが、地方軍隊は全くこれと事情を異にし、財政の困難、官吏の腐敗等によって、給料の支払常に遅滞し、被服食料の給与、また不充分なりしため、不平はいつも絶えなかった。かくの如き将士の不平は、青年党の乗ずる所となった。彼等は予期せるよりも容易且迅速に、軍隊を味方とすることができた。改革主義は、燎原《りょうげん》の火の如く軍隊に拡まった。一九〇七年暮までに、サロニカ及びモナスティルに駐屯せる第三軍団の全部は、青年党に加盟して忠誠を誓い、アドリアノープルに在る第二軍団は、明らかに青年党の運動に賛同の意を表し、小亜エルゼルム駐屯軍団の将士、また彼等と行動を共にすべきを誓うに至った。

かくてこの年十二月、青年トルコ党は、第二回総会をパリに開催し、下の三カ条を協定した。第一、アブドゥル・ハミッド帝の廃位。第二、現在政治の徹底的変革。第三、一八七六年憲法の確立。

この協定は、第一回のそれに比し、著しく積極的となって居る。そは明白に、近き将来に於ける革命を暗示せるものである。固より党内には、穏健説を主張する者があった。パリ及びジュネーヴ支部の党員は、多く穏健派であったが、マケドニア及びトルコ本部の党員は、既に軍隊を後援とし、力によって憲法を皇帝の手より奪取すべく、堅き決心を抱いて居た。而して只管《ひたすら》この目的のために準備した。

六　青年トルコ党の勝利

青年トルコ党は、準備既に成れりと信じた。彼等は、何らか突発の事件あらば、これに乗じて蹶起《けっき》すべく、満を持して待構《まちかま》えた。されど事件は容易に起らない。かくて彼等は、自ら進んで事を挙げねばならぬと悟り、一九〇八年八月三十一日、皇帝の即位記念日を以て、一斉に起《た》つべく計画した。然るにその後の事情は、彼等をしてこれよりも早く事を決行せしむるに至った。

これより先、皇帝の密偵として、多数の部下と共にサロニカに駐屯せるナズィム・ベイは、マケドニアに於ける青年トルコ党の陰謀、並に軍隊不穏の形勢に関し、委細を皇帝に報告した。皇帝は、彼の報告によって、事態の容易ならざるを知り、一九〇八年三月、マケドニア及びアドリアノープルの兵営に於いて、若干の将校及び兵士を逮捕せしめ、特別委員をサロニカに急派して、事件の審査に従わしめた。審査の進行につれて、形勢は次第に明らかになって来た。皇帝は、その報告に驚倒し、直ちに第二特別委員一行を急派し、断乎たる処置を執るべく準備した。

モナスティル兵営の一年少士官、ニアズィ・ベイ少佐は、最早狐疑すべき時でないと思った。逡巡踟躕《ちちゅう》する間に、皇帝をして事に備うるの準備をなさしめるならば、青年トルコ党は、遂に蹶起の機会を失うべきを憂えた。かくて彼は、身を殺して革命の狼火たるべく決心した。一九〇八年七月三日、彼は下の書翰を義弟に宛てて書いた。

「僕は神の冥助の下に、一時間以内に出発せねばならぬ。だから僕は吾志せる計画を君に告げ、僕斃《たお》れたる後は、慎重迅速にこれを実行することを頼んで置く。千言万語、竟に無益だ。君は僕の行動が何のためなるかを知る。僕は為すなくして生きるより、寧ろ死を択ぶ。だから僕は生命を投出してくれた二百の部下に、モーゼル銃を荷わせて、その先頭に立って死にに行くのだ。妻のことは神様に任せて置く。その他のことは、僕の死か、国家の安全かあるのみだ」

かくてニアズィ・ベイは二百の決死隊を率い、レスナ山上に革命の旗を樹《た》て、憲法復興を宣言した。彼は啻《ただ》にその生命を失わざりしのみならず、兵士の来り投ずるもの相次ぎ、日ならずして数千を算するに至った。皇帝から「一切の価を払ってニアズィ及び部下の将卒を捕えよ」と電命せられしシェムシ・パシャ将軍は、七月七日、却《かえ》って部下の一将校に射殺された。マケドニアの全軍隊は、革命に左袒《さたん》〔味方〕した。十三日には、マケドニア監軍参謀にして、夙《はや》くより青年党の有力なる幹部たりしエンヴェル・ベイ少佐が、サロニカを脱してレスナに来り、ニアズィ・ベイと行動を共にした。而してこの日彼等は、各国領事に宣言書を送致して、革命の因縁及び目的を説明し、同時に皇帝に打電して、二十六日まで憲法回復の詔勅出《い》でざる時は、革命軍は直ちに宮城を衝《つ》くべしと迫った。七月二十二日に至り、ニアズィ・ベイは、何らの抵抗を受けずして、モナスティル市を占領し、第三軍団司令長官オスマン・パシャ元帥を虜《とりこ》とした。皇帝は八方に打電して、叛乱鎮定のために、軍隊をマケドニアに進むべしと命令した。而して何人もこれに応じなかった。

内閣会議は、八月二十三日夜、民意に従って憲法を復興することに決した。二十六日に至り、無数の民衆、宮門に群集し、口々に憲法復興を絶叫した。皇帝は、止むなく、翌二十七日、憲法遵守の宣誓式を行い、サイド・パシャ以下の閣僚悉く辞職し、キアミル・パシャ首相に任ぜられて新内閣を組織することになった。全トルコは、歓喜の声に満ちた。革命の功勲者エンヴェル・ベイは、この日サロニカの自由街に於て、熱狂せる民衆に向い、名高き下の演説をした。曰く「専制政治は今日を以て終った。吾等は総て兄弟である。トルコ人・ブルガリア人・ギリシャ人・セルビア人・ルマニア人・回教徒・ユダヤ教徒の間には、最早何らの障壁もない。同じく青天白日の下吾等は一様にオトマンたるの誇りを有する」と。

かくの如くにして無血革命が成就された。絶えて久しかりし議会は、十二月十七日を以て開かれることとなった。青年トルコ党は、執政を旧時代の政治家にして進歩主義なる者に任せ、その背後にありて彼等を操縦せんとした。然るに首相キアミル・パシャは、閣員の多くが、青年党の傀儡に過ぎざることを喜ばず、彼等の掣肘《せいちゅう》を脱すべく、内閣改造を企て、先ず陸相アリ・リザを他に転ぜんとし、茲に忽《たちま》ち内閣の分裂を生じ、恰《あたか》も開会せる議会より猛烈なる攻撃を受け、遂に辞職するの止むなきに至った。於是《ここにおいて》ヒルミ・パシャ首相となり、アリ・リザ及び前内閣大臣のある者と共に新内閣を組織し、愈々青年党の代表内閣となった。

かかる間に、トルコ帝国内のキリスト教民は、革命の変乱を好機として離叛を企て、ブルガリアは独立を宣言し、ボスニア・ヘルゼゴヴィナはオーストリアに併合し、同時にクリート島もギリシャに併合を宣言するなど、国事多端を極め、国威宣揚・利権回収を標榜せる青年党の主義を裏切れる事件続発せるため、青年党の反対者等は、その責を青年党の無能に嫁し、荐《しきり》に非難の声を放った。

巧慧《こうけい》機敏なる皇帝は、この形勢を見て、巧みに守旧派並に僧侶階級を糾合し、財を散じて「回教同盟」を組織せしめ、新政に不平なる親衛軍を煽動して、青年党に対する反感敵意を抱かしめた。かくて一九〇九年四月十三日、皇帝の手先に教唆せられたる約二個大隊の近衛兵は、突如兵営を出でて、議事堂及び電信局を包囲し、議会を強迫して内閣顚覆運動に同意せしめ、更に皇帝に奏請する所あらんとして宮城に向った。皇帝は欣然として彼等を迎え、その罪を問わざる旨を告げ、翌日軍を解きて兵営に帰らしめた。ヒルミ・パシャは、即日職を辞した。皇帝はテゥフィク・パシャに新内閣組織を命じ、且あくまでも憲法を遵守《じゅんしゅ》すべき旨を人民に布告した。

　青年トルコ党の領袖は、悉く退京してサロニカに走り、憲法危しと叫んで再挙を図った。軍隊は、一斉に彼等と共に憲法擁護のために戦うべきことを誓った。かくて四月二十一日、マームード・シェフケト・パシャは、マケドニア諸軍団及び義勇軍を率いてコンスタンチノープルに進軍し、日ならずしてこれを包囲した。二十四日払暁、革命軍は、闇に乗じてサン・ステファノよりコンスタンチノープルに進入し、反革命軍と戦って、悉くこれを降し、翌二十五日、宮城を占領し、皇帝を虜とした。皇帝は、過日の政変と全然関係なきことを弁明した。革命軍は、固より耳を藉《か》すべくもない。二十七日早朝より開かれたる上下両院議員の秘密会議は、皇帝を廃し、皇弟レシッド・エフェンディを即位せしむることを決議し、その如く断行した。レシッド・エフェンディは即ちムハマッド五世である。同時にテゥフィク内閣倒れ、ヒルミ・パシャ再び新内閣を組織することとなった。廃帝アブドウル・ハミッドは、翌二十八日午前二時闇路《やみじ》をサロニカに送られた。三十年に亙る青年トルコ党の長き戦いは、遂に勝利を以て報いられ、トルコ憲政史は、茲に一段落を告げた。

註　前節及本節は、主として Angus Hamilton : Problems of the Middle East, The Story of the Young Turks Party 及び Sir Edwin Pears : Abdul Hamid 第十二章及び第十三章に拠った。

七　青年トルコ党に対する理由なき非難

憲法政治は、兎にも角にも、確立された。新帝ムハマッド五世は、温厚無力なる君主なりしが故に、トルコ帝国の実権は、青年トルコ党の実行機関、統一進歩協会の掌裡に帰した（註1）。而してこの時より今日に至る彼等の政策並に施政は、実に深甚無限の教訓を、吾等に与えるものである。

これを事実に就て観れば、青年トルコ党治下のトルコは、依然として百年来の衰退を続けて行った。ヨーロッパに於いてはコンスタンチノープルとこれに接壌する小部分との外、その領土の全部を失い、アフリカに於いてはイタリアのためにトリポリを強奪せられ、加うるにアジア・トルコの諸民族を離叛せしめた。国民は毫《ごう》も進歩せず、財政の窮乏は甚しきを加え、行政の腐敗もまた改まらなかった。而して最後に、彼等が試みたる乾坤一擲《けんこんいってき》の大賭博も、ドイツの惨敗によって見事に外れた。平和会議に際して、米国の星旗がパリの天に翻ったのは、トルコの弦月、既にヨーロッパの空に沈めるを示す黙示の如く見えた。而して青年トルコ党は、トルコの悲運に対する全責任を負わされた。世界の輿論は、トルコ亡国の罪を、挙げて彼等の無能と失策とに帰した。固より吾等と雖《いえど》も、青年トルコ党を瑕《きず》なき玉と信ずるものでない。又は牽強附会して彼等を弁護せんとするものでもない。唯だ吾等は、故意に黒く塗られたる彼等の顔を見るに忍びない。吾等は、悪意の塗抹《とまつ》〔塗り潰し〕に蔽《おお》われたる、彼等の真個の面目を明らかにせねばならぬ。

吾等の固く信ずる所によれば、トルコ革命をして、有意義なる効果を挙げ得ざらしめたる数々の原因のうち、最も重大なるものは、実にヨーロッパの新トルコに対する悪意そのものである。ペルシャ革命が、利己貪婪の英露両国によって、無慚《むざん》に蹂躙された如く、トルコ革命も、また欧洲列強のために蹂躙されたのだ。一言にして尽せば、列強はトルコが革命によって強大となることを、恐れ且憎んだのだ。ロシアとオーストリアは、第一にトルコ革命の成功が、自国の革命党、並に自国内の諸民族に及ぼす影響を恐れた。第二に彼等は、強大トルコの出現が、彼等多年の宿願、コンスタンチノープル進出及びサロニカ進出の希望を、水泡に帰せしむべきことを恐れた。イギリスもまた、トルコの恢弘を恐れた。若し青年トルコ党の理想実現せられるならば、エジプトとサイプラスとを失わねばならぬかも知れぬ。青年党が見事に政治的成功を遂げるならば、インド及びその他の領土に、自治運動乃至独立運動を激成するかも知れぬ（註2）。この憂慮は、フランスも等しくこれを抱ける所である。フランスは、アルジェリ・テュニズィに及ぼす新トルコの感化を恐れ、且従来近東キリスト教民の保護者として、アジア・トルコに占め来りし特殊の地位を失うことをも恐れた。かくて列強は、直接又は間接に、トルコに憲政行われ、責任政府樹立せられ、而して国運の挽回せらるるを妨げた。オーストリアがボ・ヘ二州の併合を宣言した時、列強は何の抗議をも提出しなかった。イタリアが、宣戦もせずにトリポリ劫掠の非道を敢《あえ》てせる時も、列強は唯だトルコの弱めらるることを喜んだ。再度のバルカン戦争に際しても、列強は種々なる口実の下に、トルコを弱めることに協力した。而して一方世界に向って、トルコは憲政に適せず、青年党は空想家にして、政治的能力なしと宣伝し、その信用を失わしむることに努めたのだ。

青年トルコ党の事業を至難ならしめたる、第二の重大なる原因は、バルカン諸邦の離叛であった。バルカン諸邦は、一度びはエンヴェル少佐の演説に有頂天となったが、幾《いくば》くもなく復《ま》た国民運動・分離運動に没頭し初めた。而して目前の利益に魂を奪われたる欧洲列強は、互に利害関係あるバルカン諸民族を煽動又は後援して、トルコ帝国と事を構えしめ、一方青年トルコ党を窮地に陥るると共に、他方彼等自身の破滅を招ける、世界戦の種を蒔《ま》きつつあった。

第三に青年トルコ党を困惑せしめたるは、帝国の民衆が、多年の専制政治の下に、全く政治的訓練を欠いて居たことであった。トルコ帝国の人民は、実に宗教を異にし、血液を異にし、言語を異にせる、雑多なる要素より成って居る。これら異分子の「統一」と「進歩」とは、青年党の最も愛着せる主義ではあったけれど、彼等の間に築かれたる障壁は、到底一朝にして取去らるべくもなかった。加うるに彼等は、立憲政治に対して何らの理解もなき無智の民なりしが故に、立憲政治と専制政治との間に、何の相違あるかさえも知らなかったのだ。従って青年トルコ党は、民衆のために戦えるに拘らず、民衆の後援を期待すること、又は適当に民論を喚起することもできなかった。

叙上の諸原因より来れる種々なる内治外交の紛糾は、断じて青年党の罪でない。如何なる政治家がその局に当っても、必ず遭遇すべき難関である。故に吾等は、これらの点に於いて、啻に彼等を責めざるのみならず、無限の同情を彼等のために注ぐ。青年トルコ党に対する真個の批判は、これらの難局に際して、彼等が実際行える政策に就て加えられねばならぬ。而もこの点に関し、仮令吾等は深甚なる敬意と同情とを、彼等の心事と努力とに対して払うとは言え、その実際政策に対しては幾多の遺憾を感ぜざるを得ぬ。

註1　新帝は、廃帝アブドゥル・ハミッドの即位と同時に、一宮殿内に監禁された。彼は皇嗣を中心として、自己に対する陰謀を企てる者を怖れたのだ。かくて先帝在位三十余年の間、後宮と少数の宮内官以外、何人を近付けることも許されず、何時その生命を奪われるかも知れぬ懸念の下に、戦々兢々たる生活を送って来た。従って新帝は、慈愛に

富める温良な老人ではあったが、革命後の難局に処して、トルコを統治すべき素養を有せず、人民からは「イラーデ」器械と呼ばれて居た。イラーデは勅令のことである。守旧派は、一度新帝を擁立して、青年党を抑えんと企てたが、この陰謀は直ちに圧迫され、首謀者十三名は悉く死刑に処せられた。その一人は実に皇婿であった。帝は、親ら内相タラート・パシャの前に跪き、皇婿のために特赦を哀願した。而もタラートは、断乎としてこれを斥け、数日の後、絞刑に処せられた皇婿の憐れなる姿は、公衆の前に曝《さら》され、トルコ帝国に向って統一進歩協会の威力を示す実証となった。

註2　或は下の如く反問する者あらん。曰く「英国は多年トルコ保全を主義とし、露国のコンスタンチノープル進出を阻止すべく、トルコの強大を欲したりしに非ずや」と。されど英国は、一九〇三年五月五日に、時の外相ランスダウンおよびエレンバラー卿の声明によりて、コンスタンチノープル政府を根本より一変して居る（Jäger : Persien und Persische Frage 第三頁）。一九一六年四月二十七日、トルコ外相ハリール・ベイは下の如く演説した。曰く「英国は、ドイツの屈服を以て根本政策となし、これがためにトルコを犠牲としてロシアと結ばんとした。曽て英国は、露国のコンスタンチノープル進出を以て、インドを脅威するものとなし、トルコ保全を根本政策として、吾等と親善なる関係を結ばんとした。然れども一度び東洋の新興国日本と同盟し、これによりて露国より来るインドの危険を除き得たると同時に、英国は最早インドに顧慮する必要を見なくなった」と（Schäfer : Entwicklung der Bagdadbahnpolitik 第五六頁）。

八　青年トルコ党の政策に対する批判

青年トルコ党の根本政策は、雑多を極むる帝国の人民全体を「トルコ化」することに由って、トルコ帝国の統一を実現するに在った。彼等の「統一」の原理は、実にトルコ主義そのものであった。これは、原則としては、毫も非難すべき理由を見ない。覚醒せるトルコ精神から、かくの如き政策が生れることは、最も自然であると言わねばならぬ。唯だ不幸にして、彼等は余りにこの政策の実現を急いだ。換言すれば政策実現の方法に於いて、余りに性急であり、非現実的であり、余りに単純無策であった。

トルコ主義を基礎として、国民的生活を有効且迅速に建設し得るための根本条件は、トルコ民族が、トルコ帝国内の諸民族中、最も多数に、最も活動的に、最も文化的なる要素であることでなければならぬ。この条件さえ確実であれば、帝国の性急なるトルコ化も、決して不可能とせぬ。

トルコ人は、数に於ては固より帝国内に第一位を占めて居た。バルカン戦争以前に於て、ヨーロッパ・トルコのトルコ人は約二百五十万、アジア・トルコに於て約七百五十万を算せるが故に、一民族としては、言うまでもなく最大多数であり、全人口の約四割に当る（註）。これらのトルコ人は、これを二つの階級に分ち得る。一は、主としてアナトリアに住する農民であり、最も剛健なる分子であるが、第十九世紀を通じて頻発せる戦争に徴発せられ、多く優秀なる男子を失った。他は、地主・官吏・将校等を含む治者階級であるが、概ね無為怠惰にして、特権によって栄え来れる亡国的分子である。帝国内に於て、実際に要位を占めて居た者は、トルコ人以外の民族であった。陸軍に於ては、アルバニア人・クルド人・スィルカスィア人が、トルコ人よりも多くの有為なる将校を出して居た。宗教・教育・行政の方面に於ても、主長はトルコ人であったが、実際事に当れる次位の官吏は、アラビア人・アルバニア人もしくはキリスト教民であった。かくてトルコ人は、決して帝国内に於ける最も文化高き民族でもなく、最も活動力ある要素でもなかったのだ。唯だそれトルコ人は、トルコ帝国の一切の民族に比して、遥かに優越せる天賦と素質とを具《そな》えて居ることは、真実なるトルコ研究者の等しく確認する所なるが故に、これを適当に指導訓練すれば、疑いもなく帝国の堅固なる中枢たり得るであろう。青年トルコ党は、先ず心をこの点に注ぐべきであった。然るに彼等は、在るがままのトルコ人を基礎として、惶《あわただ》しくトルコ主義を確立せんとしたために、その志業は蹉跌《さてつ》せざるを得なかった。

旧専制政治時代の異民族統治は、無為放任主義であった。固より不正あり腐敗あり、而して賄賂公行して居たが、人種的反感は殆ど無かった。アルバニア・クルディスタン・メソポタミア・アラビア等は、この放任政策によってトルコの領土として残れるもの。旧トルコは、長い間、決して権威を以て彼等に臨むことなく、トルコ官吏は、名目のみの支配者であって、実は各部族の酋長が、それぞれの地方を統御して居た。旧政府は、謀略を以て彼等を誘い、好餌を以て懐柔し、それ故に事なきを得て来た。

然るに青年トルコ党は、前後の事情、内外の形勢を顧みず、真向よりその理想を振翳《ふりかざ》した。彼等は、憲政治下のトルコ統一を直ちに断行し、アルバニア・アラビアに与えられたりし自治権を撤廃し、全国一様に租税兵役の義務を課し、中央政府の権力を、帝国の隅々に普《あまね》く行渡らせようとした。而してその結果は、忽ちアルバニア・ハウラン・メソポタミア・アラビアに於ける叛乱を激成し、巨額の経費と数千の生命とを失いて、而も何の得る所もなかった。この性急なる政策の失敗に対しては、彼等あくまでもその責を任うべくある。

青年トルコ党は、一面に於てかくの如く急進的であり、且余りに急進的なりしが故に失敗せるに拘らず、他の最も重大なる方面に於て、極めて妥協的態度に出た。彼等は専制皇帝を更えた。而も専制政治の下に特権を享有せる亡国官僚階級に対しては、殆ど一指を染めなかった。革命精神を徹底せしめんと欲せば、彼等は必ずこの階級を掃蕩しなければならなかったのだ。一九〇九年の反動革命は、最も明白に、権力を旧官僚に持続せしむるの危険を彼等に悟らしめた。かくて彼等は、全力を挙げて軍隊を支配するに努めた。さりながら文官階級に対しては、啻に何事をも為さざりしのみならず、寧ろこれと妥協した。彼等の執れる政策は、旧時代の官僚をして、そのまま新しき憲法政治の実際に当らしめ、彼等自身は、裏面に在りてこれを操縦し監視するに在った。吾等は、何故に青年トルコ党が、先帝廃位の時、従来の秘密結社の覆面を脱棄て、公々然一個の政党として現われ、旧官僚階級を一掃して、自ら責任ある政治的地位に立たざりしかを怪しむ。かくすることに由って、彼等は少くとも革命の精神を、一般国民の間に、ある程度まで鼓吹し得たであろう。而して少くとも彼等が欲せるトルコ人の覚醒に、幾分かの役に立ち得たろう。吾等は、事の茲に出でざりしを、極めて遺憾とする。或は青年トルコ党員は、長く国外に放浪せるがために故国の政情に暗かりしと言い、或は多く年少者にして政務の実際に通ぜざりしと言い、彼等の妥協を以て止むなきに出でたるが如く唱える。さりながら、孰《いず》れの国に於ても、革命が練達せる老政治家共によって成された例はない。

青年トルコ党は、表面責任ある地位には立たなかったが、その理想を実現するためには、革命後の政局を、専制的に指導せねばならぬことを知って居た。青年党の実行機関「統一進歩協会」はコンスタンチノープルに本部を設け、あらゆる都会に党員を配置した。コンスタンチノープルには約四十名の領袖蟠踞《ばんきょ》し、秘密に会合して計画を討議し、党員に命じて必要なる行動を執らしめる。彼等は固より内閣及び議会に於て必要なる椅子を占めては居たが、而も依然たる一個の秘密結社として、背後に隠れて政治を左右するの手段を採ったのだ。而してかくの如き手段によって、能く内閣と議会とを支配した。彼等の命令を奉ぜざる宰相・大臣は罷められ又は殺された。いま彼等の威圧政治の最も鮮やかな実例を下に述べる。

一九一二年七月、青年トルコ党は、内政外交共に失敗を重ねたりとの故を以て、政権を反対党たる聯合自由党に渡さねばならなくなった。その結果としてキアミル・パシャを宰相とし、陸相ナズィム・パシャを中心とせる内閣が組織された。この内閣は、不幸なるバルカン戦争の当路者として、一九一三年一月、列強の勧告によりアドリアノープルをブルガリアに譲歩することを承認した。隠忍六カ月、虎視眈々《こしたんたん》として機を覗《うかが》える統一進歩協会は、直ちにこれに乗じて起った。彼等は、トルコ第二の聖都ア市を失うは、土国そのものを失う第一歩だと呼号して民衆を激昂せしめた。而して一月二十六日、三名の領袖タラート、エンヴェル及びジェマルが、自ら先頭に立ち、二百名の部下を糾合して、恰も閣議中なりし内閣に殺到した。ナズィム・パシャは、囂々《ごうごう》たる怒号を耳にし、何事ならんと玄関に立出で、喧騒せる群衆を見、片手に煙草を持ち、片手を衣嚢《いのう》〔ポケット〕に入れたまま、笑って彼等に向い、「小供達！　一体何のために騒ぐのだ、やかましくて邪魔になるじゃないか」と言いも終らず、群衆の中より放てる一弾に射られ、その場に絶命した。群衆は更に会議室に乱入し、銃口を八十歳の老宰相に擬《ぎ》し、即座に職を辞せしめた。かくてマームード・シェフケト・パシャ内閣の出現となったが、幾くもなくサイド・ハリムを首相とし、三名の青年党首領相次いで入閣し、タラートは内相、エンヴェルは陸相、ジェマルは海相となった。トルコを率いて世界戦に参加したのは、即ち三領袖を中心とせるこの内閣であった。

註　F. C. Endres : Die Türkei 第一六一頁に拠れば、バルカン戦前に於ける帝国内の民族数は下の如し。

ヨーロッパ・トルコ

ヨーロッパ・トルコ	トルコ人	二、五〇〇、〇〇〇
	ギリシャ人	一、五〇〇、〇〇〇
	アルバニア人	一、〇〇〇、〇〇〇
	ブルガリア人	七〇〇、〇〇〇
	セルビア人	七〇〇、〇〇〇
	ユダヤ人	一九〇、〇〇〇
	アルメニア人	一五〇、〇〇〇
	ルマニア人	一〇〇、〇〇〇
	非トルコ人合計	四、三四〇、〇〇〇
	総　計	六、八四〇、〇〇〇

アジア・トルコ

トルコ人	七、五〇〇、〇〇〇
シリア及びアラビア人	五、〇〇〇、〇〇〇
クルド人	一、二五〇、〇〇〇
アルメニア人	一、七〇〇、〇〇〇
ギリシャ人	一、〇〇〇、〇〇〇
ユダヤ人	三〇〇、〇〇〇
その他	四〇〇、〇〇〇
非トルコ人合計	九、六五〇、〇〇〇
総計	一七、一五〇、〇〇〇

即ちヨーロッパ・トルコに於て両者の比例は一に対する一・七四であり、アジア・トルコに於ては一に対する一・三であり、両者を併せれば一に対する一・五となる。

九　青年トルコ党の三領袖

一九一三年に赴任し、一九一六年二月米国が世界戦に参加するまで、米国大使としてコンスタンチノープルに駐剳《ちゅうさつ》せるヘンリー・モルゲンソーは、その親しく交際し且交渉せる統一進歩協会三領袖の人物に就て、極めて興味ある描写を発表して居る。吾等は、モルゲンソーの叙述に基いて、彼等の性格を紹介したい。何となれば、彼等を良く知ることが、取りも直さず青年党の本質を良く知ることとなるからである。

タラート・パシャは、もと郵便集配人であったが、後にアドリアノープルの電信技手となり、それから青年党に加盟して偉大なる才幹を発揮したのである。彼は、内相に就職して、トルコ帝国の最大権力者となれるに拘らず、コンスタンチノープルの貧民町に在る古き木造の家に住み、家具は皆な粗末であり、壁には二三の刷画を懸《か》け、床には古びたる敷物を布き、その生活は実に質素簡単を極めて居た。居室の一隅に在る卓上には、曽《かつ》て生計の資たりし電信機を安置し、自ら電鑰《でんやく》を握って僚友に打電するのが、彼の楽しみの一つであった。

彼は、内閣に居らぬ時は、必ず統一進歩協会本部の机を占め、自ら党務を処理して居た。そして暇さえあれば、青年党の乱暴者と一緒に、時を過ごすのを常とした。その頑丈な骨格、巨大な背、岩のような腕節は、彼の強固なる意思を示し、事を論ずる場合には、屹度《きっと》肩を聳《そび》やかし、普通人の二倍もある偉大なる拳固を、根の生えたように卓上に置くのが癖であった。モルゲンソー曰く「今でもタラートの事を回想する時、先ず念頭に浮ぶのは、あの哄笑や、面白い話に声を放って興ずることや、室に入り来る時のどっしりした歩武や、その他彼の獰猛・果敢・無慈悲などでなく、実に彼の生命と性質とを具体化したような、彼の巨大なる拳固である」と。彼は、「今までとても、誰かがトルコを治めて来たのだ。吾々に治められぬ道理はない」と公言して、何の憚《はば》かる所もなく内相の椅子に坐り、その思うがままに政治を行った。

タラートと興味ある対照をなす者は、エンヴェル・パシャである。彼は、コンスタンチノープルの最も閑静な貴族町に住し、宏大壮麗を極めたる邸宅に住み、内親王を夫人として、豪奢《ごうしゃ》なる生活を営み、人々をしてその擁《よう》せる巨富の出処を怪しませていた。タラートが、近づき難き威厳を備えたる、堂々たる体格風貌の所有者なるに反し、エンヴェルは、瀟洒《しょうしゃ》なる風采と、婦人の如き端麗《たんれい》なる容貌との持主であった。而してタラートが、何の装飾もなき部屋で、ブルガリアの遊牧民を偲ばしめるような、トルコ帽に灰色の寝衣着で、無造作に米国大使とさえ応接せるに反し、エンヴェルは、華麗なる応接間の、一方の壁にナポレオンの肖像、他方にフリードリヒ大王の肖像を掲げ、その真中に坐って来客と会見して居た。

而もエンヴェルは、如何なる場合にも沈着と冷静とを失わぬ豪胆を有し、自己の将来又は生命を賭して冒険するに躊躇《ちゅうちょ》せざる果断を有し、常に危機を間一髪に脱して、革命指導の役目を、最も見事に勤めて来た。彼は、ドイツに学び、ドイツ帝と相識り、而してドイツの心酔者であった。彼は陸相に就任すると共に、前陸相ナズィムに心を寄せたる将校二百六十八名を一挙に罷免し、青年党員及びドイツ人を以てこれを補充し、陸軍軍制の大改革に着手した。エンヴェルの断行には、流石のタラートさえも驚き、軍隊の反抗を恐れて忠告したが、エンヴェルは耳を藉さなかった。

エンヴェルは、独帝の傀儡と見られたほど、ドイツと密接なる関係を有し、軍事使節をドイツより招聘《しょうへい》して、トルコ陸軍にドイツ的訓練を与えんとした。タラートもまたこれに賛成したのであるが、タラートの心事は、自らエンヴェルと異なり、軍事使節に伴う多大の危険を熟知しつつ、而も必要なる間だけこれを利用する肚《はら》であった。彼は、この事に就て、売国者として彼等を難詰せる国民の一代表者に対し、「吾等は、トルコが自給し得る力を獲得するまで、国家改造・国家防禦の一助としてドイツを利用するに過ぎぬ。一たびトルコが自給自立し得る日来らば、一昼夜も待たずにドイツと手を切るだけだ」と答えて居る。

最後にジェマル・パシャは、モルゲンソーによって厄介なマルク・アントニーと批評されて居る。彼は初めコンスタンチノープル衛戍《えいじゅ》総督として辛辣《しんらつ》なる腕を揮い、容赦なく反対者を迫害して、殆ど恐怖時代を現出せしめた。而も非常なドイツ嫌いで、毫もドイツ人を憎むの情を隠さず、彼等の面前で罵倒を浴せて居た。真黒の頭髪と鬚髯《しゅぜん》とが、蒼白な顔と対応して、深刻なる印象を人に与える。黒く人を射る眼は、鋭敏電光の如く、一物から一物へと、一切を直ちに透視する如く思わせる。握手するときは、万力《まんりき》の如き強い力で、相手の手を握りしめ、隼《はやぶさ》の如き眼で、相手の顔を見つめる。彼は、その容貌が示す如く、満々たる精力と、異常なる洞察力と、殺戮《さつりく》を茶飯事とする獰猛《どうもう》とを兼備して居た。モルゲンソーは、余程ジェマルが嫌いであったと見え、下の如く述べている。曰く、「三領袖のうち他の二人は、厭《いと》うべき性質と共に、人を惹付《ひきつ》ける善い性質を有って居た。タラートには、素朴な俠気《きょうき》と天真の善性とがあったし、エンヴェルには、勇気と挙止《きょし》の典雅《てんが》とが有った。然るにジェマルには、善い性質と云うべき何ものもない」と。

以上三領袖の外、当時警視総監たりしペドリ・ベイも、また有力なる党員の一人であった。彼はタラートの親友であり、最も必要なる股肱《ここう》の一人であり、而して猛烈なる国権主義者であった。彼は外国と外国人とを憎んだ。彼の最も憤慨に堪えないのは、外国大使が、トルコの内政に干渉することであった。彼に従えば、トルコはあくまでトルコ人の土地であり、トルコ人以外の者は、誰彼の別なく嫌いであった。

吾等は、モルゲンソーの数々の物語のうちから、青年党領袖の面目を彷彿《ほうふつ》せしむべき若干を、上に引用した。彼の物語は、外交官の筆としては、極めて率直淡白であり、必要なる謹慎を守る外、自由に感想を発表し、腹蔵なく論評を試みて居る。彼の紹介によって、吾等は青年党の領袖並に青年党そのものに就て多く学び得た。

青年党の領袖が、悉くドイツの手先なるかに伝えられしことは、明白に虚偽である。陸相エンヴェル・パシャを除く外、彼等は寧《むし》ろ攘夷思想の持主であり、ドイツと提携せるは、これを利用するためなりしことは、タラートの言、最も善くこれを立証する。エンヴェルその人でさえ、世界戦参加後に、モルゲンソーに向い、「トルコがドイツの恩になっているなどと、そのような馬鹿な話があるものか。ドイツこそトルコの恩を着て居るんだ」と傲語《ごうご》して居た。

三領袖の個人的特質は、直ちに青年トルコ党の本質を示すかに見える。その西欧民主的一面を代表するものはエンヴェルである。トルコ主義的一面を代表するものはタラートである。而してその武断専制政策を代表するものはジェマルである。

註　本節の記事は Henry Morgenthau が、英国雑誌 Land and Water 並に米国雑誌 World's Work に発表せる続物によった。この長篇は、後に合本して The Secret of Bosphorus 及び Ambassador Morgenthau's Story の題名の下に、英米両国に於て出版された。石川〔清〕海軍中佐これを訳し『土耳古に於ける独逸外交秘史』の題名を以て、水交社から出版されて居る。

十　世界戦と青年トルコ党

トルコが同盟国側に立ちて世界戦に参加したのは、必至の勢であった。一九一三年、タラート・パシャが青年トルコ党を率いて、トルコの実権を握った時、彼はトルコ並に自己の立場の甚しく困難なるを知悉《ちしつ》して居た。欧洲列強は、トルコの衰退を希《ねが》って居る。国家の財政は紊乱《びんらん》を極めて居る。陸海軍は崩壊の状態に在る。国内の政敵は絶えず彼等の顚覆《てんぷく》を企てて居る。而して列強は、タラートを以て無頼の冒険者と目し、その運命は決して長くないと思って居た。かくの如き間に処して、その陸海軍を改造し、財政を整理し、産業を開拓し、兼て四方よりの侵略蚕食を防ぐためには、強国との提携を必要とした。而してトルコは、如是提携者としてドイツを択んだ。モルゲンソーの言える如く、事茲に至る「一切の成行は、最も簡単明瞭であり、且避く可からざるもの」「一切の成行」であった（註1）。従ってトルコが、ドイツの与国として世界戦に参加するに至れる「一切の成行」も同様に明瞭且不可避のものであった。

さて世界戦は、文字通りにトルコを興亡の危機に立たしめた。従って一切の宣伝乃至運動に優りて、切実深刻に国民の心を動かした。少くともトルコ人は、この非常なる危機に於て、曽て見ざりしほど、強く且深く国民的に覚醒せられた。而してこの覚醒は、明確なるトルコ主義の相《すがた》を取り、国民的理想としての大トルコ主義を生んだ（註2）。而してこの新しきトルコ主義は、曽て青年トルコ党の先輩が、その西欧放浪の間に、西欧思想の流れより汲取れる国民主義に非《あら》ず、実にトルコ精神の奥に潜める、ツランの魂の泉より湧出でたるものである。青年トルコ党の領袖は今正に自覚せるトルコ人の精神を背景として、幾たびか蹉跌せるトルコ主義を、この機会に於て実行せんとした。

彼等は、主義実現の第一歩として、一九一四年十月一日、先ず治外法権の撤廃を列国に通牒した。死活の戦いに従いつつありし列国は、トルコの好意を得る必要のために、渋々ながら承認した。次で彼等は、町名標・電車標・看板その他一切の掲示に、一切英仏語を使用すべからずと命令し、次でドイツ語の使用並にギリシャ語の使用をも厳禁し、更に外国会社に向って簿記にトルコ語を用うべきことをさえ命令した。

彼等は、トルコの経済的生活を改善すべく、純然たるトルコの資本を以て、商業会社・通運会社を設立した。「ドイツ銀行」及び「帝国オトマン銀行」に代るべき、トルコ国民銀行の設立を計画した。戦後に於て、鉱山の国有を断行するの準備をなした。ドイツのバグダード鉄道を無視して、小亜に鉄道を敷設することをも計画した。ドイツの金と、ドイツの武器とを以て、コンスタンチノープルの門を護らせつつ、青年トルコ党は、着々その欲する所を進まんとしたのだ。「若し統一進歩協会が、ドイツと手を切るならば、世界戦に勝てるトルコに対し、ドイツは一指を加えざるに至るべきことは、総ての公平なる目撃者にとりて、極めて明瞭であった」（註3）。

さて戦局は幾転変した。而して最後に同盟軍の惨敗を以て終局した。パリ平和条約は、その第百五十五条に於て、下の如く定めた。曰く「ドイツは、トルコ及びブルガリアに於て、ドイツ国又はその国民の請求することあるべき一切の権利・利益及び特権にして、本条約にその規定を設けざるものに関し、同盟及び聯合国が、トルコ及びブルガリアと為《な》すことあるべき、一切の協定を認諾すべきことを約す」と。かくて聯合諸国は、トルコを彼等の俎上《そじょう》に載《の》せ、思うがままにこれを料理した。而してその結果は、即ち一九二〇年八月のセーヴル条約として発表された。この条約によって、コンスタンチノープルはトルコ帝国の首府として、皇帝はここに止まることを許されたが、トルコの領土は、アナトリアの東南山地に限局せられ、海峡両岸は列強の管理に帰し、ヨーロッパ・トルコの大部分並にアジア・トルコ中スミルナ附近一帯は、ギリシャの領有に帰し、アルメニア及びクルディスタンは独立し、パレスティナ・メソポタミア・アラビアは、英国勢力下に立つこととなった。

さりながら、トルコ問題は、決してこの条約の批准と共に解決されたのでない。タラート、エンヴェルは、既に敗軍の将相としてその姿を隠したが、青年トルコ党の精神は、断じて地を払うが如き薄弱なるものでなかった。彼等は、仮令《たとい》戦争に全敗せりとは言え、頑強に聯合諸国に反抗し、列強の傀儡たるコンスタンチノープル政府は、毫も政令を国内に行うの威望がない。而して吾等は、国家悲運のどん底にありて、尚且戦勝聯合国を敵とし、最後まで善戦健闘を続けんとする彼等の意気を想う時、青年トルコ党がトルコ人に与えたる深甚の感化を認めざるを得ぬ。そのいっさいの表面の失敗に拘らず、かくの如き万難不屈の国民的精神の奮興は、これを青年トルコ党五十年の苦衷に帰せざるを得ぬ。

さてタラート、エンヴェルの没落の後、青年トルコ党の精神を代表し、トルコ帝国のために同志を糾合して蹶起せるものは、ムスタファ・ケマール・パシャその人である。彼は、休戦直後、アンゴラに拠りて、アナトリア全土に亙《わた》る政府を組織し、シリアの残兵を収め、更に新兵を募りて、約六万の兵を徴募し、多数の露国人並にドイツ人将校を用い、砲及び砲弾に欠乏せるも、尠《すく》なからざる小銃及び弾薬を蓄積し、聯合国頤使の下に在るコンスタンチノープル政府を否定して、堂々聯合国に挑戦した。

一九一九年秋に至り、彼の勢力愈々強く、アンゴラに国民議会を召集し、正式に内治外交に関する政綱を声明した。アンゴラ政府の外交政策は、一九一八年十月三十日の対聯合国休戦条約当時、聯合国の占領に帰せざりし地方は、悉くこれをトルコ帝国領土として持続せんとするに在る。彼等は、一方労農ロシアと提携し、他方ギリシャ軍の無力に乗じ、汎く回教諸国を連衡《れんこう》し、以てトルコ帝国の遺業を擁立すべく、今現にその戦いに従いつつある。ヨーロッパに沈めるトルコの弦月は、その影尚《な》お淡《あわ》けれど、既に再び小亜の天に輝き初めたのだ。吾等は、至深の関心を以て、この新月を仰ぎ、衷心の同情を以て、その盈《えい》満《まん》を待つ。

註1　ドイツは、列強中に於て、従来トルコの片土をも侵さざる唯一の国であった。加うるにコンスタンチノープル駐劄ドイツ大使ワンゲンハイム男は、他の列国使臣に比して、遥かに有為なる外交官であった。男は、フランクフルター・ツァイトゥンク記者にして在土三十年トルコ公私の事情に精通せるパウル・ヴァイス、及びスミナルに生れ生涯を

殆どトルコで送り且エンヴェルの親友なる大使館附武官ヒューマンの両人を股肱とし、極力独土の親善を図った。而してタラート及びエンヴェルは、危険ではあるが最も有力なる後援者を彼に於て見出したのだ。

註2　Tekin Alp : Türkismus und Pantürkismus 第一頁。
註3　Sturmer : The Two War Years in Constantinople 第一五九頁。

第九　エジプトに於ける国民運動の勝利

一　急転直下のエジプト近代史

エジプトに於ける国民運動は、取りも直さずエジプト人が、彼等を縛るイギリスの鉄鎖を寸断せんとする運動である。故《ゆえ》にエジプトの国民運動を理解するためには、先《ま》ず明瞭にイギリスのエジプトに対する政治関係を知らねばならぬ。

エジプト近代史は、真個急転直下の歴史である。サイド・パシャが、一八五四年より一八六五年まで、第四代ケディーヴとして君臨せる当時のエジプトは、総《すべ》ての東方諸国の内にて、疑うべくもなく最も繁栄なる国土であった。国民は平和の裡《うち》に農耕にいそしんだ。租税は現在の四分の一にも当らぬほど軽微であった。一ピアスター（約十銭）の労銀が、能《よ》く一家を支えるに足りたほど、総ての物価が至廉であった。道路修築、灌漑《かんがい》工事乃至《ないし》その他のヨーロッパ物質文明の移植が着々《ちゃくちゃく》行われた。而《しか》して米国南北戦争は、棉花《めんか》を主要農産とするエジプトに、全く予期せざりし幸運を齎《もた》らし、その輸出額は、僅々《きんきん》二年間に数量に於《お》いて二倍、価格に於て実に三倍するに至った。かくてエジプトの国運は、順調に発展しつつあった。

然《しか》るにエジプトの国歩は、一八六三年イスマイル・パシャの襲位《しゅうい》と共に、俄然《がぜん》その方向を転じた。外燦然《さんぜん》と輝きつつ、内一切の腐敗堕落を蔵せるナポレオン三世治下の、爛熟せるフランス文化にその魂を奪われたるイスマイルは、全力を挙げてこれが模倣に努めた。而《しか》してその底止する所なき虚栄と豪奢とは、直《ただ》ちに内帑《ないど》〔王室の財産〕の窮迫を招き、遂《つい》に外国に於て盛んに高利の金を借入れた。イスマイル即位後五年、即《すなわ》ち一八六八年までに借入れた金額が、既《すで》に二千五百五十万ポンドの巨額に達し、その利率は表面七分乃至一割二分であったが、実際は一割二分乃至二割五分と云う驚く可《べ》き高利であった。

而もエジプトはトルコの属邦なるが故に、イスマイルはコンスタンチノープルの承認なくしてエジプトの歳入を担保とすることができぬ。故に彼の借款は、エジプトの公債に非《あら》ずして個人イスマイルの借金であった。その利息が極めて高率たりし理由も、また実に茲《ここ》に存する。然るに一八七〇年に至り、豪奢の費用に窮せるイスマイルは、エジプトの土地を担保とし、一割三分の高率を以《もっ》て更《さら》に七百万ポンドの借款を行った。於是《ここにおいて》トルコ政府は、債権者の主体を代表する国としてイギリス政府に対し、予《あらかじ》めトルコ皇帝の裁可なくしては、エジプトの歳入に関係を及ぼすべき借款に応ぜざらんことを求めた。

さりながらこの時に於て、イギリスはトルコの正当なる要求に耳を傾けるには、既に余りに多額の金をイスマイルに貸して居た。加うるにイスマイルは、巨額の賄賂をトルコ宮廷に贈り、一八七三年更に三千二百万ポンドの新借款を行うの勅許を得たるのみならず、エジプトに於ける一切の資源を、自由に処理するの権利を賦与《ふよ》せられた。而して時のコンスタンチノープル駐劄《ちゅうさつ》英国大使サー・ヘンリ・エリオットはトルコ政府に下の如《ごと》く督促した。曰《いわ》く「イスマイルに賦与せられたる内政上の完全なる自由は、イスマイルが、その治下の国土に於ける驚く可き富源を、十分開発するために要する費用を、外国市場に於てこれを求むるの自由を与えられざるに於ては、竟《つい》に空文に等し」と。

かくて従来はイスマイル個人の負債たりしもの、今や一朝にしてエジプトの国債となった。君主一己の放埒《ほうらつ》なる奢侈《しゃし》の費用が、忽《たちま》ちにしてエジプト国民の負担となった。而して事茲に至りしは、仮令《たとい》イギリスの使嗾《しそう》に出でたるに非《あら》ざりしにせよ、少くもイギリスはこれを助長したのである。エジプト人が、この時既にイギリスを憎み初めたのは、固《もと》より当然のことである。

爾来《じらい》エジプトの財政は、年々紊乱《びんらん》の度を加え、窮乏に次ぐに窮乏を以てし、竟に国家的破産に瀕《ひん》するに至り、一八七七年「ヨーロッパ債権者の利益を擁護する目的」を以て、英仏両国によって謂《い》わゆる「二重監督」が確立されるに至った。

二　英国のエジプト占領

エジプトの愛国者は、底止する所なき外国勢力の侵入を憤《いきどお》った。ヨーロッパ諸国、殊《こと》に英仏両国が、黄金の鎖を以てエジプトを縛るを見るは、彼等の忍び難《がた》き所であった。外人はエジプト政府の要路に採用せられ、偉大なる勢力を揮《ふる》い初めた。エジプトの富源は外国の事業家・投機師・仕事師の劫掠《ごうりゃく》に委せられた。イスマイルの計画せる広汎なる各種の事業は、要するに英仏資本家に最も有利なる投資の機会を与うるに終った。これらの総てに対する弾劾が、一八八一年に至り、アーメッド・アラビ・パシャによって指揮せられ、軍隊を以て主体とせる国民運動として現われた。

エジプトに於て、軍隊が国民的権利並に自由の戦士として、革命運動の中心勢力となりしことは、極めて当然の論理である。サー・ウィリアム・グレゴリー曾《かつ》て論ずらく、「東洋に於ては、政治運動の主体は、常に軍人である。彼等のみが、能《よ》くその目的を遂行すべき統一と勇気とを有する。その他の人民は、殆《ほとん》ど不平さえも漏らし得ずに、毛を剪《き》られ肉にせらるる羊の如《ごと》くである」と。エジプトの場合に於て、彼の言は実に二重の意味に於て真実であった。第一には、エジプトに於ては、彼が言える如く、軍隊のみが政治運動を起すべき実力を有せるが故に。第二にはエジプトの一切のその他の機関は、英仏のために蚕《さん》食《しょく》せられ、監督せられ、変改せられて、僅かに軍隊のみ外国の支配外に立てる唯一のものなりしが故に。

されどアラビとその軍隊とを主動者とせるこの国民運動は、イギリスの武力干渉によって見事に鎮圧された。イギリスはこの干渉に際し、その唯一の目的が「ケディーヴの権力を恢復するに在る」と声明した。而して時の首相グラッドストンは、一八八二年八月十日、下院に於て下の如く述べて居る。曰く「諸君若《も》し予に向って、英国は永久にエジプトを占領するの意図ありや否やと問わるるならば、予はこれに対して答えて宜《よろ》しい、世界に於ける一切の事物のうち、これこそ吾等の為《な》さざる所のことである。そは英国政府の一切の主義に背馳《はいち》し、吾等がヨーロッパに与えたる誓言に違背し且《かつ》ヨーロッパそのものの所期に戻る」と。

さりながらイギリスは、一旦《いったん》出した軍隊を、容易にエジプトから撤退しようとしなかった。而してその理由は、首相グラッドストンに従えば、「ケディーヴの権力を鞏固《きょうこ》なる基礎の上に再建し、且《か》つエジプト国民全階級の幸福を将来に準備するため」であった。而して一八八三年一月三日、外相グランヴィル卿は、エジプト駐屯英軍に関して下の如く声明した。曰く「イギリス政府は、エジプトの国情、並《ならび》にケディーヴの権力維持に関する適法の組織が、これを許すに至らば、直ちに軍隊を撤退するの意向を有す」と。而してこの年八月九日、グラッドストンもまた下院に於て、いつもながらの美文宝典的弁舌を揮い、イギリスは秋毫《しゅうごう》（ほんの少し）もエジプトを併呑《へいどん》するの意なきを断言して曰く「吾人はこれに似通う又《また》はこれに近き一切のことに反対し、これを期待せしむる虞《おそ》れある一切の言葉遣いに反対する。吾等はイギリスの利害のためにこれに反対する。吾等は最も危急なる場合に、最も厳粛なる態度を以て世界に与えたる特殊にして厳粛なる誓言のためにこれに反対する」と。

爾来三十年、イギリスは常にこの「厳粛なる」声明を繰返して来た。ダッファリン卿、チャールス・ディルク、ダービー卿、ソールスベリー卿、クローマー卿、エドワード・グレー、而してエルドン・ゴースト、一人として英国が永くエジプトに駐《とど》まるの意なく、且夢にもエジプトを保護国とする意志なきことを声明せざりしはない。而してイギリスが心ならずも、エジプトに軍隊を駐め、エジプトの内政に干渉するのは、エジプト人は能く自ら救う力なく、従って国民的独立の祝福を享有せしむる前に、予めこれに自治的訓練を与えてやらねばならぬからだと主張し来った。英国政府自身の言を藉《か》れば、イギリスは「エジプトに於て、正義と自由と公安との主義が、鞏固なる基礎の上に確立せらるるまで」エジプトを指導してやると云うのだ。

三　クローマー卿のエジプト統治

イギリス政府は、上述の如き大慈大悲の心を以て、エジプト改革の具体案を立てるために、一八八二年九月、ダッファリン卿をエジプトに派遣した。而して翌一八八三年二月六日附の卿の報告に基《もとづ》き、新エジプト政府を組織する統治法を制定した。

該統治法によれば、エジプトは表面依然としてケディーヴこれを統治するトルコの一自治州であり、ケディーヴはトルコ皇帝の主権を承認し、且年々貢租を献ずること旧の如くである。トルコ国旗は、相変らずカイロに翻《ひるがえ》り、エジプトの対外関係は、トルコとの条約によって定められることも、従前の如くである。而して欧米諸国が治外法権を享有したことは言うまでもない。また該統治法によって、一切の権能が、名目だけは、内閣及び二個の会議に集注されることになった。二個の会議のうち、立法参事会は三十名の議員より成り、うち十六名は地方会議より選出せられ、十四名はケディーヴこれを任命し、内閣を補佐して法律を制定し、悪法を改廃することを以てその任務とされた。一切の法律命令は、制定発布に先だちて、これを該参事会に諮詢《しじゅん》〔諮問〕すべく、該参事会は立法並に行政上の事項に関して政府に建議し得べく、参事会を経ての請願に関して、内閣の考慮又は答弁を求め得べく、予算並に各省経費に関して審議又は建言し得べく、大臣に対してその知らんと欲する事項に関して、陳述又は説明を求め得べしとせられたが、而も何ら積極的権能を与えられなかった。

この立法参事会の外に、各県会より二名、各都市官庁より二名、総計四十六名の被選議員より成る委員会がある。六名の内閣大臣と、上記の立法参事会と、この委員会とが、相合して茲に国民議会を組織し、少くも二年に一回召集せられることとなった。議会は、参事会と同じく討論・批判・建議の権を与えられた。而もその実質に於て、両者共にケディーヴ及び内閣の諮問機関に過ぎざりしは言うまでもない。ただ地方に於ては、間接選挙による県会が設けられ、中央よりは少しく大なる自治を享有することとなった。

イギリスは「同情ある忠告と助力」とを有効に与えて、以てエジプト改革に画竜点睛《がりょうてんせい》すべく、行政の一切の方面に亙りて「欧人顧問」を置くことに定めた。而してこれらの顧問は、絶対にエジプト法律の支配の外に立ち、唯だカイロ駐剳英国総領事――即ち実質に於てエジプト総督――の監督を受け、且これに対してのみ責任を負うものである。而して一八八三年、最初に英国総領事としてカイロに赴任し、四半世紀の長期に亙《わた》りて事実エジプトを統治せるものは、サー・イー・ベアリング、後の名高きクローマー卿その人である。

クローマー卿のエジプト統治は、植民政策の模範的なるものとして、全世界の賞讃を受けた。大隈侯すら、邦訳『最近埃及《エジプト》』に序して、この著は「偉大なる経世的教訓に充《あ》てり」と言い、卿の人物を推称して「実にアングロ・サクソン民族の精華にして其《その》光栄ある代表者なり」と書いて居る。吾等当面の目的は、卿のエジプトに於ける事業を批判することに非ざるを以て、事実の巨細に亙る検討は、これを他の機会に譲る。ただそれクローマー卿施政以前のエジプトが、法律なく、秩序なく、生命財産の安全なく、無智蒙昧《むちもうまい》の野蛮国なりしと云うこと、又は近代エジプトの物質的発達が、全《まった》くクローマー卿の善政に負うと云うこと、又はイギリスの干渉なくばエジプトは破産せりと云うこと、英国のエジプト財政管理が最も正直且成功なりしと云うこと、総てこれらの吹聴――而してこれを事実として承認するがためにクローマー卿の功績が讃美せらるるこれらの吹聴――は、ブラントの『エジプト占領秘史』乃至ロートスタインの『エジプトの頽廃』を一読せる者に取りては、容易に首肯し難きところである。さりながら、仮に数百歩を譲りて、エジプトはクローマー卿の下に非常なる物質的進歩を遂《と》げたりとせよ、而してその幸福は全くこれをクローマー卿即ちイギリスに負うとせよ、而も一事の最も確実なるは、総てそれらの物質的進歩に拘らず、エジプト国民は、常にイギリスに対して反感を抱き、而してその反感は年と共に激しきを加え来れることである。

一九〇四年、クローマー卿は、二十年に亙る長きエジプト統治の後、エジプトは最早イギリスに悦服せるものと自負し、実に下の如く述べて居る。曰く「エジプトに於て、従来治者と被治者とを結べる唯一の絆《きずな》は、一面には優越なる武力に対する信頼、他面には武力の強行が生める恐怖に外ならなかった。今や吾等はこの旧《ふる》き絆に代うるに、新しきそれを以てせねばならぬ。而してその新しき絆とはエジプト人民多数の満足、並に治者の好意に対する信仰から成らねばならぬ。この点に於て予は過去二十年の行動が、吾等の欲する結果を生めりと断言するに躊躇《ちゅうちょ》せぬ」と。かくてエジプトに於ける人望を信じ切れる卿は、密《ひそ》かに陸軍省に告ぐるに、カイロより英国軍隊を撤退するも差支《さしつかえ》なきことを以てした。而も最も深刻なる皮肉は、クローマー卿がエジプトの平穏をかくの如く世界に吹聴しつつありしその時に於て、久しく潜める国民運動が俄然としてその頭を擡《もた》げ初めたることである。

四　エジプト国民運動の狼火

復興せるエジプト国民運動の狼火は、実に思いも寄らぬ所から挙げられた。一九〇五年十二月五日アレキサンドリアに於て、一ギリシャ人が乾酪《かんらく》〔チーズ〕の売買のことからエジプト人と相争い、遂に小刀を以てこれを殺害した。その後三日、一珈琲店に於てまたギリシャ人との間に争論を生じ、一エジプト人はギリシャ人の短銃によって街上に斃《たお》された。この時既に四方より集まれるエジプト人は、この光景に激怒し、矢庭《やにわ》に居合せたヨーロッパ人二十三名を袋叩きにして重軽傷を負わせた。その報一度び伝わるや、市街の各所に群衆の集合を見た。而して口々に「ヤソ信者を殺せ」と叫喚しつつ、欧洲人の邸宅店舗に向って押寄せた。この暴動は、大事に至らずして鎮圧されたが、数日の後ポート・サイドにも同様の暴動が起った。

これらの暴動が、人心を険悪にしつつありし時、これに向って更に油を注いだのは、名高きデンシャワイ事件である。一九〇六年六月十三日、五名の英人がデンシャワイ村へ鳩猟に出かけた。彼等の放てる銃弾は、エジプト人の打桿台に火を発せしめ、且一農夫の婦を負傷させた。村民は怒って彼等を襲った。彼等は小銃を以てこれらと戦い、四名を負傷させた。村民は棒を持って居ただけであるが、英人側は多勢に無勢で三人まで負傷し、うち一人は搬送の途中、激しき日射のために弱り果て、その夜遂に落命した。村民は殺人及び騒擾罪を以て検挙せられ、四名は村民環視の中に絞刑に処せられ、二名は終身懲役に、二名は十五年、六名は七年、三名は一年の懲役に、而して六名は五十の笞刑《とうけい》に処せられた。この苛酷を極めたる刑罰——英本国に於てさえ下院の問題となれるこの暴虐——は、言うまでもなくエジプト人の憤慨を激成せずば止まなかった。

果然「エジプトを外人の支配と劫掠とより解放せよ」との叫びが、この時から公然絶叫され初めた。而してエジプトはその解放運動の指揮者として、年若きムスタファ・カメル・パシャを見出した。彼は多く世に知られざりし一青年であったが、デンシャワイ事件に際しての彼の言動、火の如き雄弁と、恐怖を知らざる大胆なる行動とは、忽ちにして人民渇仰《かつごう》の的となった。

ムスタファ・カメル・パシャの活動によって、僅《わず》か二年を経ずして、一個の有力なる国民党が生れ出でた。十種に近き言論機関が設けられた。都会に於ては、到るところ、英軍撤退と憲法発布とを要望する示威運動が行われ初めた。それは真に迅速なる発展であった。有名無実なりし国民議会すら、一九〇七年三月四日、最も強硬に憲法制定と真個の議会開設とを要望することを決議するに至った。

クローマー卿の不機嫌は、思うだに滑稽でもあり、また気の毒でもある。卿がエジプトより提出せる最後の二報告に於て、平素の勿体振《もったいぶ》りを忘れたかの如く、散々《さんざん》な罵倒を国民主義者に浴びせかけて居るのも、また人情の自然であろう。固より卿は癇癪《かんしゃく》を起してばかり居たのではない、全力を挙げてこの運動を阻止せんと努めたのである。而して特に力を所謂《いわゆる》穏健主義者の買収懐柔に注いだが、竟に大勢を如何《いかん》ともし難かった。卿の所謂「新しき絆」は、エジプトとイギリスとを結ぶべくもなかった。かくて卿は、二年以前の一切の自負自慢を叩き毀《こわ》されて、一九〇七年五月六日、従来の「旧き絆」を一層強くすべく、本国政府に向って軍隊の増派を求めた。而してその夏健康を害せりとの故を以て職を辞し、カイロ劇場に於ける訣別演説に於て、国民主義者に対する捨科白《すてぜりふ》を残して故国に帰った。

五　首相ブートロス・パシャの暗殺

クローマー卿に次でエジプト総領事となれるはサー・エルドン・ゴーストである。氏は、就任早々イギリスのエジプト占領は、エジプト人を支配せんがために非ず、唯《た》だ如何《いか》に自ら治むべきかを教えんがためなりと声明した。然らば吾等をして、イギリスが如何なる方法を以て、エジプト人に自治の訓練を与えて来たかを検討せしめよ。而して果してエジプト人の要求が、不当なる忘恩に出でたるか、もしくはイギリスの声明が、常套の偽善なるかを判断せしめよ。

事実が明白に立証する如く、英国治下のエジプト人は、真個の責任を以て、真個の政治を行うべき一切の機会を奪われ、一切の自治の門は彼等の前に鎖《とざ》されて居た。而して最も注目を要する一事は、クローマー卿在職中に、二個の分立せる統治機関が、いつともなくできあがったことである。その一はケディーヴとその諸諮詢機関であり、その一は総領事と各省の欧米顧問とより成る一団である。後者は、表面の権能は、単に行政命令を発し得るに過ぎぬものであるが、事実に於ては唯だ英国外務省に対してのみ責任を負えるエジプトの全権者であった。一切の重大なる問題は、この一団によりて決せられた。エジプト官吏は全然度外視せられ、彼等が何を議するかさえ窺知し得なかった。而して彼等の決議は、名目は建議として閣議に提出されるのであるが、事実エジプト内閣は惟《ただ》命これ奉ずる外に途なかった。かくては千百年を経ても、エジプト人が自治を学得する道理がない。従ってエジプト国民主義者が、新領事一片の声明によって懐柔される道理がない。故にゴーストは、若干の行政改革によって、国民主義者の穏和分子を籠絡《ろうらく》せんとし、一九〇八年六月、県会の権限を若干拡張せる新法律を発布した。而もかくの如き糊塗弥縫《ことびほう》は、最早《もはや》何らの効果なかりしほど、エジプト国民は覚めて居た。

時しもあれトルコに於ては、青年トルコ党が一挙にして革命を遂行した。この成功が、エジプト人に深甚なる影響を与えたことは言を俟《ま》たぬ。不幸にして最も有為なる指導者ムスタファ・カメル・パシャは、この年二月三十四歳を以て夭折《ようせつ》し、これがために国民党内に内訌《ないこう》を生じ、従来カメルの人格によって引付けられて居た多数の党員を失うに至ったが、而も幾《いくば》くもなくしてその勢を挽回し、今やトルコ革命に刺戟せられて、一層旺んなる活動を開始するに至り、到るところ集会乃至示威運動の頻発を見、その機関新聞は、エジプトの隅々《すみずみ》まで行きわたり初めた。加うるに政府は、恰《あたか》もこの時に当り、名高き回教の最高学府アズハル大学の教科に干渉を試みて、学生一万二千の総同盟休校を招き、慌てて警察力の威圧をこれに加えたりしたため、一層事態を険悪ならしめ、遂《つい》に政府側の譲歩を以て局を結んだが、この出来事のために、従来政治運動に超然たりし学者並に学生を、一朝にして国民主義者たらしむるに至った。而して回教国土に於て、これらの学者並に学生が、如何に民衆の間に勢力を有するかは更めて言うまでもない。

懐柔の到底無効なるを知るや、ゴーストは茲に高圧政策を執《と》り初めた。氏は先《ま》ず国民党の機関新聞雑誌を、片ッ端から禁止し停止した。而してこれに執筆せる国民主義者を続々刑罰に処した。而も運動は最早尋常一様の手段を以て阻止すべくもない。そは歩々《ほほ》具体的目標に向って進んで行った。一九〇九年九月十四日、イギリスのエジプト占領第二十七回記念日に於ては、国民党の一団が、時の英首相アスキス氏に宛てて下の電報を発するに至った。

「今日茲に集合せる六千名のエジプト人は、全会一致を以てエジプト占領に対する強硬なる抗議を閣下に伝え、且英国政府の厳粛なる誓言に信頼して、即日エジプトより撤退すべきことを要求す。且イギリスが吾人の友情を贏《か》ち得るは、吾人の同情と援助とを失うに比して、イギリスの名誉のために有利なることを附言す」

形勢かくの如きに当りスエズ運河事件が現われた。事件の要領は、運河会社より四百万ポンドの報償を得て、特許期限を更に四十年間延長せんとするに在る。而も現在の期限は一九六八年十一月までであって、満了までには尚お六十年を余して居るのに、何を苦しんでエジプト政府はかくの如き早急なる商議を行わんとするか。国民党は激しくこれを攻撃した。而して国民議会もまたこれを否決し去った。かくの如き国民激昂の只中《ただなか》に、エジプトをイギリスに売らんとせる時の首相ブートロス・パシャは一九一〇年二月二十日、白昼カイロの街頭に於て、年若きエジプトの化学者イブラヒム・ワルダニのために、短銃を以て暗殺された。イギリスの機関新聞「エジプト・ガゼット」は翌二十一日の紙上に「とうとうエジプトもインドの真似を始めた」と云う書出しで、出来事の経緯を報道した。然り、とうとうエジプトはインドに倣《なら》ったのだ。而もこれ常に高圧政策の必然の所産なることを知らねばならぬ。

この事件に於て、法廷にワルダニを弁護せる者が、数年前デンシャワイ事件の裁判に、最も無慈悲なる検事として、エジプト人の深怨を買えるヘルバウィ・ベイであったことは、事件をして真に戯曲的ならしめた。彼はデンシャワイ事件以後、翻然《ほんぜん》その非を改めて国民党に投じ、最も熱心なる愛国者として活動して来たが、今や非常なる雄弁を揮ってワルダニの弁護に当ったのだ。而して弁護効なく死刑と決するや、彼はワルダニに向って下の如く告げた。この訣別の辞は、十年後の今日に於て、尚且《なおかつ》エジプト国民主義者を流涕歔欷《りゅうていきょき》せしむるものである。

「勇しき心、確乎たる足取りをもて死に進め。死は拒むこと出来ぬ。そは今日君を見舞わずとも、明日は来るであろう。行け、吾児《わがこ》よ。時世のため、又は感情のために曲げられざる、荘厳なる審判を行い給う神の御許に行け。行け、吾児よ。吾等《われら》のこころ、君の行く処に行き、吾等の眼、常に君のために泣く。人間の審判が君に宣告せる死こそ、却ってエジプト国民及びエジプト国に与うる偉大なる教訓として、君の生命そのものよりも貴くあるぞ。行け、人間の慈悲なきを恨まざれ。神の慈悲こそ無辺なるぞ。さらば吾児よ。さらば、さらば」

六　世界戦中の英埃関係

サー・エルドン・ゴースト在職四年、その間エジプトの形勢は次第に悪化し、ゴーストは色々な非難の裡《うち》に職を去り、キチナー将軍その後を継いだ。イギリスが将軍を任命したのは、明々白々に、高圧政策の断行によって、国民運動を抑え付けるためであった。而してキチナー将軍の名は、疑いもなくある程度までエジプト国民を威服させた。将軍は表面の安静によって、エジプトの事、多く憂うるに足らずと信じた。故に一九一二年の第一回報告、翌一九一三年の第二回報告に於て、将軍は共にエジプトの政情が左《さ》まで険悪に非ざることを言明して居る。而してこの機に乗じて新統治法を制定し、従来の立法参事会と国民議会と合体して一立法議会を組織し、定員八十九名のうち、六十六名は間接選挙によってこれを選出し、十七名は少数党の利害を代表せしむべく政府これを任命することとし、これに六名の内閣大臣を加えたのである。この改革は本質に於て何ものをもエジプトに齎らさぬ。新立法議会は、依然として諮問機関たるに止まった。

而も新統治法による立法議会議員選挙の結果は、キチナー将軍をその独断の夢より呼び覚ますに十分であった。議員の殆《ほとん》ど全部は、国民主義者であった。而して彼等は、曽て文相並に法相たり、且その人物はクローマー卿の推称を博せるサアド・パシャ・ザグルルに於て、最も有為なる首領を見出した。その全会期中、新立法議会は、徹頭徹尾政府弾劾の態度に出で、一切の議会に於て、峻烈《しゅんれつ》なる非難をイギリスのエジプト政策に加えた。キチナー将軍は、エジプトの平静が、内に物凄き動乱を蔵せる表面の平静に過ぎざることを、初めて明らかに知ることを得た。

世界戦は、実にかくの如き時に勃発したのである。エジプトは法理の上に於て、無論トルコ帝国の一部であり、トルコ皇帝は、エジプト軍隊の指揮を握って居た。而もドイツが、早晩トルコを起たしめ神聖戦争の布告によって、全回教徒を動かさんとの企図を有せることは、これを察知するに難くなかった。かかる場合に於けるエジプトの去就は、イギリスにとりて真個重大なる関心事である。殊《こと》に時のエジプト君王アッバス・ヒルミ・パシャは、隠れなき親土兼独主義者なりしを以て、イギリスの憂慮は一層大ならざるを得ぬ。かくてイギリスは、一九一四年八月四日の対独宣戦と同時に、直《ただ》ちにエジプト政府を強迫し、夙く既に翌々六月を以て、エジプト首相フサイン・ルシド・パシャをして、殆《ほとん》ど対独宣戦に等しき宣言を発せしめた。

イギリスのこの行動は、説明するまでもなく違法である。エジプトは、トルコとの条約により、トルコ皇帝を通じてのみ、第三国と和戦し得るのである。故に英国の行動は、エジプトを強制してトルコに叛《そむ》かしめたもので、この時よりしてエジプトはトルコより独立せるものである。イギリスはこれに関しては一言の説明を与えなかった。而《しか》もこの事実は、その後三カ月にして、英土国交の断絶せる時に明白になった。即ち本来ならば、英土開戦と同時に、イギリスとエジプトとも、また交戦状態に入れるものである。されど条約の如きは固よりイギリスの蹂躙《じゅうりん》して顧みざりしところ、エジプトは唯《た》だイギリスの欲するままに動く外《ほか》、別途なかった。

当時副王アッバス・ヒルミ・パシャはコンスタンチノープルに居った。而して世界戦を利用し、ドイツによって自国の恢弘を図らんとした。而してこの事が、イギリスに向って、願ってもなき口実を与えた。イギリスは、十一月先ずエジプトに戒厳令を布き、十二月十八日、突然エジプトを以てイギリスの保護国とすることを宣言し、翌十九日アッバス・ヒルミ・パシャを位より逐《お》い、フサイン・カメル・パシャを擁立して、これにサルタンの称号を用いしめた。かくてエジプトは、名実共にイギリスの保護国となった。戦争終結以前に、決して領土的変化を行わざること、戦後に於て、列国の同意を以てこれを行うべきことが、聯合国間の約束であったに拘らず、イギリスはこれをも蹂躙したのである。

七　世界戦後に於ける独立運動

大戦中に於けるイギリスのエジプト政策は、徹底せる武断高圧を以て一貫した。戦争の一切の重荷はイギリス独りこれを負い、決して「エジプト国民の援助を求むることなし」と約束せるに拘らず、際限なく重き負担を彼等に課した。戦時を通じて立法議会の開会を禁じた。常軌を逸せる苛酷なる手段を以て言論集会を取締った。遠慮会釈もなく農民より食糧を徴発し、且彼等を徴集して強制労働に服せしめた。かくて国民主義者は、殆ど手も足も出ぬ状態に置かれたが、而もこの間に反英精神が次第に深く、強く、而して汎《ひろ》くなって行った。

正義人道を看板にせる聯合諸国の声明、殊にロイド・ジョージ、アスキス、ウィルソン等が高調せる小国民の権利、民族自決の主張が、エジプト国民主義者の最も喜ぶ所となって、彼等は世界戦終結と共に完全なるエジプト独立を叫ぶようになった。一九一八年十一月十三日、即ち休戦の翌々日エジプト国民党の諸領袖相会《あいかい》し、公式にイギリスに向って、保護権の撤回、エジプトの完全なる独立の承認を求めた。英国最高委員サー・レジナルド・ウィンゲートは、これに対して予はエジプトの将来に関する本国政府の意向を知らずと答えた。故にエジプト首相ルシド・パシャは、然らばこれに関して英国政府と協議すべく、エジプト代表者の渡英を許可せられたしと求めた。この要求は即座に拒絶せられ、ルシド・パシャは直ちに辞職した。次《つい》でサアド・パシャ・ザグルルは、ロイド・ジョージ、クレマンソオ、オルランド、ウィルソン四氏に宛《あ》て、彼等の標榜せる高貴なる原則を、エジプトにも適用せんことを以てしたが、竟に何らの返答にも接しなかった。

イギリスが極力阻止に努めたに拘らず、国民党の領袖は、平和会議に赴かしむべく、エジプト国民委員を選出した。該委員は、平和会議開催と同時に、先ず一切の列国講和使節に宛てて、独立党のプログラムを印刷せる大部の覚書を送った。

該覚書は、近代エジプトの進歩を力説し、イギリス三十年の占領がエジプトに与えたる貢献を叙すると共に、イギリスが屢々《しばしば》繰返せるエジプト永久占領の意なしとの宣言を引来りてその撤退を求め、殊に外人統治が国民の道徳的・知識的発達に及ぼす悪影響を高調し、世界戦中にエジプトが聯合諸国に貢献せる功績を細叙《さいじょ》〔詳述〕し、国民の同意なくして保護国たるを宣言せるイギリスの違法不当を詰《なじ》り、完全なる独立の承認を要求して居る。而してエジプトは、その負える債務を必ず果すべきこと、エジプトに於ける外人は、現に享有せる権利を保障せらるべきことをも述べて居る。最後には、エジプト委員が国民代表としてパリに赴くことを、肆《ほしい》ままに拒絶せる英国の横暴を激しく攻撃して居る。

イギリス政府がエジプト委員に旅券下附を拒絶せることは、全エジプトの非常なる激昂を招いた。加うるにイギリスが将に発布せんとしつつありしエジプト改革案――エジプト司法顧問サー・ウィリアム・ブランウェートの起草にかかるもの——の内容が、全国国民の所期を無視せる事を探知するに及んで、激昂は更に甚しきを加えた。国民党の指揮によって、エジプト各地に独立運動支部が設けられ、久しく抑圧せられし集会が、再び到るところに開かれ、自由を求むる痛切なる叫びが、全エジプトに昂《たか》まった。この時に当りて、エジプト国民の決意極めて堅く、不穏の形勢顕著なりしに拘らず、イギリスはその武力を恃《たの》んでこれを蔑視し、独立運動は要するに不平政治家の煽動によるものと考えて居た。而して一九一九年三月六日、英国軍司令官はザグルル以下九名を召喚して、秩序を紊乱《びんらん》し、官憲の事務を阻害するが如き行動に出《い》づ可からずと厳命した。この出来事は、忽《たちま》ち四方に著聞し、一層人心を険悪にした。而して国民委員は、翌七日、イギリスの戒告に対して抗議を発した。官憲はこれを以て命令を蹂躙せるものとなし、翌八日、ザグルル以下三名の最も有力なる国民委員を逮捕して、密かにこれをカセルニル兵営に監禁し、翌早朝これをモールタ島に向って送致し、島内の牢獄に投じた。この事ありて数日、全エジプトは動乱の巷《ちまた》と化したのである。

吾等は、今一九一九年三・四両月に亙《わた》れる、エジプト動乱の経過を細叙する遑《いとま》がない。イギリスは、この非常なる動乱によって初めて事態の真に容易ならざるを知り、三月二十二日、急遽「東方の強者」アレンピー《ママ》将軍〔エドモンド・アレンビー〕を、エジプトに派遣した。而して将軍に命ずるにエジプト特別最高委員として「文武の全事項に亙り最高権を行使すること、法律並に秩序を回復するために必要且適当と思惟する一切の手段を講ずること、確実公平なる基礎に立ちて、エジプトに対するイギリス国王の保護権を維持するに必要なる、一切の事件を処理すること」を以てした。三月二十五日、将軍はカイロに到着した。この時動乱は稍々《やや》下火になって居たが、同盟罷業が全国を風靡し初めて居た。エジプト国民は、積極的叛乱の後に、消極的叛乱の手段を執ったのだ。鉄道及び電車従業員、カイロの道路掃除夫及び撒水夫は、皆な業を休んだ。小学より大学に至るまで、学生は校門を潜らなかった。弁護士及び判事が業に就かぬために、裁判事務を行い得なくなった。各省の官吏すら、獄中の国民委員に対する同情の表示として皆な欠勤した。

アレンピー将軍は、尋常の手段を以てその重任を果し難きを見た。於是《ここにおいて》四月七日、モールタ島に監禁せる四名の委員を釈放し、与うるに行動の自由を以てすべきことを宣言した。この宣言は非常なる効果があった。カイロよりスーダンに至るまで、エジプトは国民的勝利を祝う歓呼の声に充ちた。されど国民は直ちに歓喜の夢より覚め、数日ならずして暴動及び罷業が、また各地に行われ初めた。政府の官吏は、四月九日に組織されたルシディ内閣に対し、政府はエジプトの代表者として、公式に国民委員を承認すること、並に英国の保護権を承認すべからざること、英国歩哨及び衛兵を斥《しりぞ》け、代うるにエジプト兵を以てすべきことを要求した。四月二十一日、ルシディ・パシャは双方の板挟みとなって辞職した。アレンピー将軍は、翌二十二日、免職を以て威嚇して、欠勤中の官吏を強制的に出勤せしめた。その他の罷業は、戒厳令の鉄鞭《てつべん》を以て、表面これを鎮圧するに成功した。而も強烈なる国民主義の精神は、今やエジプト国民の魂に底深く根を下ろした。彼等は万難を排して、英国の羈絆《きはん》を脱すべく決意した。

ルシディ内閣辞職後四週間にして、アレンピー将軍は、漸《ようや》くモハメット・サイド・パシャをして新内閣を組織せしめた。この内閣は八カ月継続したが、国民主義の澎湃たる勢に対して、全く無効なるイギリスの防波堤であった。イギリスのエジプト支配は、確実に没落に近づいたのだ。

この事実は、イギリスそのものも、嫌々ながらこれを承認せざるを得なかった。即ち一九一九年五月十五日、政府が議会に於てミルナー卿以下の委員をエジプトに派遣すべきことを報告せる時、イギリスは到底従来の武断一徹を以てエジプトを統治するの不可能を告白せるものである。アレンピー将軍はミルナー卿の来埃は、エジプトの真の幸福を図るためなることを説いて、民心の慰撫に努めた。されどエジプト人はこれに耳を藉《か》さなかった。而してこれも無理もない事であった。何となれば、イギリス本国に於ては、アレンピー将軍の言と全く背馳《はいち》する言論が、盛んに行われて居たからである。例えば将軍がエジプト人に向ってミルナー委員の性質に関する訓示を発したのは、十一月十二日であるが、同月十七日の本国下院に於ては、バルフォア氏が実に下の如く演説して居る。曰く「イギリスの至高権は、エジプトに儼存《げんそん》して居る。而してこの至高権を確保し続けんとする。エジプトの内外を問わず、何人も英国政府のこの根本政策を誤解してはならぬ」と。

エジプト国民党の領袖は、ミルナー委員の畢竟《ひっきょう》為すなきを知った。彼等はミルナー卿一行の来着に先だち、国民を説いて団体的にも個人的にも、絶対に該委員一行の交渉に応ぜざることを決意せしめた。このボイコットは、委員一行のエジプト滞在三カ月を通じて、最も組織的に厲行《れいこう》された。而して一行は手を空しゅうしてイギリスに帰らねばならなかった。

八　恥ず可き内なる鎖を断てるエジプト

先是国民党首領にしてエジプト国民委員長に選ばれたるサアド・パシャ・ザグルルは、英国の譲歩によりて渡仏を許され、委員一行と共にパリに在った。彼等は、平和会議に列席することを拒絶されたが、而もパリに於て種々画策するところあった。イギリス政府は、窮余の策としてザグルルをロンドンに招き、ミルナー委員と折衝せしめんとした。ザグルルはこの招待に応じ、一九二〇年七月英国に来り、七・八両月に亙りて屢々ミルナー卿と会見して、隔意なく意見を交換した。この会見は非常に有意義のものであった。ミルナー卿は、エジプトに於ける国民主義の到底根絶すべからざるを知り、且イギリスのエジプト政策を根本より改めねばならぬことを知った。而してカーゾン卿と協議して、ザグルルとの商議に基き、下の要領を以てエジプト時局を収拾せんとした。

一　イギリスはエジプトに対する保護権を撤回し、エジプトの独立を承認し、外敵に対してその保全を保障す可《べ》し。これに対してエジプトはナイル河流域に於けるイギリスの特権を承認し、戦時に於てはエジプト領土に於て、一切の便宜をイギリスに与う可し。

二　イギリスは駐埃軍隊を撤退し、唯だスエズ運河地帯に二千乃至三千の兵員を収容する一兵営を設く可し。

三　エジプトは英国政府と背馳せざる限り、自由に対外関係を結ぶを得。エジプトは自己の外交代表者を任命するを得。但し当分の内、単にエジプトと商業的利害関係を有する諸国に対してのみに限り、その他の諸国に対しては英国代表者がエジプトのために行動す。

四　治外法権は、若し列強の同意を得ば、これを廃止すべし。

五　現在の各国務省に於ける英人顧問制度は、財政顧問と共にこれを廃止すべし。但し国債委員の事務を行うべき英人官吏を任命すること。

六　英人官吏にして職に止まる者は、今後直接エジプト政府に属すべし。

十一月初旬、エジプト国民委員四名は、上記妥協案を齎らしてカイロに帰り、これを国民に発表した。多数のエジプト人は、この妥協案に賛意を表した。但し徹底独立主義者は、これに反対して完全なる独立を要求した。サアド・パシャ・ザグルルの功績を嫉《ねた》める一群の政治家もまたこれを非難した。また、英国の後援の下に、事業の繁栄を続け来れる資本家もこれを喜ばなかった。されどエジプト国民委員は極力国民に説いて、エジプトは先ずこの条件付の独立を獲得した上で、更に真個の完全なる独立を実現する準備にかかることの有利なるを主張し、国論また漸くこれに傾いて来た。

翻《ひるがえ》ってイギリスの政界を見るに、英国政治家の意見は截然《せつぜん》〔はっきりと〕両派に分れた。一はミルナー案を以て機宜を得たる解決策とするもの、他はあくまでもこれを非とし、かくの如きは大英帝国分裂の第一歩なりとするものである。而して後者の主張勢力を得て、折角の妥協案も政府の容《い》るる所とならず、ためにミルナー卿は一九二一年一月植民大臣の職を辞し、武断主義者チャーチルがその後を襲うた。氏がエジプト独立に反対の意見を有することは、固より想像に難くない。果然アレンビー将軍は、一九二一年二月二十六日附を以て一書をエジプト王に送り、「英国政府はミルナー卿の建言を審議し、保護関係は両国にとりて不満足なることを知れるも、未だ決定的解決案を得るに至らず。故に王の代表者とこの点に就て更に商議を重ねんことを欲す」と云う意味を告げた。

この事がエジプト国民を再び激昂せしめたことは、言うまでもない。これがためにテューフィク・パシャ・ネジム内閣は辞職するに至り、三月十六日アドリ・パシャ・イエゲン内閣これに代った。而して新内閣は、英国の新提議に就て商議すべく、当時パリに在りて運動中なりしサアド・パシャ・ザグルルに打電してその帰国を求めた。ザグルルは、この招電に応じてパリを出発し、四月四日アレキサンドリアに上陸し、翌五日午後カイロに帰着した。エジプト国民は、満腔《まんこう》の感謝と熱誠とを以て、この自由の戦士を歓迎した。

やがて政府とザグルルとの間に、対英交渉に対する商議が開始された。アドリの主張する所は、エジプトは独立承認及び保護権撤回の二項のみを確定条件とし、その他に就ては白紙を以て英国と交渉すべく、而して交渉委員は政府これを任命すべしと云うに在った。然るにザグルルは、ミルナー案の実現を最小限度の要求として、エジプトはその獲得せんと欲する所を明確に立案して交渉せざるべからずとなし、且この交渉に関しては、彼自身が国民によって選出された真個のエジプト代表者なるが故に、委員選任も彼これを行うを至当とすることを力説した。かくて両者の間に激しき論争行われたが、アレンビー将軍を後援とせるアドリ内閣は、遂にザグルルの主張を無視し、ルシディ・パシャ以下五名の対英交渉委員を任命した。

エジプト国民は内閣の処置を憤った。イギリスがザグルルに対して如何に口汚き罵倒を繰返すにせよ、彼はエジプトの最も勇敢なる戦士であり、従って最も大なる国民的信頼を荷うて居る。彼の努力なくして、エジプトの国民運動を今日まで発達せしむること不可能なりしは、イギリスさえも認めて居る。故に国民がアドリ内閣に憤るのは当然である。而してこの憤激は、遂にカイロ、アレキサンドリアに於ける五月下旬の大暴動となって現われた。

暴動は、英軍の出動によって鎮圧された。七月に至り、英国援護の下に、交渉委員の選任行われ、アドリ・パシャ自ら委員長となり、七月十一日、一行はロンドンに到着し、直ちに外相カーゾン卿と会商することとなった。英国は、エジプト独立の条件として、啻《ただ》にスエズ運河地帯のみならず、カイロ及びアレキサンドリアに駐兵せしむること、在エジプト外人保護権を英国に与うること等を要求し、エジプト委員は大体ミルナー案に拠って、英国側の提議を斥け、前後四カ月に亙り、幾度か折衝を重ねたけれど、交渉遂に不調に終り、十一月二十日、アドリ・パシャ一行は帰埃の途に就いた。

アドリ・パシャは十二月六日カイロに帰着した。この日ザグルル・パシャは、宣言書を発して、英国の政策を痛撃し、国民に向って、エジプト独立のために、全力を尽すべきことを求めた。かくてエジプトは、又もや暴動騒乱の巷となった。各地に於て、人民と軍隊及び警官との衝突繰返され、夥《おびただ》しき死傷者を出だした。アレンビー将軍は、ザグルルに厳命して、政治運動に加わることを禁じた。而もザグルルは、固より命令に従おうともせぬ。次で十二月二十三日、ザグルルはスエズに退去を命ぜられ、二十九日、五名の同志と共に、スエズよりセイロンに護送された。セイロンは、実にエジプト国民運動の父アラビ・パシャ流謫の地である。

騒動は、武力を以てこれを抑圧することもできよう。ザグルルは、千里の外にこれを放逐することもできよう。されどエジプトの形勢は、最早単なる強力の暴圧を以て如何ともす可からざるものとなった。ミルナー卿が、その報告に表白せる如く、エジプトに於ける「国民主義の精神は、これを根絶すること不可能」となったのだ。アドリ・パシャは、帰着の翌々八日、首相の職を辞した。後継内閣の首相に擬せられしサルワート・パシャは、英国にして彼の提出せる条件を容れざる限り、職に就くこと能《あた》わずとして、その慫慂《しょうよう》に応じなかった。

かくの如き形勢は、遂にアレンピー将軍をして、エジプト問題に就き、直接英国政府と協議すべく、（一九二二年）一月ロンドンに赴くの止むなきに至らしめた。而して協議の結果、英国政府は、二月二十八日、白書を以て、英国はエジプトに対する保護権を放棄し、その独立を承認すべきことを声明し、三月十六日、この声明に従い、エジプトの独立を宣言するに至った。固より英国は、独立承認の条件としてエジプトをして種々なる要求に従わしめんとするであろう。外電は、単に「従来英国総領事に対して事実上責任を負えるエジプト内閣は、今後議会に対して、政治上の責任を負うこと、閣員は英国顧問の進言に従うの要なきこと」を伝えるのみで、詳細は尚吾等に知られて居ない。さりながら、恐らく英国の条件は、アドリ・パシャに対して為せると殆ど同一にして、若干譲歩せる程度のものであろう。そは決してザグルル・パシャの如き、徹底せる国民主義者を満足せしめはしないだろう。而もこの独立宣言が、エジプト国民運動の勝利の第一歩であることは、疑うべくもない。

流謫のナポレオン、初めてセント・ヘレナの知事と会せる時、語に力を籠めて告げて曰く「世界に於て最も重要なる国はエジプトだ」と。エジプトが、大英帝国世界政策の上に占むる重要なる地位はナポレオンの言を俟たず、何人もこれを知る。イギリスが、全くこれを失うことは、二重の意味で堪え難くあろう。何となれば、そは一面に於て、世界制覇の至要の一支点を失うと同時に、他面に於てインド・南阿等に、恐る可き影響を与うるが故である。さりながら時は既に来た。ザグルル以下、国民主義者の理想、存分に実現せらるべきことは、竟に時間の問題にして、断じて可能不可能の問題でない。吾友ポール・リシャル氏、曽《かつ》て『インドのために』と題する小著に序して曰く、

「世界戦は、万国を審判し、旧《ふる》き負債を清算し、新しき運命を準備しつつ、隷属の民に向って、彼等若し資格あらば、彼等の鉄鎖を寸断すべき機会を与えた。内なる鎖は恥ずべくある。外なる鎖は痛ましくある。而も最初にこれを寸断する者は、縛らるること、最も苛酷なりし者である。ロシア既にこれを断った。インドこれに次ぐであろう」

と。吾等は言う、エジプトもまたこれに次がんと。然り、エジプトは既に「恥ずべき内なる鎖」を寸断した。彼等は、早かれ晩かれ、完全絶対に「痛ましき外なる鎖」をも断つであろう。

附記　本篇は主として下の資料に拠った。

H. J. Carman : England and the Egyptian Problem (Political Science Quarterly, Volume XXXV, No1.)

Du Perron : L'Egypte et le Protectorat britannique (Revue Politique et Parlementaire, No.319, Juin 1921.)

Die nationalistische Bewegung in Egypten vor und nach dem Kriege (Koloniale Rundschau, Jahrgang 1920. Heft 4.)

Rothstein : Egypt's Ruin.

W. B, Worsfold : Future of Egypt.

H. A. Gibbons : New Map of Europe.

第十　ヨーロッパ治下の回教民族

一　序　論

第十九世紀後半に於《お》ける、交通機関の急速なる発達は、欧洲諸国と未開国土との距離を、著《いちじる》しく短縮し、これに伴いて植民的活動の全運動は、根本的変化を見るに至った。蓋《けだ》し従前の植民的発展は、原則として、通商貿易による利益を主眼とし、従って商業上の根拠地、又は商船碇泊地の獲得を以《もっ》て満足して居た。然《しか》るに交通機関の発達に伴える、本国と未開国土との近接は、単に沿海地方に於ける経済的発展を以て足れりとせず、深く内地に入りて本国資本を投下し、以て新事業を開拓せんとするに至った。然るにかくの如き地方に於《おい》て、完全に事業を経営するためには、整然たる秩序の樹立、完全なる法律の制定、近代的産業生活の採用、乃至《ないし》労働者供給の確実等、種々なる条件を必要とするは言を俟《ま》たぬ。而《しか》してこれらの条件を満足せしめんがためには、該地方を占領して、その住民の上に政治的権力を確立せねばならぬ。従って植民的発展は、俄然として政治的並に軍事的性質を帯《お》ぶるに至った。

然るにかくの如《ごと》くにして獲得せる植民地の土民は、その社会組織に於て、その生活方法に於て、その宗教的並に知識的発達に於て、母国国民との間に甚《はなはだ》しき懸隔《けんかく》あるが故に、これに対する施政方針は、植民政治に於ける重大なる問題となった。而して一見最善の方策なるが如くにして、実は欧洲諸国が概《おおむ》ね失敗に終れるものを、同化政策とする。同化政策は、人類は共通なる理性を有すと云う主理論《ラショナリズム》を根柢とするものにして、植民地を以て母国の延長と認め、母国の制度文物を移して、これを治下の土民に採用せしめんとするものである。然れども全然文化の伝統を異にし、且文化の程度を異にする民族に向って、直ちに母国の制度文物を移植し、俄《にわか》にその社会組織を変改してその生活方法を覆《くつがえ》すが如きは、決して、植民政治の好成績を挙ぐる所以《ゆえん》でない。例えば英国の如き、もと経済的発展を以て植民の本旨となし、土民の生活状態に対しては寧《むし》ろ非干渉主義を採り、土民社会の改良に向って施設する所はなはだ僅少《きんしょう》なりしに拘《かかわ》らず、インドに於ける経験は、その企てたる僅少の改革すら、尚且《なおかつ》予期せざりし不幸なる結果を招いた。即《すなわ》ち英国は、インドに向って契約の公平厳正なる取扱い、控訴院の組織、都市に於ける代議政治、陪審制度等を施行した。然るに厳格なる契約の履行は、多数の農民負債者をして、貪慾なる金貸業者の犠牲たらしめ、これがために或《あるい》は奴隷となり、或は産を失うもの、頻々《ひんぴん》として続出した。控訴院の組織は、土民をして控訴を好むの風を長ぜしめ、無頼なる土民代言人のこれに乗じて私曲を逞《たくま》しゅうするもの多きに至り、一般土民をして却《かえ》って法律の効力を疑うに至らしめた。都市に於ける代議制度の許可は、偶々《たまたま》宗教的並に人種的憎悪を激成し、就中《なかんずく》インド教徒及び回教徒の間に、甚しき反目を惹起《じゃっき》せしめた。これらの制度は、もと英国がその必要を認め、且如何《いか》なる危険をも伴わざる可《べ》きを確信し、土民の幸福を増進するの目的を以て採用せるものなりしに拘らず、英国統治の反対者をして、英国政府はインド社会の腐敗を奨励せんがためにこれを施行せるものに非ずやとの非難を放たしむるに至った（註1）。

而してかくの如き同化政策は、植民地の土民が回教徒たる場合に於て、最も大なる困難に遭遇した。その絶好適例は、アルジェリアに於けるフランスの植民政治である。フランスのアルジェリアに臨むや、英国のインドに臨めると著しくその態度を異にし、初めよりアルジェリアを目するにフランスの一部を以てし、総《すべ》て母国の制度の下に土民を統治せんと企てた。而してその結果は、徒《いたず》らに土民回教徒の反感を挑発し、宗教的信仰の脅迫者として、並《ならび》に社会組織の破壊者として、猛烈なる敵意を抱かしむるに終った。これ一は仏国の同化政策が急激に失したりしによると雖《いえど》も、一は回教徒が他の未開又は半開種族に比して、共通の信仰を基礎とせる強固なる団結力と、宗教的自尊心より来る猛烈なる排他的精神とを有するによるものにして、植民政策上特に考慮を要する点である。

今日日本の領土内には回教徒がない。これを以て回教に関する研究は、全然等閑《とうかん》に附せられて居る。さりながら、日本と最も密接なる関係を有するシナに在りては、回教徒の総数三千万を下らざるべく、孫逸仙《そんいっせん》〔孫文〕の如きも、今後のシナ研究者は、決してシナに於ける回教徒の勢力を等閑すべからざるを力説して居る。而して日本が現に盛んに経済的発展を遂《と》げつつある南洋諸島は、米領フィリピンを除き、土民の約九割は回教を奉じ、更にシナに次で将来日本と最も親密なる関係を結ばざる可からざるインドに於ては、回教徒の総数実に六千万を超えて居る。加之《しかのみならず》日本の国際的関係は、今後益々《ますます》複雑を加うべく、従ってトルコ・ペルシャ等の回教諸国も、また日本の考慮中に入り来るべく、これと共に従来風馬牛《ふうばぎゅう》の観ありしトルコ問題・ペルシャ問題は、日本将来の政策と重大なる関係を生ずるに至るであろう。回教の研究、決して忽諸《こつしょ》〔軽んずること〕に附してはならぬ。

本論文の目的は、主として植民地に於ける回教徒の現勢を叙述し、植民政策上に於ける回教徒の政治的並に経済的意義に関する一般概念を与え、且回教植民地に対する文化的観察を略述するに在りて、各方面に関する詳細なる記述は、これを他日の研究に譲る。

註1　Paul Reinsch : Colonial Administration, Chap. I.

二　回教現勢一班

世界に於ける回教徒の総数は、精確なる統計を不可能とする事情あるが故に、未だ学者の間に定説がない。試みに最も典拠たるべき数種の統計を列挙すれば左の如し。

Hubert Jansen, Verbreitung des Islams ……………………二二五九、六八〇、六七二二人

S. M. Zwemer, Missionary Review of the World ……………一九六、四九一、八四二人
Allgemeine Missionszeitschrift 1902 ……………………一七五、二九〇、〇〇〇人
H. Wichman, In Justus Perthes' Atlas, 1903 ………………二四〇、〇〇〇、〇〇〇人
William Curtis, Syria and Palestine,1903 ……………………三〇〇、〇〇〇、〇〇〇人
The Mohammedan World of To-day（Cairo Conference, 1907）
二三二、九六六、一七〇人
Martin Hartmann, Der Islam,1909 ……………………………二二三、九八五、七八〇人

而して如上《じょじょう》の相違は、主としてシナ及びスーダンに於ける回教信者の算定が、人によって甚しく大小あるに基《もとづ》くものにして、自余の諸国又は諸地方の信者に関する統計は概《おおむ》ね大差ない。シナに於ける回教徒の総数に就《つい》ては、欧米の学者皆これを過少に測算するの傾がある。例えば上述諸統計中、最も精確に近しとせらるるハルトマンの算定に従えば、シナに於ける回教徒は約二千三百三十三万二千人なりと雖も、多年シナ各省を跋渉《ばっしょう》して親しく視察調査を遂げたる日本回教徒川村乙磨〔川村狂堂〕氏の如きは、シナ回教徒は、断じて四千万を下らずと測算して居る（註1）。要するに世界に於ける回教徒総数は、少くも二億五千万を下らずと信ずる。而して回教分布の現勢は、アジア大陸に於ける約一億七千万を第一とし、アフリカ大陸これに次で約六千万の信者を有し、ヨーロッパ大陸に於ては、トルコ及びヨーロッパ・ロシアの回教徒約千二百万に達する。両米大陸に於ける回教

徒は、如上三大陸の移住民に限られ、その数五万を出でざるべく、濠洲及び太洋洲に於ても、約二万の回教徒を算するに過ぎぬ。

もと回教には、通常の意義に於ける国家的思想を欠如して居る。若《も》し一定の空間的領域が、国家概念の根本要素なりとせば、回教は根本的に何らの境界をも承認せざるが故に、この回教的国家なるものは存在するを得ぬ。即ち全世界は悉《ことごと》く回教教団の領域にして、この領域を獲得するためには戦争を必要とする。何となれば非回教徒は、自《みずか》ら進んで回教に帰依する者を除けば、概ね回教徒の支配を受くるを肯《がえ》んぜず、又はその国土を彼等に捧ぐるを欲せざるが故《ゆえ》である。されば一切の非回教的国家団体に対する回教教団の法律的関係は、唯《た》だ一の戦争あるのみだ。この戦争は所謂神聖戦争 Jihad にして、全地を挙げて回教に帰依するまで継続せらる可きものである。故に回教は、今日と雖も尚世界を分つに「回教の地 Dar al-Islam」及び「戦争の地 Dar al-harb」の二つとして居る。

回教徒は、かくの如くにして、回教紀元第八年（西紀六三〇年）教祖ムハムマッドが全世界に向って回教帰依の宣言を発してより、四方に向って「神聖戦争」を挑み、回教紀元二九五年（西紀九〇七年）その全盛時に於ては、回教教団の領域はスペイン・モロッコ・アルジェリア・チュニズィ・トリポリ・エジプト・シリア・アラビア・ペルシャ・トルキスタン・アフガニスタン・バルチスタン及び裏海沿岸の諸地方に及び、真に全地を挙げて「回教の地 Dar al-Islam」たらしむるの勢《いきおい》を示したが、その後回教教団はその統一を失い

リベリア	米領フィリピン	蘭領東インド諸島	欧　亜ロシア	その他欧洲諸国（主としてバルカン諸国）	濠洲及びアメリカ	通　計
600	300	33,000	8,410	1,360	68	153,383

属する回教徒		トルコ以外の回教徒				
アフリカ	計	モロッコ	独立アラビア諸国	アフガニスタン	ペルシャ	計
996	12,481	7,840	3,500	4,370	8,800	24,510

て次第に衰退し、今世紀初頭に於ては、全回教徒の首長たるトルコ皇帝が僅《わず》かに欧亜トルコ及びアラビアの一部に君臨して約千六百万の回教徒を統一せると、ペルシャ皇帝が約九百万の回教徒を統一せると、及びアフガニスタン・モロッコ等に於て半ば独立せる教団を組織せる他、大多数の回教徒は悉く異教徒の配下に属するに至った。而して回教徒がこれらの諸国に分立するは、前述の如く回教本来の精神に非《あら》ず、事実のために強迫せられて教団に境界を設くるの止むなきに至れるに過ぎぬ。今試みに世界戦以前に於ける回教徒の

(1)キリスト教国に隷属し又は保護せらるる回教徒

地名	英領 84,241		仏領 20,258		旧独領アフリカ	伊，西，白領アフリカ
	アフリカ（エジプト，スーダンを含む）	アジア	アフリカ	アジア		
人員（千人）	20,607	63,634	18,803	1,455	2,573	2,573

(2)同上以外の回教徒

項目	キリスト教以外の諸国に属する回教徒				旧トルコ領に	
地名	アビシニア	シナ	シャム	計	ヨーロッパ	アジア
人員（千人）	8,000	30,000	1,000	39,000	295	11,190

政治的分布を表示すれば上の如し（註2）。

　如上の統計が示す如く、全回教徒の六分の五は、実は非回教徒によって支配せられ、就中欧洲諸国に隷属し、又はその保護の下に在るもの約一億五千三百万を算する。これを以て今日世界に於ける植民地住民の過半は回教徒なるを知り得るであろう。これ回教徒が、植民政策上に於て重大なる問題を形成する所以である。

註1　雑誌『新日本』大正四年五月号。

註2　統計は主として Martin Hartmann, Der

Islam 及び S. M. Zwemer, The Muslim World に拠る。

三　回教に於ける信仰と法律及び政治との関係

回教に於て、宗教と法律及び政治とが、極めて密接に結合せらるることは、植民政策上に於ける回教徒の意義をして、一層重大ならしむるものである。

先ずこれを政治的に観察すれば、回教徒が非回教徒の君主を奉戴することは、回教本来の精神と相容れざるもの。回教は前述の如く、全地を「回教の地　Dar al-Islam」及び「戦争の地　Dar al-harb」に両分し、且つ「戦争の地」は早晩「回教の地」と化し、究極に於て全世界は悉く回教を奉ずべきことを根本の原則とする。現に今日に於ても、「神聖戦争 Jihad」は如何なる「戦争の地」に対してもこれを宣言し得るや否《いな》やが、回教神学者間の一論点たるの事実は、能《よ》く回教に於ける信仰と政治との関係を示すものである。この問題に対する多数神学者の解釈、殊《こと》にインドに於ける回教神学者の解釈は、回教の信仰が自由に行われ、且回教の規定が遵奉せられ、回教徒の生命財産が好意を以て保護せらるる地域は、これを「回教の地」と認め、「神聖戦争」は該地域に於て禁止すべしと言うにある。然れどもかくの如きは已《や》むなき事情のために強要せられたる妥協的解釈にして、コランの名高き一節に於て、全回教徒に向って下されたるアラーの命令を徹底せしむる所以でない。

その一節に曰く「アラー及び最後審判を信ぜざる者と戦え、彼等のうち聖経を有する者が自らの手を以て恭しく贖罪金 Dschizja を捧ぐるまで戦え」と（註1）。茲《ここ》に「聖経を有する者」と云うは、ユダヤ教徒及びキリスト教徒を指すものにして、彼等は天啓の経典を有するものとして、自余の多神教徒に対して特別の地位を占め、多神教徒の場合に於ては、若し改宗を拒めばその生命を屠られ、婦人及び幼児は奴隷とせられたけれど、ユダヤ教徒及びキリスト教徒は、仮令《たとい》改宗せざるも、一定額の租税を回教教団の代表者に納め、且この義務を尽す間は、生命・自由・財産を維持することを得た。さればインドを「回教の地」と認むるが如きは、一時の便宜に出でたるものにして、アラー及びその預言者の精神でない。故にマクドナルドの如きも、「インド回教徒が神聖戦争の好機を与えられたる場合に於て、この解釈が果《はた》して有効なりや否やは疑問に属す」と述べて居る（註2）。

信仰と政治と相結ぶことかくの如き回教徒が、異教徒の支配を喜ばざるは言を俟《ま》たぬ。されば前世紀に於て、欧洲列強の植民的発展が回教徒の国土に及ぶや、常に甚しき抵抗を受けた。而して回教諸国の政治的独立が、或は脅威せられ、或は強奪せらるるに及んで、これに対する抵抗叛乱、全世紀に亙《わた》って屢々《しばしば》繰返された。世人の熟知する如く、回教徒はメッカ巡礼を以て最も重要なる宗教的義務の一とする。各国より遠路聖地に詣《もう》づる回教徒は、彼等が等しく不幸なる運命に襲われたのを相語って、憤激し慷慨した。彼等は世界に於ける全回教国土が、漸次《ぜんじ》異教徒のために蚕食《さんしょく》せられつつあるを知った。かくの如くにして、彼等は、各自の国土に於て欧洲列強の侵略と戦えるのみならず、今を距《へだ》つる六十年以前に於て、夙《はや》く既に今日の所謂《いわゆる》汎回教運動の端緒を見るに至った。而してこの運動の導火線たりしものは、メッカの一回教神学者によって書かれたるアラビア語の小冊子「回教を奉ずる一切の国王並に国民に告ぐ」であった。

汎回教運動が、回教諸国に於て如何なる程度まで組織的に発達しつつあるかは、これを確知し難き事情あるけれど、現にエジプトに於て六種、その他諸国に於て約十種の機関新聞又は雑誌を発行し、カイロを中心として盛んに主義の伝道に努め、ロンドン・パリ・ジュネーヴ及び北米合衆国等に「汎回教協会」を設立し、専ら回教徒の糾合に努めつつある。先年オランダ東インド政庁は、汎回教運動の東インド諸島に伝播せんことを恐れて、厳に該運動機関刊行物の輸入を禁止したけれど、現に種々なる手段の下に盛んに密輸せられつつある（註3）。汎回教主義は、クローマー卿が定義せる如く、第一にはスルタンに対する忠誠を高調し、第二にキリスト教に対する反抗戦闘の精神を力説し、第三には回教信仰の改革を主張し、如上の目的のために世界に於ける全回教徒を一致団結せしめんとするものである。一九〇五年三月、カイロ発行の一機関新聞に掲げられたる論文は、汎回教主義者の反ヨーロッパ思想を最も赤裸々に表白せるものにして、彼等が欧洲列強に対して、政治的並に宗教的に、激しき反感敵意を抱けることを示して居る。該論文は「インド人及びエジプト人に告ぐ」と題し、筆を極めてインド・エジプトに於ける英国の「暴虐無道」を難じ、結ぶに下の言を以てした。曰く「一致団結するもの能く勝利を得べし、来って吾等と心を一にし力を一にせよ、今はこれ圧制に呻吟するインドが、同じく暴虐に号哭《ごうこく》するエジプトと相結ぶべき秋《とき》に非《あら》ずや」と。而して信仰上に於ける汎回教主義の進歩的態度は、有名なるアフガン王の宣言、最も能くこれを表明して居る。曰《いわ》く「吾《わ》れ一言にして吾が満腔の希望を汝らインドの回教徒に告げん。曰く、知識を得よ、知識を得よ、三度び繰返して曰う、知識を得よ。同胞よ無智に安んずる勿《なか》れ、又《また》は己れの無智を知らずして安んずる勿れ。或は曰《い》わん、回教は近代の哲学と風する馬牛なりと。又曰わん、欧洲の科学は罪悪に過ぎずと。吾は彼等の徒に非ず。吾は勧む、汝等知識を得ざるべからずと。然れども科学は表面にして宗教は根柢なることを忘れざれ。心情を浄めて、然る後に頭脳を鍛えよ。或は単に心情を浄むるに満足すれども、かくの如きは誤れり」と。要するに汎回教運動の前途は容易に逆睹《ぎゃくと》〔予測〕し難きものあるけれど、その植民地内に多数の回教徒を包有する欧洲諸国に取りて、重大なる一問題たるを失わない。

而して回教に於て信仰と法律とが不可避の関係を有することも、また植民政策上に於て回教が特殊の考慮を要する所以である。蓋し近代諸国に在りては、宗教と法律との間に厳然たる区別を劃するを以て原則とする。然るに回教徒に於ては、信仰と法律との間に、何ら根本的の区別を存すること無い。アブー・バクル・アブデッサラム・イブン・コアイブ曰く、「回教徒に取りては、俗人法と宗教法との間に区別なし。何となれば両者等しくコラン及びムハムマッドの言行を根本典拠とするが故なり。回教徒は両者を以て当然人智の同一部門に属するものとなし、両者の間に何ら本質的の相違を認めざるなり。人若し回教徒が祈禱の儀式と、販売の手続との間に、何らの区別を劃せずして、同一態度の下にこれを取扱う事情を考究せんと欲せば、回教教典を繙《ひもと》いて容易にこの間の消息を知り得べし。ローマ法に準拠せる欧洲の立法が、宗俗二法の間に截然たる区別を劃するは、回教徒に取りて不可解のことに属す」と（註4）。而してムハムマッド・ベン・ラハルが「回教の真理は一切を包有す」と言えるも、また実にこの意味に外《ほか》ならぬ（註5）。かくの如くなるが故に、若し欧洲諸国が、強《し》いて新たなる法律の下に植民地に於ける回教徒を律せんとする時は、甚しき反抗を受くるを常とする。何となれば、この事は彼等の固執する信仰を脅すものなるが故である。されば欧洲諸国にしてその植民地に於ける回教徒に対し、或はこれを撲滅せんとし、或はこれを高圧せんとし、或はこれを同化せんと努めたるものは、何《いず》れも失敗に終らざるなく、遂《つい》に今日の放任主義又は共働政策を採るに至った。共働政策とは、彼等の自尊心を傷つけてその抗争を受けることを避けるために、回教の信仰習慣を尊重して、所謂キリスト教主義を強いることなく、専《もっぱ》ら経済的開発によって相提携し、これによって利益を得んとすることこれである。吾等は以下節を更めて欧洲諸国の回教植民地に就て述べる。

註1　コラン第九章第二十九節。

註2　D. B. Macdonald : Development of Muslim Theology, Jurisprudence and Constitutional Theory, pp. 56-57.
註3　S. M. Zwemer : The Muslim World, p.181.
註4　Abu Bakr Abdessalam Ibn Choaib : De l'Assimilation des Indigènes Musulmans de l'Algérie aux Français Congrès International tenu a Paris en 1900, t.II, p.146.
註5　Muhammad ben Rahal : Questions Diplomatiques et Coloniales, p.542.

四　回教植民地に於ける統治上の困難

前節に略述せる如き事情の下に、回教徒の征服は、欧洲諸国に取りて至難の事業であった。キリスト教国が、回教徒多数を占むる植民地内に於て試みたる総ての経営は、概ね彼等の敵愾心を挑発し、動もすれば彼等を駆《か》って宗教的狂熱に奔《はし》らしめ、異教徒に対する反抗憎悪の念を激成して、従来彼等の間に行われし多年の嫉視争闘を忘れて一致団結の行動に出でしめ、屢々一般的叛乱を惹起するに至った。

例えば地中海に面する北部アフリカ一帯の地、即ち所謂小アフリカは、今日に於て最も有力なる回教の一中心にして、適当なる刺激と指導とを与えるならば、一個の堅実なる国家を建設す可しと云うは、該地方を旅行せる欧米人の等しく承認する所である。而して回教がかくの如き強固なる地盤を小アフリカに確立せるは、第十六世紀の交、スペイン及びポルトガルの発展が、土民の宗教的反抗を挑発せるに因《よ》る。而してモロッコが一五四四年に於て一独立国を建設せるも、また西葡〔スペインとポルトガル〕両国の侵略が、従来族闘を事とせるモロッコの諸部族をして、一致協力せしめたる結果であった。第十九世紀に至りて、フランスがアルジェリアを経略せる時に於ても、アルジェリアの殆ど総ての部族が、数世紀来激烈なる族闘を事として居たに拘らず、悉く一致してフランスに抵抗を試みた。一八三〇年、仏国は軍艦七十五隻、兵卒三万七千五百人を派してアルジェリアを攻略したが、これを全く仏領とするためには、実に四年の歳月を費した。且この仏国植民地の建設は、これによって、何ら直接の圧迫を蒙《こう》むらざる部族の反抗心をも惹起したので、仏国はこれがためにその欲せざりし遠隔の地方までをも征服せざるを得ざるに至った。而してその後に於てもアルジェリア回教徒は、不断に叛乱を起して反抗を持続し、アルジェリアは仏国陸軍の演習地たるの観を呈した。

オランダ政府もまた東インドに於て同様の困難に遭遇した。東インド諸島中、最も激しくオランダの支配に抗したのは、南洋回教の中心たるジャワ回教徒にして、異教徒に従属するよりは、寧ろ死するを以て勝れりとし、所謂「神聖戦争」の名に於て頑強なる抵抗を試みた。一八二五年より一八三〇年に亙れるジャワ戦争は、その最も激烈なりしものである。ジャワ以外の諸島に於ても、回教徒は固よりオランダの支配を喜ばず、起ってこれと戦った。西スマトラのパドリス戦争、ボルネオのバンジャルマシン戦争及びアッチェ戦争の如き、皆宗教的熱狂その根柢をなせるもの、その反抗頗《すこぶ》る永く、且猛烈を極めた。而してオランダの権力已《すで》に確立せられたる後に於ても、回教徒は、これを以て決して恒久的のものとなさず、唯だ抵抗を持続し得ざるための一時的譲歩に過ぎずと信ずる。この点に関して、先年在スマトラ一キリスト教宣教師によって為されたる報告は、極めて興味ある資料である。曰く「吾人は、往々にして全回教世界が、見えざる糸にて結合せられ居るが如く感ぜざるを得ざることあり。されば地球上のある国土に於ける回教内の出来事は、直《ただち》にその影響を各地の回教徒に及ぼさずば止まざるなり。例えば、先頃のアルメニア人虐殺は、スマトラ回教徒に大なる自負心を鼓吹せり。彼等はキリスト教徒に向って曰く『汝等今にしてスルタンの勢威、如何に大なるかを知り得たらん、スルタンは遠からずスマトラを自由の国土たらしむべし。その時吾等は、今トルコ人がアルメニア人に向って為せることを、汝らキリスト教徒に向って為さん』と。而してこの報道の伝わるや、将《まさ》に改宗して洗礼を受けんとしつつありし若干の回教徒は、キリスト教に入ることを断念せり」と（註1）。

回教徒は、異教徒の侵入を以て、啻に彼等の政治的独立の脅迫と認むるのみに非ず、また宗教上の迫害者としてこれを憎悪する。故に異教徒の接近が、何ら政治的意味を帯びざる時と雖も、これを黙視するを以て宗教的罪悪とする。ドゥテ曰く、「モロッコ人がヨーロッパ人に対して今尚抱きつつある敵愾心は、政治上より来ると云うよりは、寧ろ宗教上より来るものなり。彼等の反抗心の由って来る所は、国民的感情に非ずして、寧ろ宗教的感情なり。即ち彼等はその信仰の維持を以て絶対的義務と感じ、アラーの宗教が、外人によって汚瀆《おとく》せらるることを恐れ且憎むものなり」と（註2）。

加うるに回教徒は、その回教を奉ずるの故を以て、一切の他の人類よりも優越し、神慮によって彼等を主宰するの使命を負うと信じて居る。スヌーク・ウルグロンジュ教授曰く「回教に帰依せる土民は、その改宗の年月が数百年の久しきに亙る者も、或は数年に過ぎざる者も、又衷心よりこれを奉ずる者も、或は表面の信者に過ぎざる者も、又戒律を遵《じゅん》奉《ぼう》する者も、或はこれを等閑に附する者も、又曽て信奉せる偶像崇拝を脱却せる者も、或は尚未だ全くこれを放棄せざる者も、一旦回教に帰依せる以上は、その回教徒たるの故を以て、世界に於ける人類中、最も優越せる人民なりと信ずるに至る。回教の理想は、信者の精神を把握し、一首長の下に全回教徒を統一するに存す。未だ回教に帰依せざる民族を、改宗・征服・亡滅等の手段によって統一せんとする単純にして矜高《きょうこう》なる観念は、普《あま》ねく回教徒の間に蔓延《まんえん》せり」と（註3）。

かくの如き信仰は、異教徒に対する回教徒の団結を容易ならしむるものにして、欧洲の一国が回教徒領域の一地点に於て企《くわだ》つる行動は、直接利害を感ずる該地点のみに止まらず、全領域に於ける教徒の反抗を激成するに至り、従ってこれが平定を困難ならしめる。且異教徒に対する戦争は回教の宗教的義務にして、何人もこれを拒むことを得ない。異教徒に対する積極的挑戦の場合に於ては、この義務は日々の祈禱又は断食の如く厳格なるものに非ずと雖も、異教徒側よりする侵略に応戦するに当っては、この義務は絶対的のものにして、婦女子と雖もこれを負担するを原則とする。これ欧洲政治家が、回教徒の反感を激成して「神聖戦争」を惹起せざらんがために、彼等に対して妥協的植民政策を布くに至りし所以である。ヴィヨー曰く、「神聖戦争は、アフリカ北部の欧洲植民地に対する一個の脅威にして、これを蔑視し又は度外視するは、極めて無謀なりと言わざる可からず」と（註4）。

回教徒の征服は、如上《じょじょう》の至難なる事情あるに拘らず、欧洲諸国は次第に彼等を圧倒してその支配権を確立し、世界に於ける全回教徒の約三分の二は、今や欧洲諸国に隷属し、又はその保護の下に立つに至った。而して回教領土に侵入の初期に於ては、各国専《もっぱ》ら武力を以てこれを威圧するに努めたが、一旦これを征服してよりは、主として同化政策を採った。然るにこの事が却って回教徒の政治的並に宗教的反感を挑発し、不断の叛乱を惹起するに至り、茲に漸《ようや》くその非を悟りて、彼等に許すに信仰の自由を以てし、その風俗習慣を維持せしめ、彼等の矜高を利用してこれを懐柔するの策に出たので、両者の関係稍々《やや》円滑となり、次第に統治の困難を減ずるに至った。かくの如き懐柔政策の典型的なるは、最近に於けるアルジェリア及びチュニスに対するフランスの植民政治にして、啻に回教徒の信仰に干渉せざるのみならず、その風俗習慣を尊重し、彼等と交わるに対等の体を以てし、人才を彼等の間より登用して要路の官吏に任じ、且彼等を挙げて植民地軍隊を組織し、辺境の防備に当らしめて居る。

エジプトに於ける英国統治も、初めは回教徒のキリスト教化を企てて成らず、次で宗教問題に対して全く没交渉の態度に出で、更《さら》に近来に至っては回教徒の歓心を得るに非ずば、植民的発展を困難とするより、積極的に彼等に向って好意を表明しつつある。下に引用する在エジプト・キリスト教宣教師の不平は、エジプトに於ける英国政府の対回教徒政策を示すもの。曰く「政府は回教徒の利益に対して特別なる好意を表し、且キリスト教を犠牲にしてまでも回教の迷信に不当なる敬意を払う。裁判所が回教の律法に従って日曜を休日とせずして金曜に閉じるが如き、又はメッカ巡礼のカラヴァンが国王の身代りなる駕籠《かご》を奉じてカイロを着発するに当りて、英国軍隊及び土民軍隊がこれを送迎するが如き、皆甚しくキリスト教を無視するの行動となす。殊にカルトゥムに建設せられたるゴルドン将軍紀念学校に於ては、コランを教科書として用い、絶えてキリスト教聖書を用いず、且金曜日を以て休日とせり」と（註5）。而して西部アフリカに於ても、回教徒多数を占むる植民地に於ては、英国政府は、エジプトに於けると同一の態度を以て彼等に対し、或は官費を以て回教会堂を修繕し、回教徒の会合に金品を寄附し、偶像教徒の軍隊に入営するものに向っては、回教徒の風習に従ってこれに割礼を施すなど、専ら彼等の敵愾心を慰撫するに努めて居る。

今日の回教徒は、一面に於て異教徒の圧迫に抵抗して起つ可き充分なる勢力を欠き、他面に於て欧洲諸国は彼等の宗教に好意を表するの態度を採り居れるが故に、少くとも表面は甘んじて異教徒の下に属し、その支配を認容しつつある。加うるに回教徒は、悉く宗教的講社に属し、講社の首長は講中に対して絶対の権威を有する。故に統治者は常に回教徒中の敬虔《けいけん》なる修行者及び諸講社の首長に対して敬意を表し、その生活の安全を保障し、また彼等が布施又は供物の名目の下に講中より金品を徴集することを許容し、これによって最も有効に平和を維持しつつある。蓋しこれらの修行者並に首長は、平和なる状態に於て利益を享有しつつあるが故に、勝算なき叛乱に与みして、却《かえ》って自己及び信者に不利を来すが如き愚を避けんと努めつつあるのである。

かくの如く一旦《いったん》征服せられたる回教徒は、適当なる方法を以てすれば、これを支配すること却って他の人民より容易なるが如しと雖も、彼等の服従は決して衷心より出でたるものに非ざるを知らねばならぬ。即ち各宗教的講社及びその首長の勢力を利用し得る間は、統治はなはだ容易なりと雖も、彼等の忠実は決して絶対に信頼し得べきものでない。若し有為なる野心家が、種々なる動機によって教徒を煽動すれば、如何なる事変の突発せざるを保し難い。故に仏国前内相アノトーは曽て仏領スーダン及びアルジェリアに於ける回教徒の危険性に就て国民に警告して曰く、「屢々撃破せられて、而も決して阻喪《そそう》せざるこれらの被征服者は、表面に平穏を装えども、実は不断に危険なる不平の焔を心裡に燃やしつつあり。回教の諸講社は、今は適当なる指導を欠くが故に、暫《しばら》く無事なりと雖も、他日の叛乱に備うる彼等の精神的爆発薬は、鄭重《ていちょう》に保存せられつつあり」と。さればモランの如きも「回教徒の領土に在りては、暴動及び叛乱の門戸は、常に開放せらる」と述べて居る（註6）。

註1　S. M. Zwemer, Ibid., p. 102.
註2　M. Morand : De l'Importance de l'Islamisme pour la Colonisation Européenne, Bibliothèque Coloniale Internationale, Compte Rendu, 1909, p. 437.
註3　Snouck-Hurgronje : Bibliothèque Coloniale Internationale, Compte Rendu, 1909, pp.460-461.
註4　Villot : Moeurs, Coutumes et Institutions des Indigènes de l'Algérie, p. 482.
註5　S. M. Zwemer, Ibid., p. 104.
註6　M. Morand, Ibid., p. 443.

五　経済的見地より観たる回教植民地

次に経済的見地より観察するに、回教地方に於ける植民事業は、回教に於ける信仰と法律との特異なる関係より、種々なる制限を受くるを常とする。植民の経済的目的は、これを生産の方面より言えば、本国資本の新投下、本国生産物の販路拡張、原料の廉価購買等に存し、これを分配の方面より言えば、主として人口の過剰を節制し、これより胚胎《はいたい》する諸種の弊害を除去するに存する。然るに今日回教徒の多数を占むる地方は、或は気候風土の関係より、或は人口密度の稠密《ちゅうみつ》より、概ね欧洲民族の居住に適せぬ。従って過剰人口を移植する目的に対しては、一般に大なる利益を与えざるが故に、欧洲諸国の回教地方に於ける植民地建設は、主として本国資本の新用途、及び本国生産物の新販路を得るを以て満足しなければならぬ。

第一に、回教地方は不動産に対する投資に適せぬ。これ一般学者の承認する所にして、その原因は回教の法律に於て所有権の移転を登記せざるに在る。故に甲が乙の所有地を購買したりとせんに、後日乙が該土地の所有権を主張する場合、甲はこれに対抗すべき法律上の保障を有しない。従ってその間に詐欺の行わるること絶えずして、不動産の売買極めて危険である。加うるに回教の複雑なる相続法は、回教徒の不動産をして甚しく不確実の状態に陥らしめる。蓋し回教に於ては、相続者の範囲極めて広い。試みに列挙すれば（一）配偶者、（二）父母、（三）子女、（四）男孫及びその子孫、（五）女孫、（六）祖父及びその父祖、（七）祖母、（八）姉妹、（九）兄弟の子及びその男子孫、（十）父の兄弟、（十一）父の兄弟の子及びその男子孫、（十二）解放せられたる奴隷の保護者は、皆一定の歩合に従って遺産を分配される。而して分配の歩合もまた甚しく繁雑にして、殊に相続者多数の場合に於ては、相続権の割合が最も複雑を極むる上に、各相続者の所得は極めて少額となる。故にかくの如き場合に於ては、相続者は財産の分配に与かることを断念し、共有財産としてこれを据《すえ》置《お》くを常とする。而してこの共有財産は、時を経るに従って更に複雑紛糾を加え、遂に共有者各自の権利を決定すること不可能となるに至る。プイヤンヌ曰く「回教の財産共有制度は、回教の相続法が複雑を極むることに起因す。相続者が適法の分配を受くることは、至大の困難と巨額の費用とを要す。故にアルジェリア土民の如き、財産の分配を確定するもの極めて稀にして、その不動産は概ね乱雑なる共有財産の状態に在り。而して不動産の状態、かくの如く不確実なるが故に、動もすれば破産に陥るが如き訴訟を見ること尠なからず」と（註1）。

かくの如き回教相続法は、多くの学者によって非難せらるる所なりと雖も、モランの如きは種々なる理由を列挙して、該法が決して世人の称する如く悪法に非ざるを主張して居る。氏はアルジェリア法律学校長にして、最も小アフリカに於ける回教の事情に精通する学者なるを以て、その言は特に傾聴に価する。いまその説の大要を下に述べる。

第一に、回教法律が規定する相続人の数は、これを近世ヨーロッパの法律、殊に仏国の法律が規定する相続人の数に比して、決して著しく多数なりと云うを得ない。回教法律が規定する相続者にして、フランス法の規定せざる者あると同時に、フランス法が相続者と規定するものにして、回教法律のこれを認めざるものもある。且回教の一派にては、母系の親族は相続者たらず、又他の一派にては、父系の親族なき時に限りて、母系の親族も相続者たり得とせられる。故に実際に於て相続者の数は、法文に於て見るが如く多数ではない。次にフランス法に於ては、生存せる配偶者は、唯だ財産の収益権のみを相続し、その他の者が財産を相続する。かくの如きは財産分配上困難を惹起するものなるが、回教法律に於ては、生存せる配偶者も、また他者と同じく財産所有権を相続する。第三にチュニスに於ては、財産共有の実例はなはだ僅少にして、仮令これあるも決してアルジェリアに於ける如く長期に及ぶものがない。第四にアルジェリア回教徒は、その相続法に由来する財産共有制度に対して、未だ曽て不平を訴うるものあるを聴かぬ。殊に農民及び遊牧民に在りては、財産共有制度を採用し且これを維持するは、彼等の生活状態に適合せるが故に外ならぬ。蓋し彼等の多くは、殆ど砂漠に等しき不毛の地方に定住又は転住し、その日用器具の如きも頗る幼稚にして、且資本を有せざるが故に、各自の労力を交換し、且共同して節倹の生活を行うに非ずば、その生命を保つことができない。即ち彼等は財産を共有するに非ざれば生存の途なきものである。

モランは、如上の説明によりて、回教の相続法が、少くとも小アフリカに於ては、全然これを非とすべきものに非ずとなし、且適当の方法を以て一方土民の権利を保護し、他方欧洲資本家に有利なる規定を設けて、完全なる取引を行わしむる事は、固より容易に非ずと雖もまた決して不可能に非ずとなし、一八九七年二月十日に発布せられたるアルジェリアに於ける土地所有権に関する仏国政府の法律を以て、この障礙の解決が絶望に非ざるを示す証拠なりとして居る（註2）。

但《ただ》し回教の相続法は、もとアラビアの習慣を基礎とし、ムハムマッドが多少進歩せる自己の社会的見解よりこれに若干の改訂を加えて制定せるものなるが故に、回教に帰依する以前に於て既に社会的発達の一定高度に達せる人民に対しては、この不完全なる原始的相続法の適用を困難ならしむること言を俟たぬ。故に蘭領東インド諸島中、ジャワの如く回教渡来以前既にインド文明の輸入せられたる地方に於ては、回教帰依以後と雖も、尚《なお》在来の習慣に従える相続法を認容せざるを得なかった。併《しか》し訴訟の場合に於ては、厳に回教法律を適用して習慣法の効力を認めない。また西部スマトラのマレー人は、純然たる回教徒と雖も、今尚主婦相続制度を維持して居る。されどこの制度は次第に勢を失い、早晩回教法律の相続法が行わるるに至るであろう。

相続に次で回教徒の経済的生活を阻礙《そがい》するものは、一切の利子附貸金及び一切の保険契約を賭博と看做《みな》してこれを禁止する回教法律である。こは回教徒の商工業的発展を阻害せることは極めて大である。さりながら回教徒が商工業界に活動し初むるに及んで、彼等は法律と抵触する事なくして、而も禁止せられたる契約を行い得べき適法の遁路を発見して居る。殊に蘭領ジャワの回教徒は、回教渡来以前よりシナ人・ヨーロッパ人及び少数土民の貪婪《どんらん》なる金貸業者に苦しめられ、貸主に対する憎悪軽蔑の念頗《すこぶ》る強く、改宗以後に於ては回教法律のこれを禁止するあるが故に、一層厳重に厲行されて来たが、彼等の生活上の必要は、遂にこの障礙を打破せしむるに至った。今や土地抵当銀行は政府補助の下に創設せられて盛んに業務を発展せしめ、又凶年に際して食料及び種子を有せざるものに対して、これを供給せんがために設けられたる町村倉庫は、軽微の利子を附して土民に貸附を行いつつある。而してこの倉庫の業務担任者、並にこれによりて便宜を得つつある借主が、共に土民なることは、大勢の趨《おもむ》く所を示すものである。

次に生産品に対する市場としては、回教国は現在に於て種々なる原因よりする制限を受けて居る。而してその主因は回教徒の購買力が大ならざるに在る。回教徒の生活程度は到処年々多少の向上を見ると雖も、概して極めて遅々《ちち》たるを免れぬ。ヨーロッパ人と接触する回教徒は、次第に新しき嗜好、新しき習慣に感染しつつあるは事実であるが、これらの新しき欲望を満足し得るの状態に達するまでには、尚幾多の年月を要するであろう。何となれば、これがためには彼等が新しき財源を得るの必要ある故である。然るに回教土民は、一般に怠惰にして且宿命論者である。彼等はその富を自己の勤労に依頼せずして、これを神に祈願する。蓋し彼等の屢々蒙りたる天災、即ち洪水・熱風・虫害等の頻発及び天候の異常なる現象は、彼等の堅実なる労働心を喪失せしめ、人力の遂に成すなきを信ずるに至らしめたるもの。加うるに彼等の宗教は、信者に向って節制寡欲を力説し、一切の含酒精分飲料・豚肉・脂肪・煙草等の消費品を禁止する。故にモランの如きも、輸出貿易上に於て多大の希望を回教国土に嘱する能わずと言って居る（註3）。

註1　Pouyanne : Rapport sur l'Application du Système Torrens en Algérie et en Tunisie, pp. 42-43.
註2　M. Morand : Ibid., pp. 446-447.
註3　M. Morand : Ibid., p. 450.

六　文化的見地より観たる回教植民地

吾等は更に進んで文化的見地より回教植民地の意義を研究する。この点に関して第一に起る問題は、欧洲諸国は果してヨーロッパ文明を回教徒の間に扶植《ふしょく》し得るや否やと云うことである。若し回教徒多数を占むる植民地にして、回教の感化未だ充分ならざる場合に於ては、この問題に対して、然りと答えることができよう。屢々引用せるスヌーク・ウルグロンジュ教授の報告に曰く、ジャワに於て、回教徒は欧洲人到来以前に於て、未だ該島固有の文明を破壊するに充分なる年月を有せざりしを以て、欧洲人の渡来は、一方に於て回教の教化を妨ぐると同時に、他方土民の発展に新たなる路を開拓した。若し欧洲諸国にしてその勢力を賢明に使用したらんには、彼等の大多数は欧洲思想を吸収し得る能力を有することは疑う可からざる事実であると（註1）。

然れども回教の教化、既に徹底して行われたる国土に於ては、その欧洲化、又はキリスト教化は極めて困難の事に属する。例えばこれをアルジェリアに見よ。それフランスは植民政策に於て同化主義を奉ぜる模範的国家と称せらる。而もアルジェリアの回教徒は、今尚仏国文明と風する馬牛である。彼等は多年仏国文明と接触し来れるに拘らず、回教の信仰及び法律に対する愛着心は依然として旧の如く、その風俗習慣、家族制度、乃至《ないし》生活状態に於て何らの変化を見ぬ。一九〇六年の人口調査に拠れば、アルジェリア回教徒の総数四四一〇八六三人の中、仏国に帰化せる回教徒は僅《わず》かに四十人に過ぎず、一八六五年乃至一九〇六年に亙《わた》る四十年間に於けるこれら帰化民の数は、僅かに一三六一人を算するのみである。而して回教徒とキリスト教徒との結婚に至りては、その数更に寥々《りょうりょう》たるものにして、一九〇六年の統計に拠れば、回教徒の欧洲婦人と結婚せるもの僅かに二組に過ぎない。

仏国官憲は、土民の遊牧生活を向上せしめんがために大いに尽力する所あった。植民地政府は特に家屋を建築して村落を形成し、茲に土民を定住せしめんとしたが、尽《ことごと》く失敗に終った。蓋し彼等は家屋内に蟄居《ちっきょ》するよりは、自由なる天幕生活を愛するもの。官吏に採用せられて、多年仏国官吏と同様の生活を送れる土民官吏すら、一旦退職すれば年来の文明的生活を放棄して、再び天幕生活に復帰するもの多い。

回教徒をしてかくの如く保守的たらしむるものは、既に屢々述べたる如く、信仰と法律とが混一せらるるが故である。若し回教徒がその法律習慣を棄てて欧洲諸国の法律習慣に従わんか、これ即ち自己の宗教を棄つるものにして、背信者を以て遇せらるるに至る。従って彼等をキリスト教に改宗せしむるが如きは、至難中の至難事である。ドゥ・カストリー曰く、「回教国土内に於てキリスト教宣教師が回教徒に対して採るべき行動は唯だ一事あり、彼等をして回教徒たらしめ置く事これなり」と（註2）。

　彼等は回教を以てキリスト教よりも高尚優越なるものと確信する。而して彼等の欧洲国民と接触するや、その欠点のみを観得し、そのキリスト教文明を観察するや、主としてこれに伴う罪悪を見る。故に彼等は益々回教の優越に対する確信を強くする。ムハムマッド・ベン・ラハール曰く、「欧洲の社会制度より生ずる悲惨、風俗の腐敗を見るものは、回教とキリスト教との優劣に就て、判断に惑うことなかる可し。吾人は回教が、キリスト教徒に取りて、避難所又は安全なる休息所たるを信ずるものなり。キリスト教は、何ものを以てしても動かし難き信仰上の支柱を欠く、何んぞ能く回教に当るを得んや」と（註3）。かくの如くにして、欧洲の教育を受け、キリスト教に就いて多く学びたる者が、却って益々《ますます》これを非難し且敵視するの奇観を呈する。故にドゥテ曰く「最も教育を受けたるもの、最も吾人と遠ざかる」と。

　如上の扞格《かんかく》は、回教徒の社会状態及び経済的欲望の程度が、欧洲諸国のそれと甚しき懸隔あるに因る。蓋し人間の思想・傾向・志欲は、遺伝及び境遇に支配せらるるものなるが故に、彼等の境遇が今日の如くなる限り、彼等の信仰も依然として旧の如くならざるを得ぬ。他日彼等が今日の境遇を脱するの利益を感ずるの時は、即ち彼等の社会状態が改造せられ、新しき経済的欲望を生ずるの時にして、その信仰もまたこれに順応して進化するに至るであろう。

現に今日に於ても、経済上の利害関係は、アルジェリアに於ける回教労働者と白人労働者とを著しく接近せしめつつある。各都市に於ける土民労働者は、漸次《ぜんじ》白人労働者と同一の生活を営むに至り、且労働者階級に在りては、土民と白人との間に、盛んに非正式なれど事実上の結婚行われ、両者の間に親密なる交際が成立して居る。これ両者の経済的生活の近似せるによるもの。而して外国貿易に従事する回教徒の如きも、その営業上の必要より、無益なる回教法律の規定を省みざるもの多きに至った。

それユダヤ教は、その本質に於て最も回教と類似せるものにして、等しく近代文明と相容れざる信仰を教うるものである。而してその宗教に対する執着心に於ても、ユダヤ人は決して回教徒に劣るものでない。而も彼等は一面に於て能く近代文明と同化し、近代社会に於ける活動に於て、決してその宗教に累《わずら》わさるることなく、社会の各方面に於て顕著なる地位を占むるに当りても、その信仰は何らの妨害を与えない。これユダヤ教に於て、宗教及び道徳が、政治及び法律と分化せる（又は分化を余儀なくせられたる）によるものにして、若し同様の分化が回教内にも行われ得るとすれば、回教徒の生活は次第に新面目を呈するに至るであろう。

かくの如き分化は、固よりある程度まで、もしくは教徒のある範囲に限りて、晩《おそ》かれ早かれ行われるであろう。ただ回教は、典型的なる律法教として、人間行為の微細なる点に亙りて規定を設け、この規定を以て、絶対無謬の神法と目するが故に、これより脱離することは、回教徒に取りて至難の業と言わねばならぬ。但しかくの如き制度は、当然彼等の生活に甚しき不便を来すを以て、既に回教紀元第二世紀以来、一切の律法を二大部門に分類するの傾向を生じた。一は即ち儀礼、家族及び相続法、並に信仰上の諸規定にして、狭義に於ける宗教的律法に属し、他は即ち一般的法律である。若し回教教団がその正当なる発達を遂げたりとせば、これら二大部門の分化も比較的完全に行われたりしならんも、回教諸国の衰退と共に、回教の進取的精神が停滞・退歩又は化石したるより、中世紀の律法が今日まで継承せらるるに至ったのである。

回教徒はドゥテが言える如く、一方に於てはキリスト教に対する反抗心より、益々保守的に傾く勢あると同時に、他方にては生活の必要に迫られて、仮令全然幾世紀間に亙れる律法に対する愛着心を放棄せざるにもせよ、少くも近代文明の同化に障碍たる繁冗《はんじょう》なる羈絆《きはん》を脱却せんと努めつつあることもまた事実である。かくの如き努力の実例は、これをトルコに於て見るを得る。トルコに於ける回教の有力者は、一切の宗教的障碍を排除して、近代的生活に同化せんとする抑《おさ》ゆ可からざる希望を抱くに至った。彼等は外国の強制又は圧迫を待たずして、全然自己の精力によって現代文明と並行せんと腐心し、回教の信仰を失うことなくして時代精神に合致せんことを努め、欧洲諸国と対等の地位に至らんことを以て理想とするに至った。所謂青年トルコ党は、実にこの新精神の政治的発現に外ならぬ。

唯《た》だ茲に最も矛盾せる一事は、ヨーロッパ諸国が口に各自植民地内に於ける回教徒の文明化を理想とすと称しつつ、実は彼等の真の向上発展を欲せざることこれである。例えばトルコに於ける青年トルコ党の成就せる政治的革命は、回教の前途に対して重大なる意義を有するものにして、若しこれを適宜に遂行し成功せしむれば、この旧き回教帝国は新たなる生命を得来るべく、而してその影響は世界に於ける全回教徒に及んだに相違ない。然るにかくの如きは、その領土内に多数の回教徒を有する欧洲諸国の最も喜ばざる所なりしを以て、彼等は一切の方法を講じてトルコの進歩を阻害し、伊土戦争・バルカン戦争によりて、この老帝国を疲弊せしめた。されば回教徒が欧洲諸国に対して、衷心激しき反感を抱くは、決して異とするに足らぬ。試みに名高きバグダードの長アブドル・ハックの『ヨーロッパに対する回教の最後通牒』を読め。その一節に曰く「欧人よ、キリスト教徒は、その土地の如何を問わず、唯キリスト教を奉ずるの故を以て、吾等の眼には一切の名誉を失えるものと映ずることを知れ。自余の教徒は吾等に向って殆ど暴慢なる態度に出でざるに、独りキリスト教のみは常に最も酷烈なる敵として吾等の前に現われたり。汝等は吾等を難ずるに、その文明に背くの故を以てす。然り、吾等は汝等の文明に背く、死に至るまでこれに背く。何となれば汝等我等をして背かざるを得ざらしむるが故なり。されど汝等銘記せよ。何れの日にか必ず報復は汝等の上に加えられん。吾等汝等の族を見るのみにして、心即ち傷《いた》む」と（註4）。而してこれ実に覚醒せる多数の回教徒が、等しく抱く所の敵愾心である。これ多数の回教徒をその領土内に包含する欧洲諸国が、不断に危険と憂慮とを感じつつある所以である。而してこの危険より脱するの途は、真に彼等の幸福を図るの一事あるのみである。圧迫又は表面の籠絡は、決して彼等の心を得る所以でない。吾人はこの論文を結ぶに、ハルトマンの言を以てする。曰く、

「仏国人は、アフリカに於て、回教が今尚盛んに伝播《でんぱ》しつつあることを愁訴《しゅうそ》す。而してこれに対する最も有効なる防禦は、回教の伝道者を殺戮してこれに殉教者の血を流さしむることに非ず、またキリスト教の伝道者と称して実は最も我欲に富める教会の宗教業者を続派することにも非ず、唯征服者たる全フランス人が、能く自己を訓練し、一切の点に於て土民よりも優越せることを行為に於て現わし、新しき道徳的並に経済的生活の模範を彼等に垂れ、且真に彼等の福祉を念とする善良なる教師たることを期するに在り」と（註5）。

註1　Snouck-Hurgronje : Ibid., p. 468.
註2　De Casteries : L'Islam, p. 213.
註3　Muhammad ben Rahal, Ibid., p. 541.

註４　Der Christliche Orient, Bd. Ⅳ., s.145. 所載に拠る。
註５　Martin Hartmann : Der Islam, ss. 178-179.

第十一　復興アジアの前衛たるべき回教聯盟

一　ポールグレーヴの警告

名高きイギリスの史家サー・フランシス・ポールグレーヴの第二子に生れ、ジェスイト派伝道師として、多年インド・シリア・アラビアに住し、後更に外交官としてエジプト・小アジアに駐在し、最も回教及び回教徒の事情に精通せるW・G・ポールグレーヴは、一八七二年ロンドンに於《お》いて発行せる『東方問題論集』の中に、既《すで》に回教に関して下の如《ごと》き警告を発して居る――

「回教は、現在に於ても、尚《なお》一個巨大なる勢力である。それは自《みず》ら保守するの活力に充ち、且《かつ》進取の余力を存して居る。団結せる回教勢力との闘争は、真に生死の戦であろう。東方回教国民は、彼等の敵西方キリスト教国の、多方面の実力と技倆とを領得した。この領得は、当初こそ尊敬と恐怖との因となり、崇拝の念をも喚起したが、今や一変して敵意に充ちたる嫌忌となり、あからさまの憎悪となって来た」（註1）。

恰《あたか》も彼と時を同じくせる回教研究者ボスワース・スミスも、また彼と想いを同じくして居た。彼は一八七四年「英国王立学会」に於て試みたる名高き講演「モハメッド及びモハメッド教」の中に、随処回教の生命尚未《いま》だ亡びざるを力説し、インド・ペルシャ・アラビアに於て回教復興の形勢あることを指摘したる後、下の如く述べて居る。曰く「予が初め回教復興の力に関する叙上《じょじょう》〔前述の〕諸節を草せる時、予は吾言が、恰もこの時に当り、啻《ただ》に予が言及せるインド・ペルシャ・アラビアに於てのみならず、トルコ帝国のアジア領に於ても、最も切実に立証せられつつありし事実を知らなかった。後に至りて、予はポールグレーヴ氏の最も興味ある『東方問題論集』を手にし、回教復興の形勢を立証する事実と、並にその主なる兆候に関する明確なる記述を見出した」と（註2）。

さりながら叙上の警告は、白人世界制覇の思想、最も高潮に達し、迷信の魅力を以てヨーロッパを支配せる時代、而して回教の政治的勢力は、表面底止せざる勢を以て衰退しつつありし時代に発せられたるもの。矜高自負のヨーロッパは、彼等の言を以て、唯だ杞人《きじん》の憂に過ぎずとした。これを皮相に就《つい》て観れば、爾来《じらい》回教の政治的勢力は、秋の入日の如く速やかに沈んで行った。世界史の転機たるべき世界戦勃発当時に於て、辛うじて独立を保てる回教国は、僅かにトルコ・ペルシャ・アフガニスタンの三に過ぎず、世界に於ける回教徒の大多数は、既にヨーロッパに隷属して居た。而して世界戦はこれら残余の三国をも、悉く亡国の危地に陥れんとし、全回教徒を挙げて白人治下に立たしめんとした。然るに、この表面の全敗の裡《うち》に、回教復興の力が、物凄く動き初めて来た。今日に於ては仮令先見者の炯眼《けいがん》なくとも、回教勢力の昂潮を観得するに難くない。ポールグレーヴが怖れたる「団結せる回教勢力」は、四十年後の今日に至って、漸《ようや》くその全面目を露呈せんとするのだ。西はモロッコより、東はインドに至る回教徒の現状を見る時、吾等は恰も底知れぬ深淵を俯瞰《ふかん》する如き、名状し難き物凄さを感ずる。

団結せる回教勢力、これを激成せる直接原因は、言うまでもなく世界戦そのものである。さりながら何事も準備なくして成るはない。或は全回教主義の名に於て、或は全トルコ主義の名に於て、或は全ツラン主義の名に於て、宗教的・文化的、而して政治的なる神怪の姿を、ヨーロッパの前に隠現出没せしめたる回教の諸運動は、取りも直さず今日の前駆であった。而も少数先見者を除く外、一般ヨーロッパは、これらの諸運動を以て、到底実現し難き夢想と蔑視して来た。然るに今日に至りて空想として顧みられざりし回教徒多年の努力が、回教諸国聯盟の相《かたち》に於て、当来国際政局の、至大の一勢力たるべき可能を生じた。この回教聯盟を度外して、来るべき世界変局の正しき想察は不可能である。

回教は、典型的なる律法教として、信者の一切の内面的並《ならび》に外面的生活を支配する。故に回教徒の生活に於て、宗教と道徳と法律とは、尚未だ分化を遂げていない。従って回教徒に在りては、宗教と政治とは不可分であり、国家は即ち教団である。故に回教諸国の復興が、必然回教そのものの宗教的復活に待つことは、因縁最も明白である。かくして吾等は、近代回教復興の跡を溯り、その真個の源泉を、ワハーブ、ミルザ・アリ・ムハムマッド、サヌッスィ等の、偉大なる改革者の魂に求めねばならぬ。

註1　W. G. Palgrave : Essays on Eastern Questions 第一一七頁。

註2　Bosworth Smith : Mohammed and Mohammedanism 第二七〇頁。

二　回教復興の泉となれる三つの魂

回教諸国が、悉く白人の前に雌伏《しふく》して以来、ヨーロッパは、回教の戦闘的精神、曾て有せる焔々《えんえん》たる信仰が、既に地を払ったと考えた。或《あるい》はかく考えることによって安心せんとした。而も回教が、表面最も悲境に沈淪せる時、その揺籃《ようらん》たりし砂漠の裡《うち》から、再び熱烈なる信仰の炎が燃え立った。この回教改革者は、取りも直さずムハムマッド・イブン・アブドゥル・ワハーブその人である。彼及び彼の信者によって、全回教世界が、その眠りより覚まされ初めた。このワハーブ運動によって、実に回教の大リヴァイヴァルが起されたのだ。

ワハーブは、一七〇三年、アラビアの中部、未だ曾て他国の羈絆の下に立たざる、自由奔放の国ナジドの一邑、ハウタに生れし砂漠の児である。砂漠と云う言葉は、常に吾等をして堪え難き焦熱地獄を想像せしめる。さりながら、親しくアラビア砂漠を旅せるシュプレンガーは、その不朽の大著の中に、感興に充ちたる筆致を以て、砂漠の爽快を讃美して居る。彼に従えば、砂漠の空気は清く澄み、その天は常に朗らかであり、入る息、出《い》づる息に、人は生命の漲《みなぎ》るを覚える。彼は秀麗双《なら》びなきアルプス山中に生れたるに拘《かかわ》らず、故国アルプスの山気すら、尚且《なおかつ》アラビア砂漠の爽やかなる空気に及ばずと言って居る（註1）。

ワハーブは、かくの如き砂漠の裡に生れ、少年の頃、その父に伴われてアラビア各地を巡礼し、稍々《やや》長じてメジナに止まりて回教律法を学び、次でペルシャ・イスファハンに赴きて回教神学を修めたる後、回教の腐敗堕落を革新し、回教を原始の純一に復《かえ》らしむるの覚悟を以て、故郷に帰りて伝道を始めた。彼は第一に、独一のアラーに対する絶対の帰依を力説し、神人間の一切の仲介者を排し、教祖その人の仲介をさえ斥《しりぞ》けた。第二に、コラン及びスンナの私の解釈を排した。第三に、純一なる信仰を蔽《おお》える一切の儀礼を禁じた。第四に、剣かコランかの鉄則を確立し、説教によりて帰依せざる異教徒に宣戦すべきことを高調した。かくて彼は、回教本来の戦闘的精神を復活せしめ、一切の妥協を拒否した。

さりながら、ワハーブもまた故郷に容《い》れられざる予言者として、家族と共にハウタを去らねばならなかった。彼は妻子を引連れて砂漠の邑々を伝道し廻った。失意放浪幾年の後、齢四十三歳の頃、ナジドの一邑ダライヤの長者ムハムマッド・イブン・サウドの帰依を受け、その女をこれに娶《めあ》わすに及び、ワハーブは初めて勝利の曙光を見るを得た。ワハーブに帰依せるサウドは、新しき信仰に勇み立ち、所謂ワハーブ世襲王国を建設し、新王国の武力を以て、盛んに新信仰を宣伝した。彼の後継者は、一八〇三年、回教の両聖都メッカ及びメジナを襲い、メッカの聖殿並《ならび》にメジナに在る教祖の墳墓を蹂躙《じゅうりん》し、以て回教徒が本原の神を忘れて、これら第二義のものに執着するを覚醒せんとさえした。この一事は、ワハーブ教徒の革命的精神が、如何に徹底深刻なるかを、最も明瞭に物語る。

かくて約半世紀の間に、ワハーブ国は全アラビアに稜威を振い、世界の回教徒を震撼《しんかん》したが、一八一二年に至り、エジプトのモハメッド・アリ・パシャが、英人の援助を得て、その勝利の歩みを阻止して仕舞った。ワハーブ国の政治的発展は、これと共に止まったけれど、その精神的感化は爾来益々《ますます》広汎なる範囲に亙《わた》り、殊《こと》に一八二一年サイド・アーマッドの出現によって、インド教教徒の間に、確乎たる根を下し、その覚醒の根本的動因となった。

アラビアに於けるワハーブの改革に次で、ペルシャに於ては、一八四四年、ミルザ・アリ・ムハムマッドが、天啓によって新信仰を唱道した。彼はこの時僅かに二十五歳の青年であったが、自らバーブと称し（註2）、公然回教僧侶の堕落を痛撃せるのみならず、ムハムマッドの神使なること並にコランの天啓なることを承認しつつも、同時にその絶対性を否定した。天啓は究極的のものに非ず、時代と共に一層深遠なる真理、一層適切なる律法が、神より人間に啓示せらるべきことを主張して、この勇敢なる青年は、正統回教の根城に戦を挑んだ。

彼は故郷シーラーズに於て、熱心なる弟子を得た。弟子のある者は北ペルシャに伝道して多数の帰依者を得た。官憲は峻厳なる迫害を、この新信仰の上に加えた。バーブは遂にシーラーズに於て捕えられ、次でギランの獄に移された。信者は力を以てこの迫害と戦うべく数度の大乱を起した。官憲は、バーブをギランよりタブリスに護送し、一八五〇年七月九日、同市回教寺院前の広場で公衆の面前にこれを銃殺した。次で一八五二年には、重立ちたる信者三十名を捕え、テーランに於てこれを酷刑に処した。さりながら、かくの如き迫害は、他の総ての場合に於けると同じく、決して思想信仰を克服し得る所以でない。そは常に油を火に注いで天に沖《ちゅう》〔高くのぼる〕せしむるに畢《おわ》る。バーブ教もまた首唱者の死後バハー・ウラーと呼ばるるミルザ・フサイン・アリ、及びその子アブドゥル・バハーと呼ばるるアッバス・エッフェンディによりて、次第にペルシャ及び小亜の回教徒を支配し、絶えざる迫害の下に、驚く可き勢を以て帰依者の数を増して行った。ヴァレンティン・チロルは、一九〇三年、ペルシャに於けるバーブ教の伝播に就て、下の如く述べて居る。曰く「総ての大都会に於て、シーラーズ及びエジドに於て、イスファハン及びタブリスに於て、並に首府に於てさえも、人民の一切の階級の裡に、官吏及び軍人の中に、商人及び工人の中に、並に最下層の人々の中に、彼等の帰依者が見出される。村落の人民の中にも、殊にイスファハン・クム・カシャン附近の村々並に全コラサンに於て、彼等は多数の帰依者を得て居る。信頼すべき権威者の推算によれば、全信徒数は約百五十万、即ちペルシャ人口の約二割に達する」と（註3）。

ワハーブ及びバーブと相並ぶ他の一人の改革者は、一七八七年アルジェリアに生れたるスィディ・ムハムマッド・ベン・アリ・アス・サヌッスィである。彼は、若くして、当時北アフリカ回教の中心なりしモロッコの美しき都フューズに在るカリウム学院に学び、七年をここに修業した。彼はその間、比類なき刻苦勉学と、清浄禁欲の生活とを以て学友に敬服されて居た。然るに学院を出てから、この温順なりし学徒が、恰もワハーブと同じく、純正回教の復興を唱え、一切の煩瑣なる神学の無価値、回教に纏綿《てんめん》せる種々なる儀礼の無用を力説し、教祖時代の純一に復帰せよと叫び出した。彼は、モロッコの回教徒から、異端者として激しく排斥せられ、一八二九年アルジェリアに帰り、ラカトに於て子弟を教えたが、幾《いく》ばくもなく塾を閉じて北アフリカ遍歴の旅に出た。彼は、道々その純正回教を説きつつ、エジプト・カイロに至り、名高きアズハル大学に入らんとした。然るに彼の信仰は、またカイロ神学者の非難憎悪を蒙り、ために長く足を駐《とど》むることを得ずして更に去ってメッカに赴き、有名なる神学者にして、モロッコに大なる勢力を有せるカドリア教団の首長スィディ・アーマッド・イドリス・ウル・ファースィの弟子となった。彼等は互に心霊の扉を開き合った。而してその信仰が、正しく同一のものなるを知り、互《たがい》に相識るを得たることを歓喜した。

この年、師弟打連れて、ヤマン地方へ伝道の旅に出た。師は不幸旅中に病を獲て世を逝《さ》った。而して臨終の間際に、その信者等に向い、己れ世を逝れる後は、新たに得たる愛弟子を仰いで師主とせよと遺言した。然るにメッカの回教学者は、また彼の信仰を喜ばず、種々なる迫害を加え初めた。かくて一八三八年、彼は遂にメッカを去るに決した。而して彼はこの時、ヨーロッパの感化を受けたる一切の文明地方より退き、専ら純乎《じゅんこ》として純なる砂漠の児等に、伝道を試むるに決した。

この決心を抱いて、彼はサハラ砂漠の中に入込んだ。而してサハラの沃地《オアシス》に住む諸部族に向って、熱心に伝道した。彼の熱誠は、非常なる成功を以て報いられた。彼は遊牧アラビア人及び黒人の間に、回教の如何なる他の教団も有せざる多数の帰依者を得て、所謂サヌッスィ教団を創立した。而して回教に於ては、宗俗両権が本質的に一なるが故に、ワハーブの場合と同じく、サヌッスィもまた、啻に教主としてのみならず、実に君主として仰がるるに至った。

純正回教の恢弘《かいこう》を生命とせる彼が、その教団の組織を戦闘的にしたことは、剣かコランかの精神よりして、聊《いささ》かも異とするに足らぬ。彼はその信者を、神の戦士として訓練した。彼は信者に向って、煙草を禁じ、珈琲を禁じ、砂糖をさえ禁じ、黄金珠玉の装飾を禁じて、徹底せる禁欲剛健の生活を要求した。而して唯神のために揮《ふる》う剣の装飾としてのみ、黄金と珠玉とを用うることを許した。彼が諸方に設けたる支部の位置は、実にヨーロッパの軍人と商人とを驚嘆せしむる軍事的並に経済的価値を有して居る。

一八五九年彼死して、その子ムハムマッド・ウル・マーディ十四歳にしてその後を継いだ。この頃に於てサヌッスィ教団の支部は、シレナイカに三十八、トリポリに十八を算し、その他北阿〔北アフリカ〕一帯に教布して居た。マーディは、父を辱《はずかし》めざる賢児であった。彼は色々の誘惑を斥け、父の志業を確守して、専ら砂漠の民、並に中阿の黒人に伝道し、必要なる個処に支部を増設して行った。而してこれらの支部は、啻に宗教的支配の中心たるのみならず、次第に政治的支配の中心ともなって来た。かくして一九〇二年彼世を逝るまで、サヌッスィ教団は、最早一個の国家に等しき団体となった。而して彼の諸子は、当時尚幼弱なりしを以て、従弟サイド・アーマッド後を嗣ぎ、以て今日に及んで居る（註4）。

註1　Sprenger : Das Leben und die Lehre des Mohamad 第三巻序文第八頁。
註2　Bab は真智に至る「門」を意味す。
註3　Valentine Chirol : The Middle Eastern Question 第一二三頁。
註4　サヌッスィ教団に関しては、サハラ砂漠横断者として名高きフォーブス夫人が、一八二一年五月十八日英国中央アジア協会に於て試みたる講演 The Senussi as a Factor in North African Development に拠る（Journal of the Central Asian Society 第八巻第四冊）。

三　全回教主義及び全ツラン主義

偉大なる改革者によって喚起せられたる回教のリヴァイヴァルは、明白に精神的並に政治的の両面を具えて居た。回教改革者の心を打てる最も重大なる事実は、実に回教の政治的微力であり、而して饜《あ》くなきヨーロッパの侵略であった。叙上のリヴァイヴァルが、回教諸国を震撼したのは、第十九世紀の中葉であり、而してこの時期こそは、西欧諸国が漸くナポレオン戦争の創痍より癒えて、盛んに回教諸国の侵略を企てた時であった。かくて回教徒の精神には、精神的革新と政治的解放の要求が、堅確に相結《あいむす》んで、ヨーロッパの侵略に対抗せんとした。固より当時に於ける西欧の軍事的並に物質的優越は、到底回教徒の敵でなかった。されど、回教の指導者は、必ずその志を遂げねば止まぬ覚悟を以て、遼遠なる目的のために努力し初めた。

回教徒は、ヨーロッパの知識によって征服された。而して今やその敵の知識を学んで、これを斃《たお》すの準備に取かかった。彼等はヨーロッパの宣伝を憎む。而も反欧の団結を固くするために、新聞を彼等に学んだ。バーナード・テンプルが言える如く、カイロ発行の新聞が、バグダード・テーラン・ペシャワールに行亙《ゆきわた》り、コンスタンチノープル発行の新聞が、バスラ・ボンベイで読まれ、カルカッタ発行の新聞が、モハメラー・ケルベラー・ポートサイドで読まれて居る。また回教徒はキリスト教を侮蔑する。而も伝道の方法を彼等に学んだ。シリアに生れたる一キリスト教徒アミーン・リハニは、欧米に向って下の如き警告を与えて居る。曰く「回教は、ヨーロッパの接壌地に於て失えるものを、アフリカ及び中亜に於て得つつある。而してこれを得る方法は、正しくキリスト教の伝道に則《のっと》れるものである。ヨーロッパは、いつかは己れに叛逆せでは止まぬ回教徒を、軍人に仕立て上げて居るのだ」と（註1）。

回教徒の準備は、極めて隠密の間に行われたるが故に、外部よりの察知は至難であった。而も回教徒内に結社せられたる大小幾多の教団は、教訓・鍛練・改宗と云う精神的武器を以て、不断に戦いを続けて来た。彼等は、回教を白人の政治的支配より解放するためには、先ず信者の精神的革新を行い、これによって解放戦並に戦後の建設に必要なる、真個の力を養わねばならぬことを知って居る。彼等は、ヨーロッパの力と、彼等自身の弱点とを知《ち》悉《しつ》するが故に、尚早《しょうそう》なる軽挙妄動の危険を知る。彼等は、機運の次第に熟しつつあるを確信しながら、徐々に、冷静に、沈着に、偉大なる力を蓄《たくわ》え、見事なる自制を以て、時到らざるに事を挙げんとする一切の誘惑を抑止して来た。これ実に反欧精神が、爾《しか》く強烈を加えて来たに拘らず、過去二十年間の甚しき圧迫に対して、唯だ部分的反抗を見るに過ぎざりし所以であり、且世界戦に於て、トルコの「神聖戦」に参加せざりし所以である。

さりながら、回教内に躍動し来れる如上の精神は、啻に内面的準備のみならず、同時に外面的運動として現われずには居なかった。而してそれらの諸運動のうち、最も重要なりしは、言うまでもなく全回教主義及び全ツラン主義の運動である。

全回教主義は、文字の示す如く、世界に於ける全回教徒を一致団結せしめんとするもの。その実際運動の導火線となれるは、第十九世紀中葉メッカの一回教神学者の筆になれるアラビア語の小冊子「回教を奉ずる一切の国王並に国民に告ぐ」であると言われて居る。而してこの運動は、ペルシャ国民主義の父として名高きサイド・ジャマルッディンの最も熱烈なる宣伝によって、俄然としてその頭を擡《もた》げて来た。彼は、回教諸国に向って、極力一致団結を勧請し、かくの如き一致が、回教興隆の最初の条件なることを力説した。彼は全回教主義の理想を実現すべく、インド・ペルシャ・トルコ・エジプトの諸国を歴遊宣伝した。而して当時のトルコ皇帝アブドゥル・ハミッドは、彼のためにあらゆる後援を惜しまなかった。彼は、ペルシャ国民に向って、世界に於ける唯だ二つの回教独立国が互に相反目するの非なるを告げ、宗派的感情を去りて提携すべしと勧めた。かかる機運に激成せられ、一九〇二年、メッカに於て世界回教会議の開催が提議せらるるに至った。但しこの提議は、アラビア人の勢力増進を恐れたる土帝アブドゥル・ハミッドのために阻止せられて、竟に実現を見なかった。

この事ありて幾《いくば》くもなく、所謂全ツラン主義が唱えられ初めた。そはアジアに於けるツラン民族全体の糾合を目的とせるもの。その唱道の当初に於ては、主として文化的方面を高調し、トルコ語の復興、トルコ文学建設を力説して居た。彼等は、回教の説教は、トルコ語を以てなすべきこと、一切の外来語をトルコ語より駆逐すべきこと、純乎として純なる「ツラン」を復興すべきことを熱心に主張した。而もかくの如き主張は、種々なる点に於て、回教内の他の運動と牴触せるが故に、全ツラン主義宣伝者は、全回教主義と提携するの目的を以て、次第にその主義を改めて行った。

これらの主義は、その性質に於て、同時に宗教的・文化的・民族的のものであり、当初、は素朴なる非実際運動なりしに拘らず、その間接の効果は、極めて大なるものがあった。何となれば、アジア回教諸民族は、これらの運動によりて、初めて民族的自覚を喚起せられ、世界政局に対して必要なる注意を払うに至り、従って明確に英露両国より来る脅威を意識するに至ったからである。而してヨーロッパの飽《あ》くを知らぬ侵略に対し、叙上両主義の根柢の上に、何らかの形態に於て、回教諸国の聯盟を試みんとの希望を生ずるに至り、運動は頓に現実的となり、同時に著しく政治的色彩を濃くして来た。

註1　L. Stoddard : The Rising Tide of Color 第六一頁の引用に拠る。

四　回教徒の政治的覚醒

回教聯盟の最初の具体案は、アフガン王アブドゥル・ラーマン汗によって提唱せられたるアフガニスタン・ペルシャ・ブハラの三国同盟である。その主たる目的は、言うまでもなくロシアの南下に備《そな》うるに存し、従って防御的性質のものであり、加盟三国は同盟に於て平等の地位を保有し、一国が他を指導すると言うが如きものでなかった。王は、全力を挙げてこの三国同盟の成立を画策した。彼は目前《まのあたり》ヒヴァの滅亡を見、ブハラの没落を見た。ロシアのペルシャに対する横暴を見た。またそのパンジデーに於ける陰謀を目撃した。王は、明白に自国の危険を意識せざるを得なかったのだ。

　当時ロシアの政策は、南下途上に横たわる中亜回教諸邦を、徐々に且確実に亡ぼすことを目的として居た。而して三個の方法を以て、この目的を遂げんとした。第一は武力を以てする公然の征服である。第二は同盟の名の下に若干回教諸邦を誘惑することである。第三は回教諸邦とイギリスとの間に、紛糾の種を蒔《ま》き、これに乗じて漁夫の利を占めることである。一八七五年、カウフマン将軍が、シュヴァロフ伯爵の手を経て、当時の駐英露国公使に宛てたる書翰《しょかん》は、ロシアの回教政策を物語る。即ち将軍は、該書翰に於て、ヨーロッパ真個の敵は回教そのものに外ならぬことを述べ、アフガニスタン及び中亜回教諸邦は、速やかにこれを英露両国の間に、適宜分割するに如かざることを、暗に提議して居る。怜《れい》悧《り》なるアブドゥル・ラーマン汗が、回教同盟を画策して、露国の侵略に備えんとしたのは毫《ごう》も怪しむに足らぬ。されど王は、その拮据《きっきょ》せる同盟の実現を見ずして世を逝った。彼の後を嗣げるハビブラー王も、また父と志を同じくして居たが、その成立のために、積極的計画を樹てはしなかった。今日に於ても、アフガン政治家のある者は、アブドゥル・ラーマン汗の遺志を継いで、カブールを中心とせる中亜回教聯盟の実現に努力しつつある（註1）。

アフガンの回教同盟運動と相並び、而も更に有意義なるものは、全トルコ主義運動である。そは前節に述べたる全ツラン主義を母として生れたるもの。わが国の賀茂真淵《かものまぶち》にも比《くら》ぶべきズィヤ・ベイの国学復興運動が一九〇九年、サロニカに初めて一個の結社を生める頃、全ツラン主義は、トルコ語とトルコ文明とを、外来の影響より解放せんとせし文化運動であった。然るに一九一二―一三年のバルカン戦争は、心あるトルコ人をして、国家の悲運に泣かしめ、同時に国運恢弘に対する情熱を抱かしめた。而して全ツラン主義に覚醒せられたる魂は、茲に全トルコ主義の政治的理想を生むに至った。かくて全ツラン主義の詩人ズィア・ゴェク・アルプは、下の如く歌った――


わがアッチラ、わが成吉思汗《ジンギスカン》、わが民族の栄誉を輝かすこれら英雄の姿は、悪意と侮辱とに蔽《おお》われて、歴史の無味なる頁の上に現わる。

而も洵《まこと》に彼等の偉大は、アレキサンダー又はケーザルに譲らず。

歴史には蔽われて現われざれど、吾心は民族の祖オーグス汗を知る。

彼はその一切の栄誉と偉大とを以て、今ま吾こころに生きてあり。

吾を動かし、吾を激《はげ》まし、而して吾を歌わしむるはオーグス汗。
トルコ人の祖国は、トルコに非ず、トルキスタンに非ず、
そは広大なる永遠の国土、ツランなり（註2）。

かくの如くにして回教を奉ずる全トルコ民族の政治的統一が、明白なる青年トルコ党の政策となった。タラート・パシャを首相とし、エンヴェル・パシャ及びジェマル・パシャを陸海両相とせる青年トルコ党政府は、この理想を実現するために、一切の援助を該運動に与えた。トルコ民族は広大なる地域に散在し、その間に何らの政治的聯絡がない。而も彼等を統一する時は、列強と伍し得る強大なる国家として、全回教復興の中心勢力たるを得べく、エジプト・モロッコ・チュニスのアラビア人・ペルシャ人・アフガン人等も、初めて完全なる独立を享有し、その団結せる回教勢力は、能くヨーロッパを圧倒するに足ると云うのが、取りも直さず彼等の志であった（註3）。トルコが世界戦に参加せるも、またこれによって乾坤一擲《けんこんいってき》の大賭博を試みんとしたのだ。されば宣戦の翌日、トルコ政府の発布せる宣言の中に、下の如き一節を見る。曰く「吾等の世界戦参加は、トルコの国民的理想の擁護のためである。吾等の理想は、吾等を導いて、敵国ロシアを倒し、これによってトルコ民族の全支族を包容し統一する帝国の自然の国境を築かしめずば止まぬ」と。かくして世界戦に参加せるトルコは、全世界の回教徒に向って、「神聖戦」に参加せよと宣告した。

この宣布は、ドイツが期待せる如き効果を見なかった。さりとて断じて聯合国側が吹聴せる如き無効のものではなかった。事実この宣布ありしために、世界の回教徒は、政治的に深刻なる反省を与えられた。各国の回教指導者は、時未だ到らずと信じたために、トルコの宣布に応じなかったけれど、これによって喚起せられたる回教全般の覚醒が、今後の世界政局に非常なる役割を勤むべきことは、事物の真相に徹し得る人の、決して看過せぬところである。のみならずこの宣布は、各国回教徒の間に、聯合諸国殊に英国をして寒心せしめたる、各種の陰謀騒乱を惹起した。

註1　Ikbal Ali Shah : The Federation of the Central Asian States under the Kabul Government（Journal of the Central Asian Society 第八巻第一冊所載）。
註2　Tekin Alp : Türkismus und Pantürkismus 第一五―一六頁。
註3　Tekin Alp 同上第七三―七四頁。一九一七年六月発行 Round Table 第二十七号所載論文。Turkey : A Past and a Future 及び同年十二月発行第二十九号所載論文 Turkey, Russia and Islam 参照。

五　回教聯盟出現の可能

トルコが参戦すると否とに拘らず、又は「神聖戦」を宣布すると否とに拘らず、世界戦は、白人治下の回教徒に向って、活躍の機会を与えたものである。

一九一五年暮、曽てわが外国語学校インド語講師にして、英国のためにわが国より逐われたる熱烈火の如きインド回教徒バラカトゥラーは、インド革命家マヘーンドラ・プラタブと共に、ドイツ人及びトルコ人より成れる一団の使節を伴い、アフガンの首府カブールに到着した。彼等はトルコ皇帝の、「神聖戦」布告を携え、前アフガン王ハビブラー汗を起たしむる目的を以て来れるもの。事成るの日は、西北インドをアフガニスタンに割譲すべしと提議した。王はこの提議に対し、若し十万の独土軍を、アフガン国境に送らば、或はこれに応ぜんと答えたと伝えられる。ドイツ将校は、交渉はかばかしからざるを憤《いきどお》り、翌一九一六年カブールを去ったが、トルコ及びインドの革命家は、尚カブールに止まり、ここを策源地として第二の運動に着手した。この運動は、その密書が黄色の絹布《けんぷ》に認められたる理由によって、「絹布密書陰謀」と呼ばれ、目的とする所は、回教の全勢力を結合して、インドに於ける英帝国の顚覆《てんぷく》に用いんとするに在った。彼等は、この運動を有力ならしむるために、全回教徒の尊敬を繋げるメッカの首長を味方に入れんとし、インドの声望ある回教徒を派遣して熱心に説かしめた。然るにメッカ首長は、彼等の誘致を肯《がえ》んざりしのみならず、一九一六年夏、トルコに対して独立の旗を挙げたりしため、この計画は一頓挫を来《きた》した。加うるに絹布密書が偶然の出来事からインド官憲の手に入ったので、英国は大事に至らざる前に、この運動を鎮圧するを得た（註1）。

ロシアに於ける回教徒のうち、パトゥム附近のアジャール族は、一九一五年初、トルコに味方して起ったが、露軍のために鎮圧された。翌一九一六年夏には、トルキスタンの回教徒が、稍々大規模の暴動を起して、ツアー政府を苦しめた。さりながら中亜に於ける露国の武力、小亜に於ける英軍の勝利は、回教諸民族の聯絡ある運動を阻止し、殊に一九一七年五月のバグダード陥落、同年十二月のエルサレム占領は、回教徒を威圧するに与って力あった。

然るに露国革命は、アジア回教徒に非常なる活躍の途を拓《ひら》いた。幾度か蹉跌《さてつ》せる回教徒の聯盟が、露国革命を導火とし、労農ロシアを後援として、漸《ようや》く可能の曙光を見得るに至ったのだ。

ロシア革命の結果として、旧露帝国内の諸回教民族が、所謂「民族自決の権利」に基いて、悉く自治を承認された。革命直後に於ける露国の混沌は、個人・団体・民族に向って、自衛の本能を喚起せずに居らなかった。国家の前途が、如何に決着するかは、当時に於て殆ど不明なりしが故に、人々は自ら護るの途を講ぜねばならぬ。かくて露国回教徒も、また自衛の策を樹《た》つるの必要を痛感した。彼等は、この千載一遇の好機に於て、彼等の地歩を確立すべく努力した。かくて革命の翌月、即ち一九一七年四月、バクーに於てコーカサス全回教徒会議、オレンブルグに於て婦人回教徒会議、五月にはモスクワに全露回教徒会議、八月にはカザンに回教徒軍事会議を開催して、向後の方針を凝議し、且モスクワの全露回教徒会議は、露国回教民族の統一と組織とを実現するの目的を以て、全露回教徒評議会を組織し、実行委員を任命した。かくて旧露帝国内の回教徒はタータリア、バスキリア、キルギジア、トルキスタン、ヒヴァ、ブハラ、クリミア等の自治回教国を建設し、互に統一聯絡を取りて、将来の発展を図ることとなった（註2）。

既にして露国革命の進捗《しんちょく》は、労農ロシアの建設となった。而して労農ロシアは、回教徒の勢力を利用するの政策を取りたるが故に、両者の関係が、次第に密接の度を加えて行った。労農ロシア当初の政策は、回教諸国を赤化するに在ったが、後には単に政治的に彼等と相結んで、共同の敵英仏に当るの方針に改めた。この政策変更以来、両者の提携は、容易に進捗し、一九一八年、労農政府は、旧露内回教諸国の代表者をクレムリン宮城内の外交部に招いて、円満なる結合を成就したのみならず、この事が旧露内回教徒と、旧露外回教徒との提携、従って労農ロシアと全回教徒との提携を誘致するに至った。

この提携は、一九一八年七月、聯合国の対土政策に憤激せる回教諸国代表者が、モスクワで労農政府代表者と会合した時から、具体的のものとなった。翌八月には、トルコ・ペルシャ・コーカサス・トルキスタンの国民主義者が、エンゼルムに会議を開き、労農ロシアと相結んで「回教解放同盟」を組織すべしと決議した。而して同月下旬、該同盟は、労農政府外交部東方局回教課の斡旋《あっせん》によって、実際に設立せられ、中央実行委員をモスクワに置き、シヴァスに一名の東洋委員、ベルリンに一名のヨーロッパ委員を駐在せしめ、露人にして回教を奉ずる一名が、該同盟代表者として、労農政府に入ることとなった。次で一九一九年九月には、シヴァスに於て第二回回教・赤露聯合会議開かれ、トルコ・アゼルバイジャン及びアラビアの間に、同盟を実現すべく努力すべしと決議し、両者の結合は次第に堅くなった。

かくの如き回教と赤露との結合は、一九二一年、労農ロシアとトルコ・ペルシャ・アフガニスタン三国との間に、それぞれ条約の締結を見るに及んで、遂《つい》に重大なる世界政策的意義を有するに至った。これらの三条約は、特殊の点に於て相違はあるけれど、根本に横たわる共通の原則を有して居る。そは、叙上三国が従来強力を以て調印せしめられたる一切の条約の廃棄を声明した。そは叙上三国の完全なる独立を声明した。そは東方諸国民の独立運動を承認し、その権利を確認した。即ち露土条約に於ては、第四条に於て「両締盟国は、東洋諸国民の国民的自由獲得のための運動と、露国労働階級の新社会制度建設のための運動とは、多大の接触点あるを認め、これら諸国民の独立自由の権利、並にその欲する所に従って政体を定むるの権利を確認す」と明記し、露亜条約に於ては、第七条に「両締盟国は、独立の原則に基き、且両国民の一般意志に従い、東方諸国の独立を承認す」と定め、更に第八条に於て「本条約第七条の確証として、両締盟国は、ブハラ及びヒヴァ両国民の独立を承認し、その政体は全然国民の意思に任ず」と声明して居る。而して労農ロシアは、ツアー政府が叙上三国より奪えるものを、何の惜し気もなく還附した。

不幸にして予は未だその内容を詳《つまびら》かにせぬけれど、この年四月二十五日、アフガニスタンとトルコ・アンゴラ政府との間にも、モスクワに於て条約締結せられ、その前文に於て、東洋全体の将来の福祉が条約の重大なる目的なることを叙し、第五条に於ては、トルコ政府は五カ年間陸軍将校をアフガニスタンに貸すことを定めたとの事である。而して土波両国間にも、また同様の条約が結ばれたと伝えられた（註3）。

総てこれらの形勢は、団結せる回教勢力の出現が、日に迫りつつあることを物語る。労農ロシアの指導の下に、西はエジプトより、東はインドに至る回教徒が、相結んでヨーロッパに当らんとする機運が、漸く動いて来た。復興アジアの前衛たるべき回教聯盟が、その怖るべき姿を現わすべきことは、最早万一の僥倖に非ず、寧ろ理由ある期待となった。

註1　Sir Michael O'Dwyer : The Mohammedans of India and India's Mohammedan Neighbours (Journal of Central Asian Society, Volume Ⅷ, Part 4).

註2　一九一七年十二月発行 Round Table 第二十九号所載論文 Turkey, Russia and Islam.

註3　Sir Michael O'Dwyer 同上。

第十二　メソポタミア問題の意義

一　メソポタミア

メソポタミア〔現在のイラクの一部〕問題は、戦後の英国中東政策に於《お》いて、極めて重大なる地位を占めて居る。その何故に然るかを闡明《せんめい》するのが、本篇の目的である。

メソポタミアは、アナトリア高原よりペルシャ湾頭に向って、南々東に走れる一帯の狭長なる低地であって、チグリス・オイフラテス両河の流域である。そは第一に中欧並に南欧より南アジアに至る最短距離の陸路なる点に於《お》いて、商業的並《ならび》に政治的意義を有して居る。第二にはメソポタミア自身が、その埋蔵する豊富なる鉱物によって、偉大なる経済的価値を有する。鉱産の首位に在《あ》るは、言うまでもなく石油であって、ペルシャ国境の山麓随所に豊富なる油田を有し、またチグリス低地内にも、バグダードの東北にも、並にオイフラテス中流低地にもこれを産する。そは所謂《いわゆる》「ペルシャ・メソポタミア油田地域」の西半を形成するもので、世界戦前既《すで》に英独露三国の争奪点であった。

メソポタミアの南部及び中部に住する民族は主としてアラビア人、東北部に住するはクルド人である。アラビア人は、沿河地方及び都会に居住するものを除けば、概《おおむ》ね遊牧を事とし、各集落の酋長によって統御されて居る。世界戦前に於てはトルコ領であったけれど、トルコ官吏は名目のみの支配者に過ぎなかった。クルド人はアラビア人よりも慓悍《ひょうかん》な民族で、トルコ政府はメソポタミア地方を制御するために、常にクルド軍隊を利用して居た。両者ともに回教徒であるが、前者はスンニ派に、後者はシア〔シーア〕派に属する。人口は総てを合せて戦前約百五十万と算定されて居た。

二　英国のメソポタミア占領

一九一四年八月、英国の対独宣戦によりて世界戦が本舞台に入るや、十一月五日英土両国の国交断絶となった。当初英国の中東政策は、第一にはペルシャ湾頭の油田を確守し、第二には独土同盟軍が、双河地方を南下して、エジプト・インド間の海路に側面進出を行うの危険を阻止するに存し、この目的のために一隊の軍をバスラに派したが、要するに消極的態度を執《と》って居た。然《しか》るにバスラは早く既に優勢なるトルコ軍のために脅威する所となり、英国は援軍を続派せねばならなかった。而《しか》して英国の態度は、この時より一変して攻勢に出で、その増援軍を以てバスラ県全部を占領するに決し、七月末にはチグリス・オイフラテス両河に沿い、バスラを距《へだつ》る百マイルの地帯に進出した。攻勢は更《さら》に続けられ、この年の秋には、チグリス河を遡《さかのぼ》りてクテラマラに達し、次に一挙バグダードを陥《おとしい》れんとしたが、この計画は見事に失敗して、所謂タウンシェンド軍の降服に終った。

その後メソポタミアに於《お》ける英軍は、暫《しばら》く鳴《なり》を鎮《しず》めて居たが、翌一九一六年十二月に至り、モード将軍の下に再び攻撃を開始し、一九一七年三月十一日、遂《つい》にバグダードを占領して、先《ま》ず最初に目的を遂《と》げることができた。一九一八年には、マーシャル将軍の下に屢々《しばしば》トルコ軍を破り、休戦当時までにチグリス河畔の土軍主力を捕虜とし、モスルを占領して居た。而《しか》してオイフラテス河畔では、アルグ・ケマルまで進出した。且《かつ》一方土軍が東アナトリアよりペルシャを脅威せるに対抗するため、マーシャル将軍は、一九一八年五月、ケルマンシャー・エンゼリ通路に軍隊を派し、六月中旬には、裏海沿岸の両港レシト及びエンゼリをも占領した。

かくて英国は、休戦以前に於て、既にモスル県・バグダード県・バスラ県を合せたる所謂メソポタミア全部、約十八万平方マイルの地を占領したのである。

三　メソポタミア統治の困難

英国は、軍隊を以てメソポタミアを占領したが、その統治は決して容易なるものでなかった。トルコ国民主義者の排英宣伝、アラビア人の大アラビア主義運動、全般に漲《みなぎ》る宗教的反感、乃至《ないし》戦争のために生じたる経済的変動が原因となって、メソポタミアの形勢は紛糾せざるを得ない。且英国は、財政的事情より、到底《とうてい》大軍を永くメソポタミアに駐屯させることができぬ。そは一九一八年十一月より一九二〇年六月に至る間に、メソポタミア駐屯軍を二十二万より約九万に減じ、アラビア人の地方的叛乱に対しても、軍事的乃至政治的理由から、従前の如く峻厳《しゅんげん》なる政策を取り難くなった。殊《こと》にオイフラテス河畔の頑強なるアラビア酋長ディレッゾルが、公然英国の統治を拒否し、而も英軍はこれを鎮圧することなくして、次第に該地方より撤退したるに加えて、トランス・カスピア及びコーカサス方面の英軍もまた撤退したるを以《もっ》て、アラビア人は英軍を以て恐るるに足らずとなし、漸《ようや》くこれを軽んずるに至った。而してかくの如《ごと》き思想は、一九二〇年夏、英国守備隊が、赤露軍の攻撃によりてエンゼリ及びレシトを退いてから、一層強くなって来た。

かくてアラビア人は、言うに足らざる軍隊を以て後援とせる、新来の征服者によって支配されて居ると考え初めた。彼等は自《みずか》ら能《よ》くこの羈絆《きはん》を脱し得べきを信じ、唯《た》だ機会の到来を待つ。一九二〇年七月にはオイフラテス河畔の一都会ルメイタに叛乱が起った。而してこれを放置したがために、七月末には各地の暴動が一斉に起ったのである。

これらの暴動は幸いにして大事に至らなかったが、今後英国が国際聯盟によって委任せられたるこの地方全体を立派に統治して行くことは、如何《いか》なる点から考えても非常なる難事である。第一にメソポタミアは、十八万平方マイルに亙《わた》る地域であって、朝鮮を除ける日本の面積よりも大きい。次には交通機関が両河沿岸の外《ほか》は殆《ほとん》どない。最後にアラビア人は日に排英的精神を強めて来る。而も有効なる統治に最も必要なる大軍は、英国戦後財政の到底その経費を負担し得る所でない。故に英国内に於《お》いて、如何にしてメソポタミア統治の実を挙げて、最大なる利益をこれより収む可《べ》きかが、政治家の頭を悩ます問題とならざるを得ぬ。

これに対して、或《あるい》はバスラ県だけを確実に英国のものとせよと唱える者がある。或はバグダード以北に手を出すなと唱える者もある。或はトルコ政府の故智に倣い、クルド人を懐柔してアラビア人に当らしめよと唱える者もある。而して多数の新聞は、英国政府はメソポタミア問題の解決を誤り、従って解決し難きものとしたと嘆いて居る。そんなに厄介ならば、戦時の占領は別問題として、戦後に躍起となって委任統治を引受け、フランスと激しく反目嫉視するにも及ばぬ筈《はず》であるが、イギリスは如何に厄介でもこれを自国の勢力範囲に置かねばならぬ理由がある。

四　英国は何故にメソポタミアに執着するか

英国は先ずメソポタミアの石油を必要とする。列国は世界戦の経験によって重油・揮発油・機械油として石油の必要を痛感した。英国の例に見るも、一九一三年の消費額は約四億八千八百万ガロンであったが、一九一九年には実に六億七千万ガロンに達した。故に各国は、今や孜々《しし》として、或は石油脈の探査に苦心し、油田の争奪に熱中しつつある。然るにメソポタミアには、既に述べたる如く、極めて豊富なる油田がある。

　メソポタミア油田は、一九〇五年「ドイツ銀行」によって派遣せられたる探検隊の報告が、その価値を力説せるに拘らず、未《いま》だ列国に大なる刺戟を与えなかったが、英国のペルシャに於ける石油会社が偉大なる成功を収むるに及んで、初めて世界の注意を喚起し、メソポタミア油田が、その広さに於て、その産額に於て、並にその品質に於て、他国より出だす石油の最優等品と角逐《かくちく》し得るを知るに至った。蓋《けだ》しペルシャ・メソポタミアの境上に在る石油地帯は、延長実に二千キロメートルに及び、地球上他に比類を見ざるもの。そのうち千七百キロメートルはペルシャに、三百キロメートルはメソポタミアに属する。英国は如何にしてもこれを自己の掌裡《しょうり》に収めねばならぬ。而も石油を熱望するは独り英国のみでない。かくてサン・レモ会議に於て締結せられたる有名なる英仏石油協定に於て、英国はフランスにもメソポタミアの石油を分配することを約した。即《すなわ》ち英国が政府事業としてメソポタミア油田を開発する時には、原油産額の二割五分を、時価を以て仏国に譲渡すること、若《も》し英国私立会社が開発する時は、英国政府は該会社百分二十五の持分を、仏国の支配下に置くことを定めたのである。

　次にメソポタミアは、世界に於ける最も有望なる棉花《めんか》生産地たる可き条件を具備《ぐび》して居る。近年世界に於ける棉花の欠乏は甚《はなはだ》しく、而も需要は益々《ますます》増進するを以て、供給これに伴わぬ。故に英国の如きは殊に棉花の不足を感じ、その大規模なる紡績業は、戦前既に短縮するの止むなきに至った。然るにメソポタミアは、現在に於て、灌漑宜《よろ》しきを得ざるがために、荒廃に帰して居るけれども、適当なる工事を施せば、豊富なる農産を獲得し得べきことは、ウィルコックスの実地踏査によりて明白に証明されて居る。彼の発表によれば、双河の低地は約二千万ポンドの経費を投じて百四十万ヘクタールの耕地を得べく、これよりして毎年百五十万トンの穀類と、百万包の棉花とを得べしとのことである。故に英国は、自国紡績会社のために豊富なる棉花原料を供給すべく、世界戦開始以来、意をメソポタミアの永久領有に注いで来たのだ。

最後にメソポタミアは、軍事的にインド保全のために必要である。若しこの地が他国の領有に帰する時は、明白にインドの脅威となる。加うるに赤露の南下に対して、英国がこれを阻止せんとせば、必ずメソポタミアを根拠とせねばならぬ。

これらの諸理由が、英国をしてメソポタミアに執着せしむる所以であり、且メソポタミア問題が重大なる意義を有する所以である。

第十三　バグダード鉄道政策の発展

シェーファーの著『バグダード鉄道政策の発展 Schäfer : Entwicklung der Bagdadbahnpolitik』は、前章に於てバグダード政策の発展に関する年表を掲げ、後章に於てこれが解説及び評論を試みたるもの。叙述極めて簡潔明瞭にして、能くドイツ東漸政策の史的発展並にその重大なる意義を闡明せる点に於て、革命ヨーロッパと復興アジアとの前駆をなせる世界戦の重要原因たりし該問題に関する好著の一たるを失わぬ。その大意を訳してこれを紹介する所以である。原著もと節を分たず。後章史論の部に於てこれを数節に分ちたるは、バグダード政策の推移を政治的に区劃して数期に分ち、各期を以て一節とせるものにして、予が仮に設けたるものである。

一　年　表

英国陸上通路計画の前駆

一六〇〇年　東インド会社創立せらる。先是《これよりさき》一五八一年、英国はトルコ近東商会を設立せしが、今や東インド会社の創立せらるるに及び、当時覇を海上に称せしポルトガルと競争せんがために、アレッポ、ペルシャ湾を経由してインドに達する通商路を開かんとせり。これを英国に於ける陸上通路計画の前駆となす。

一六一二年　東インド会社はペルシャ王アッバスの許可を得てペルシャ湾沿岸ゴムブルン（一六二二年以来ベンデラバスと改称す）に一支店を設置す。

一六二二年　葡〔ポルトガル〕領ホルムス島を占領してこれを破壊す。該島は、一五一五年ポルトガル人アルブクェルケの占領する所にして、爾来《じらい》ポルトガル人はこれをインド洋に於ける貿易の根拠地となせるものなり。而して今や該島の対岸に位するベンデラバスは、ペルシャ湾に於ける英国貿易の根拠地となれり。

一七五九年　ベンデラバスに於ける東インド会社支店は仏国人のために破壊せられたるを以て、会社は更にその支店をブシールに移し、爾来この地を以てペルシャ湾に於ける英国貿易の中心点となせり。

一七八二年　英人ジョン・サリヴァン、小アジア、メソポタミアを経由し、チグリス河を渡りてインドに到る旅行をなし、英国に於ける陸上通路思想を復興せしめたり。

一七九八年　英人はオマーン王より再びベンデラバスに一支店を設置するの権利を得たり。

一八二〇年　英国はクワイトを占領せんとせしも、土民の反抗に遭いて失敗せり。

一八二六―二八年　露国、ペルシャと戦ってこれを破るに及び、英国は漸《ようや》くインドに対する露の威圧を感ず。

一八二八―二九年　露土戦争。プロシア、ミュッフリング将軍、調停の労を取る。

英国バグダード鉄道政策

一八二九年　インド監督庁はピーコックをして英国政府にシリア・メソポタミア陸路を開拓し、英印間の聯絡を速《すみ》やかならしむるの計画を建議せしめたり。これ即ち露国のインド政策に備うるものにして、実に英国に於けるバグダード鉄道政策の濫觴《らんしょう》となす。

一八三〇―三二年　英国陸軍大佐フランシス・チェスニー（一七八九―一八七二年）は、恰もエジプトに於てはスエズ運河開鑿《かいさく》問題の喧《やかま》しかりし時に当り、パレスティナに旅行し、ダマスクスよりパルミラの砂漠を越えてオイフラート河畔アナーに到り、更《さら》に河を下りてバスラよりブシールに達し、ペルシャ、コンスタンチノープルを経てロンドンに帰り、英国政府に向って、シリア、メソポタミアを経由し、汽船によりてオイフラート河を下り、以てインドに達する陸路を開拓すべきことを建議せり。

一八三一―三二年　ヘンリー・ブロッス・リンチ（一八〇七―七三年）、インド政府の嘱託を受けてペルシャ湾より南ペルシャに到る通商路を踏査す。

一八三四年　コンスタンチノープル駐劄英国公使は、トルコ皇帝マームード二世より、二隻の汽船を以てオイフラート河を航行するの許可を得たり。有名なる英国東方政策の大家デヴィッド・アークハート（一八〇五―七七年）は、露国の南下に対してトルコ保全論を唱道す。而して露国はバスラに於て一軍港を建設するの計画を策す。

一八三五―三七年　チェスニー大佐は更にその計画を実査せんがために、英国並にインド政府より経済上の補助を得て、リンチ大尉、ウェーンスワース及びその他の同行者と共に探検の途に上り、オロンテス河口スェディーよりアレッポを経てオイフラート河畔ビレジック（ウィリアム港）に達し、汽船二隻に搭乗してオイフラート河を下りバスラに到着し、帰路はゾバイルより砂漠を横ぎり、パルミラを経てバイルート港に出でて英国に帰り、英国政府に向って、バリスよりオイフラート河を下りてペルシャ湾に至る汽船航路を開き、更にバリスよりアレッポを経由してスェディーに至る鉄道線路を敷設すべきことを建議せり。ドイツの経済学者フリードリッヒ・リストは深くこの探検に留意し、英国はシリア及びバスラを領有するの野心あるを警告せり。

一八三五―三九年　モルトケ、トルコ陸軍の教官となる。

一八三八年　インドの秘鑰たるアフガニスタンのヘラート占領に関して英露の衝突あり。この年モルトケはビレジックに於てチェスニー探検の跡を発見せり。

一八三八―四二年　アフガン戦争中、英国はペルシャ湾の北部なるチャラック島を占領してペルシャを威嚇《いかく》せり。

一八三八―三九年　ヘンリー・ブロッス・リンチ、更にチグリス河の上流地方を探検す。

而してモルトケもまた同地方を踏査せり。

一八三九年　アデン、英領となる。

一八四〇―四一年　英国領事館保護の目的を以てバグダード附近に英国砲艦を常置す。リンチはバグダード及びペルシャ湾間の定期航路を開始せり。

一八四四―五五年　英国東方学者にして且政治家たりしローリンソン（一八一〇―九五年）は、一八四四年より一八四九年まで英国領事として、一八五一年より一八五五年まで総領事としてバグダードに駐在せり。彼は露国に対するインド防禦の基本としてアレキサンドレット、コルナ、ヘラート、カンダハル線を劃し、少くもアレキサンドレット、コルナ（シャット・エル・アラップ河畔）間は鉄道によりて連結するの要あるを力説せり。而して英国保守党はこの計画を以てその東方政策の党是となせり。

一八四七年　エルゼルムに於けるトルコ・ペルシャ条約に於て、ペルシャは英国の援助により、シャット・エル・アラップ河の東岸、特にモハムメラー市をトルコより割取したり。

一八五〇年　チェスニー、クワイトを終点とするオイフラート流域鉄道を計画す。

一八五三―五六年　クリミア戦争。英国、トルコを援《たす》く。

一八五四年　紅海のカマラン諸島及びアラビア海のクリア・ムリア諸島、英領に帰す。

一八五六―五七年　スエズ運河開鑿が仏国監督の下に行わるるに及び、英国はこれと対抗するの必要より、先にチェスニーによりて建議せられ、今また英印鉄道計画者アンドルーによりて提議せられたる鉄道案を復旧し、アレキサンドレット又はスェディーより、バリス、アナー、ヒットを経由してバグダード、バスラに至る鉄道の敷設を企図するに至れり。於是《ここにおいて》英国政府は再びチェスニーを派遣してサー・ジョン・マックネールと共に該鉄道の適当なる起点を踏査せしめたり。チェスニー即ちトルコ政府より鉄道敷設権を獲得し、茲《ここ》に「オイフラート流域鉄道会社」を創立せり。然《しか》るに一方に於て英国技師ロバート・スティヴンソン（一八〇三―五九年）は、コンスタンチノープル（スクタリ）、イズミッド、セヴリヒッサル、アクセライ、オイフラート流域、バグダード、バスラ、ペルシャ、バルチスタン、カルカッタを連結せる一大鉄道線路計画を発表し、ナポレオン三世、英国政治家及びニネヴェ探検家レーヤード等の推奨を受けたり。されどこれらのバグダード鉄道計画は、英仏両国の反目嫉視《しっし》を招きて遂《つい》に実現を見るに至らざりき。

これと時を同じゅうして（一八五六―五七年）英国はペルシャと戦端を開き、一時ブシール、モハムメラー、及びチャラック島を占領せり。

一八五七年　アデン附近のペリム島、英領となる。

一八五七―五八年　インドに於て大叛乱あり。

一八五八年　東インド会社廃止せられ、英国は中東に於ける最も重要なる政治的並に商業的機関を失うに至れり。

一八六〇年　リンチ会社は、更に「オイフラート流域汽船会社」を創立す。
一八六一年　バーライン諸島、英国保護の下に置かる。
一八六二年　チェスニー再びコンスタンチノープルに於てその計画せる鉄道敷設権を獲得せしも、英国政府はその鉄道線に向って担保を与うることを拒絶せり。
一八六三年　ドイツ地理学者ハインリッヒ・ベルグハウス、トルコ政府に向ってコンスタンチノープルを以てバグダード鉄道の起点とするの必要を説く。
「英仏オットマン銀行」創立せらる。
ロンドン・インド省内に「インド・ヨーロッパ電信局」設置せられ、ペルシャ政府と条約を結び、爾後十カ年以内にカシャン、イェズド、キルマン、バームを経由してインドとテーランとを結び、更にイスファハン、シラーズを経てテーランとブシールとを連結し、更にブシールよりペルシャ湾沿岸に沿うてバルチスタン・インドと聯絡する電信線を架設することとなれり。
一八六八年　英国のインド・ヨーロッパ電信会社は、ペルシャよりタブリス、ジュルファ（オデッサ、ベルリン、エムデン）を経由してテーランとロンドンとを聯絡する電信線の架設権を得たり。
一八六九年　スエズ運河開通。
一八七〇年　英国鉄道技師ラタムは、アレキサンドレットよりアレッポ、ビレジック、ニシビン、モッスル、バグダードを経てバスラに至るチグリス流域鉄道を計画す。

独仏戦争。仏国は所謂「東洋の母」たるの地位を喪う。

一八七一年　トルコ皇帝アブドゥル・アジズ、勅令を以てハイダル・パシャを起点としアジア・トルコに鉄道を敷設すべきを命ず。

一八七一―七二年　サー・ノースコートを委員長とせる英国議会委員会は、チェスニー案を調査してこれを協賛せしも、ジスレーリはスエズ運河の獲得を以て急務なりとしてこれを採用せざりき。

一八七二年　墺国〔オーストリア〕鉄道技師ウィルヘルム・ブレッセル（一八二四―一九〇二年）、トルコの鉄道顧問となる。彼はハイダル・パシャより、イズミッド、アンゴラ、シヴァス、ディアルバクル、モッスル、バグダードを経てバスラに至る鉄道、並《ならび》に地中海及び黒海に達する支線を敷設すべきことを勧奨せり。

男爵ユリウス・ド・ロイテルは、ペルシャ政府より裏海よりペルシャ湾に至る鉄道の敷設権を得たりしも、一八七四年に至り政治上の理由よりこれを抛棄せり。

一八七三年　ハイダル・パシャよりイズミッドまで鉄道開通す。この年バイルート駐在墺匈国〔オーストリア・ハンガリー〕総領事ユリウス・ツウィーディネック・フォン・ズューデンホルストは、トルコ政府に向ってアレキサンドレット、アレッポ、アインタップ、ビレジック、ハラン、ラセライン、ニシビン、モッスル、バグダード、バスラ線の敷設を勧告せり。現バグダード鉄道の中部は大体に於てこの計画と同一なりとす。
一八七五年　スエズ運河、英国の手に帰す。
トルコ皇帝アブドゥル・アジズは土国政府の手を以てコンスタンチノープル・バグダード鉄道を敷設せんとせしも、国庫窮乏のために失敗に終れり。
一八七五―七六年　露国、トルキスタンのフェルガナスを占領す。
一八七六年　ビスマルク、エジプト占領をジスレーリに勧む。
モハムメラー、英国援助の下にペルシャの手を離る。
アラビア海のソコトラ島、英領となる。
ヴィクトリア女王、インド女帝となる。
一八七七年　セシル・ローズは、パレスティナ、オイフラート流域、サイプラス島及びクリート島を英領とすべきことを主張す。
一八七七―七八年　露土戦争。
一八七八年　ビスマルクはベルリン会議に於て英国と共に露国南下政策の防止を策す。
サイプラス島、英領となる。
ハンガリー軍人クラプカ、英仏資本団の後援の下にハイダル・パシャ、イズミッド線をバグダードまで完成せしむべき計画を立つ。
一八七八―七九年　アフリカ探検家カメロン（一八四四―九四年）、ジスレーリの嘱託により適当なる鉄道敷設地実査のためシリア及びメソポタミアに旅行す。

一八八〇年　英国の最も偉大なる東方政治家ジスレーリ職を辞し、翌年世を逝《さ》る。彼の後継者グラッドストンは帝国主義を排し、殊《こと》に東方政策に於て消極主義を採れり。カメロンはその実地踏査に基《もとづ》きて、トリポリ、ホムス、アレッポ、ウルファ、ニシビン、モッスル、チグリス河右岸、サマラ、バグダード、ハワイツェ、ベンデル・ディレネ、ブシール、カラチ線を以《もっ》て最も適当なる鉄道線路となし、英国は将来の発展のため、必ずこれが敷設に着手すべきを力説せしも、グラッドストンはこれを採用せず、遂に英国のために絶好の機会を逸し去れり。

この年トルコ政府は、ハイダル・パシャ、イズミッド鉄道を一英国会社に貸与し、且トルコ工部大臣ハッサン・フェーミ・パシャは該会社に向って、該線路を延長し、アレッポを経由し、オイフラート河左岸を通過してバグダードに至る線路の敷設を図りたるも、会社はこれに応ぜざりき。

一八八二年　ベルリン銀行家ブライヒレーデル、極力コンスタンチノープル・オイフラート河流域・バグダード間の鉄道敷設権獲得に努む。

エジプト、英国の手に帰す。蓋《けだ》しビスマルクはエジプトを英国に与えて英国のバグダード鉄道計画を転向せしめんとせるものなり。而してセシル・ローズは翌年英国をして南アフリカに着目せしめたり。

一八八二—八三年　カザレットはトリポリ、ホムス、アレッポ、オイフラート流域、バグダード、バスラ線を計画し、鉄道沿線に露国より移住せるユダヤ人を住せしめんと画策せり。

一八八三—八五年　ヘラート問題より英露の国交危殆《きたい》に瀕《ひん》す。ビスマルクは露国と「再保証条約」を締結し、露国のアフガニスタン及びペルシャに於ける自由行動を容認し、且《かつ》インド問題より英露の開戦を見る場合には、露国に財政上の援助を与うべきを密約したり。然《しか》れども英国は既にエジプト並にスエズ運河を得てインド防禦の安全なるを覚えたるが故に、新たにバグダード鉄道計画を起すことなかりき。

一八八三—九五年　フォン・デル・ゴルツ（一八四三—一九一六年）、トルコの陸軍顧問となる。

ドイツのバグダード鉄道政策

一八八八年　ウィルヘルム二世即位。八月十二日、ウィーン・コンスタンチノープル間の鉄道始めて開通す。十月四日、ドイツ銀行（総裁ゲオルグ・フォン・シーメンス）を主導とせる一ドイツ財団は、トルコ政府に交渉してイズミッドよりエスキシェヒルを経由してアンゴラに至る鉄道の敷設権を獲得し、且ハイダル・パシャよりイズミッドに至る既設鉄道を買収せり。蓋しこの交渉は既に前年に於てウュルテンブルグ合同銀行の代表者フォン・カウラによって開始せられたるものなり。而して当時に在りては、英独両国共にこの鉄道が他日国際間の重大なる問題となるべき事を予想せざりしなり。

ペルシャ皇帝、カルン河を万国に公開す。翌年リンチ会社、英国政府の援助を得て同河に航路を開く。

この年、メルバートに到るアラビア南岸、英領となる。

一八八八―九一年　サー・ヘンリー・ドラムモンド・ウォルフ（一八三〇―一九〇八年）、ペルシャ駐劄公使として、大いに英国の勢力を張る。

一八八九年　三月二十三日、アナトリア鉄道株式会社創立せらる。ドイツ近東汽船会社、またこの年を以て創立せらる。ウィルヘルム二世、第一回のコンスタンチノープル訪問を試む。

チェスニー探検隊の一人なりし英国探検家ウェーンスワース（一八〇七―九六年）、貿易上に於けるカルン河の意義を力説す。

この年ロシアの一シンジケートは、ペルシャ政府と交渉し、裏海沿岸レシトよりテーランを経てアラビア海岸チャハバールに至るペルシャ縦断鉄道の敷設権獲得に努力せしが、露国政府は該鉄道がペルシャに於ける英国の商業的発展を助長すべきを虞れて却ってこれを阻止せり。

同じくこの年ユリウス・ド・ロイテル男爵は、ペルシャ政府より「ペルシャ帝国銀行」創立の権利を得たり。

一八八九―九一年　仏国人コタールはサムスンを起点とし、シヴァス、ディアルベクル、バグダードを経てバスラに至る鉄道を計画す。
一八九〇年　ビスマルク辞職す。独露再保証条約廃棄せらる。英独の間にザンジバール、ヘリゴランド交換協約成る。独土通商締結。この年、アナトリア鉄道会社、第一回の公債八千万フランを独仏英及びその他の諸国に募集す。ロンドンに於ける応募額百万ポンド。
一八九一年　カプスト伯、露国の援助を得て先のカザレット案トリポリ・バグダード・バスラ線を主張す。
一八九二年　イズミッド・アンゴラ線落成す。
露国、東北アナトリア線の延長に抗議す。
一八九三年　アナトリア鉄道会社は最初計画せるアンゴラ・シヴァス・カルプート・ディアルベクル・モッスル線を変更して、新たにエスキシェヒル・コニア線の敷設権を獲得す。
一八九五年　英国首相ソールスベリー卿、密かにドイツ皇帝に向ってトルコを英独両国間に分割せんことを提議せしも成らず。
一八九七年　希土《きと》戦争〔ギリシャ、トルコ間の戦争〕。ティルピッツ海相となる。前外相マーシャル・フォン・ビーベルスタイン（一八四二―一九一二年）、この年大使としてコンスタンチノープルに赴任し、一九一二年まで大いに外交的手腕を揮《ふる》う。この年ブシールに初めてドイツ領事館を設く。

一八九八年　ビスマルク死す。ドイツ第一回海軍拡張案、議会を通過す。十月より十一月に亙りてドイツ皇帝第二回の東方旅行を試み、ダマスクスに於て「トルコ皇帝陛下を教主とする全世界の回教徒は、永久に朕の友情に信頼せよ」との有名なる電報を土帝に発す。英国、バスラに領事館を置く。ファショダの勢力権に関し、英仏の間に激烈なる紛議を醸し、将《まさ》に国交の断絶を見んとするに至れり。

ドイツの純然たる経済的発展の努力が、同時にドイツの海軍政策並にバグダード鉄道政策の動機となり、英国の嫉視する所となれり。

一八九九―一九〇二年　南阿トランスヴァール戦争。

一八九九―一九〇七年　ペルシャ湾に於ける英露の激烈なる競争は、ドイツをして勢力をペルシャに扶植するの機会を与えたり。

一八九九―一九〇五年　カーゾン卿インド総督となる。カーゾンは所謂「カイロ・カルカッタ政策」の主唱者なり。

一八九九年　ドイツ、パレスティナ銀行創立せらる。英国政府はクワイトの酋長と交渉し、英国の承認を得ずして他国と条約を締結せざることを約せしむ。

アナトリア鉄道会社、ハイダル・パシャ築港権を獲得す。ドイツ帝国銀行とオットマン銀行との間に、バグダード鉄道共同計画の契約成る。アナトリア鉄道会社、バグダード鉄道沿線の経済的並に学術的事情調査のために視察委員を派す。十二月二十三日、ツィーニ・パシャとゲオルグ・フォン・シーメンスとの間にコニア・バグダード・バスラ線の敷設に関する仮契約締結せらる。

一八九九―一九〇〇年　露国政府、ペルシャ縦貫鉄道を画策し、裏海沿岸アルヤットよりレシトを経てテーランに至り、更にテーランより一はイスファハン、シラーズを経てペルシャ湾岸ブシール及びベンデラバスに出づるもの、他はテーランよりカシャン、イェズド、キルマンを経てインド洋岸チャハバールに達する両線を計画せしが、研究の結果後者を以て政治的並に学術的に至当なりと決せり。

一九〇一年　エドワード七世即位。この年濠洲企業家ダルシー、殆どペルシャ全土に亙りて六カ年間の石油採取権を同国政府より獲得せり。而してモハムメラー港の東北なるアプワズ附近の石油田を以て就中有望となす。露国商船が初めてペルシャ湾に航せるもこの年なりとす。

一九〇二年　ハイダル・パシャの築港竣工す。この年日英同盟締結せられ、英国はトルコを以てインドの前哨となすの要なきに至れり。

一九〇三年　三月五日、土独両国間にバグダード鉄道契約調印せられ、ドイツはコニアよりエレグリ、アダナ、オスマニエ、テル・ハベッシュ、ジェラブルス、ハラン、ニシビン、モッスル、サマダ、バグダード、ケルベラー、ゾバイルを経由してバスラに至る線路、並にゾバイルより分岐してペルシャ湾岸カディマに至る支線の敷設権を正式に獲得せり。於是バグダード鉄道会社の創立となり、財政上の割当は、ドイツ資本団（ドイツ帝国銀行）四〇パーセント、仏国資本団（オットマン銀行）三〇パーセント、墺匈国、スイス、イタリア、トルコ二〇パーセント、アナトリア鉄道会社一〇パーセントの割合に決し、二十七名より成る理事会組織せられ、グウィンネルその総裁となる。一九一四年末に於て、営業資本として払込まれたる株式資本六六〇、〇〇〇トルコポンド（トルコポンドは約一八・五マルクに当る）、建設資本として受けたる国庫補助七、〇五二、五四六トルコポンド、コニアよりの鉄道延長は一九一五年末に於て支線を併せて一一一〇キロメートル。而してアナトリア鉄道会社の場合には、トルコ政府は営業線路各一キロメートルに対して一定の収入額を保障するの制度なりしが、バグダード鉄道会社の場合には、保障金額を国債証書の形式を以てトルコ政府より提供することとなれり。この年英国にてはランスダウン卿が、議会に於て、英国はペルシャ湾に於て優越権を確保せざる可からずと声明するあり、またインド総督カーゾン卿がペルシャ湾に示威航行を試むるありき。而してカーゾン卿はペルシャ湾を呼ぶに「インドの海上境界」の名を以てしたり。

この年英国のアフリカ政治家ハーリー・ジョンストンは国法上の目的より、ドイツの政治家パウル・ロールバッハは経済上並に軍事上の目的より、北海とペルシャ湾とを連結する鉄道を主張せり。

一九〇四年　コニア、ブルグルル間の鉄道落成す。英仏協商成る。

一九〇五年　三月ウィルヘルム二世、突如モロッコのタンジールに上陸し、モロッコの独立と主権とを保護すべき宣言を発し、ために独仏の衝突を来し、翌年アルジェスラス会議の開催を見るに至れり。

アダナにドイツ近東棉花会社創立せらる。

一九〇六年　ドイツ東方鉄道会社創立せらる。ハンブルグ・アメリカ汽船会社、新たにアラビア・ペルシャ航路を開始す。

アナトリア鉄道会社、メルシナ・アダナ鉄道の財政監督を引受くることとなる。

一九〇七年　コニア原野の灌漑工事に関してトルコ政府とアナトリア鉄道会社との間に契約成る。英露の間に中亜協約成り、ペルシャに於ける英露の勢力範囲を劃定し、英露仏の間に所謂「三国協商」成る。

一九〇八年　ブルグルルよりヘリフに到るバグダード鉄道の延長に関する附加協約成る。英露両帝レヴァールに会見す。爾来露国は東亜及びペルシャへの進出を転じてコンスタンチノープル南下を目標とするに至れり。青年トルコ党の革命起る。東方政治家エルンスト・イェック、来るべき独・墺・土聯合を説く。バグダードにドイツ領事館を置く。

一九〇九年　英波石油会社創立せらる。トリポリ・ホムス・バグダード・バスラ間の鉄道敷設権獲得に関して、英仏両国の間にロンドン調書成る。

一九一〇年　アナトリア鉄道会社、メルシナ・アダナ鉄道会社の営業を引受く。

英国エドワード七世崩御。

キダーレン・ウェヒター外相となり、一九一二年まで在職す。

独露両帝ポッツダムに会見し、ペルシャ及びバグダード鉄道問題に関して露独の間に協約成る。仏国は一九〇九年ロンドン覚書の実行を断念す。

この年英国のウィルコックは、バグダードよりエルガジム、パルミラ、ホムスを経てトリポリに至る鉄道、又はダマスクス・バイルート間の鉄道敷設権を主張せしも失敗に終れり。

一九一一年　ヘリフ・バグダード間の線路延長、並にトブラッカレ・アレキサンドレット間の支線敷設に関する協約成る。ハイダル・パシャ築港会社、アレキサンドレットの築港を委託せらる。バグダード鉄道会社、バグダード・バスラ・ペルシャ湾線の敷設権、バスラの築港権、及びペルシャ湾岸に築くべき一港の築港権を拋棄す。バグダード・バスラ・ペルシャ湾線は独・土・仏・英の四国、各二五パーセントの出資をなして国際経営となす。この年ブルグルル・ウルキドラ間の鉄道落成す。露独の間に協約成り、露国はドイツのバグダード・ハニキン線を承認し、ドイツを露国が将来テーラン・ハニキン線を敷設する場合に異議を唱えざることに合意す。ウィーン駐劄英国大使サー・カートライト「トルコ問題は英独衝突の中心点たる可《べ》し」と声明す。

一九一一―一二年　トリポリ戦争。

一九一二年　ロンドンに本店を有する「東方銀行」、バグダードに支店を設く。バグダード鉄道建設材料の輸送請負を目的とする「東方河上運輸協会」の創立、並に英・独・土共同の一大汽船会社創立準備に関して、ドイツ帝国銀行及びリンチ会社との協約成る。

ドラーク・イエニジエ線、アダナ・マムレ線、ラージュ・アレッポ・ジェラブルス線、ウルキシラ・カラプナール線落成す。

一九一二―一三年　バルカン戦争。

一九一二―一五年　男爵フォン・ワンゲンハイム、コンスタンチノープル駐剳ドイツ大使に任ぜらる。

一九一三年　英国（ペルシャ帝国銀行）は、ペルシャ政府よりモハムメラー・コレマバード間、モハムメラー・ベンデラバス間、ベンデラバス・キルマン間、ベンデラバス・シラーズ間の鉄道敷設権を得て、モハムメラー・ディッスル間（南ペルシャの石油田を通過す）より工事に着手することとなる。同時に露国「手形割引銀行」もまた西北ペルシャに於ける鉄道敷設権を得たり。

コニア原野の灌漑工事、並にトブラッカレ・アレキサンドレット間の鉄道落成す。ドイツは、露国のトルコ、アルメニアに対する請求を拒絶す。リマン・フォン・ザンデルス、トルコ軍事顧問としてコンスタンチノープルに赴任す。

一九一三—一四年　フィッシャー卿の主唱により英国は南ペルシャ石油田視察調査のため委員を派遣す。

一九一四年　二月十五日、アジア・トルコに於ける鉄道に関して独仏間に協約成る。

英国政府、英波石油会社の財政を監督す。

ドイツ帝国銀行、バグダードに支店を置く。

六月十五日、メソポタミア及びバグダード鉄道に関して英独の間に協約成り、英国はバグダード・バスラ線に対する持分参加を抛棄し、関税政策監督のため該線の理事会に二名の代表者を派遣することとなり、シャット・エル・アラップ河を広深することを条件として、将来バスラを以てバグダード鉄道の終点たらしむることとし、バスラ南方の航行を自由とし、バスラ築港に就てはその持分参加をドイツ六〇パーセント、英国四〇パーセントと定め、バスラ・クワイト間の線路は英国の承認を得たる場合に国際線として敷設することとなり、チグリス河航行に関する持分参加は英国五〇パーセント、独土両国各二五パーセントとなし、メソポタミア石油田採掘に関しては英国の持分参加五〇パーセント、ドイツ、オランダ二五パーセントと定めたり。

この年八月一日世界戦の勃発あり、十月二十八日トルコもまたドイツ側として参戦せしが、十月二十一日、バスラは英国のために占領せられたり。この年バグダード・サマラ間の鉄道落成す。

二　バグダード政策発達史論

英国のバグダード鉄道政策史

バグダード鉄道政策の発展は、これを政治的に前後両期に劃《かく》するを得る。第一期は即ち英国がインド保全の必要よりこれを企図せる時代にして、一八三〇年より一八八〇年に至る五十年間、第二期は即ちドイツがその東漸《とうぜん》政策の手段としてこれが遂行に拮据《きっきょ》せる時代である。

英国のバグダード鉄道政策は第十九世紀前半に至りて、鋒鋩《ほうぼうようや》漸く鋭きを加え来れる、ロシアのインド南下政策に備えんがため、インド保全を目的として唱道せられたるものにして、スエズ運河政策と最も密接なる関係を有して居る。蓋しインド保全は、一八二九年以来、英国対外政策の根本方針にして、これがためには先《ま》ずインドに到る海路又は陸路、能《あと》うべくんば海陸両路の支配権を英国の掌中に収めなければならぬ。而して最も明瞭にその必要を認めて、盛んにこれを力説せる者は、陸軍大佐フランシス・チェスニーその人である。彼は啻《ただ》にシリア、メソポタミアを経てインドに通ずる陸路開拓の必要を高調せるのみに非《あら》ず、その有名なるオイフラート流域探検に先だち、一八三〇年十月二十日、既に一書を時のコンスタンチノープル駐劄英国公使サー・ロバート・ゴルドンに与えて、スエズ運河開鑿の急務なるを説いている。これレセップスが、彼を以て「スエズ運河の父」と呼びたる所以であって、実に英国に於けるバグダード鉄道政策並にスエズ運河政策の父と称することができる。而してドイツの偉大なる経済学者にして、兼《かね》てドイツ世界帝国並にバグダード鉄道政策の父フリードリッヒ・リストも、また一八三五年に於て、「英国はナイル河畔、オイフラート河畔、並にペルシャ湾岸の地を、挙げてその領土とするに至る可し」と論じ、小亜縦断通路の重大なる意義に就て、ドイツ国民に警告した。

英国のバグダード鉄道政策並にスエズ運河政策は、露国の南下に対するインド防備の必要より来れるものなるが故に、第十九世紀に於ける露国の中央アジア経略史を劃する三大時期、即ち一八三八年のヘラート事件、一八六七年のトルキスタン略取、一八八四―八五年のアフガン問題と、その歩調を一にして来た。而して中亜に於けるこれらの事件が、その都度露土戦争（一八二八―二九年・一八五三―五六年・一八七七―七八年）の後に発生したることは、露国の対印政策が、常にコンスタンチノープル進出頓挫の結果として勃興し来りしことを知り得る。されば英国は、スエズを経由してインドに達する海路、又はバグダードを経由する陸路の支配権を握るか、否《しか》らずんば側面より露国を脅威する強国と同盟を結ばざる限り、インド防備の必要よりトルコ保全を唱えざるを得なかったのだ。これ実にジスレーリ当時に於ける英国政策の根本方針であった。

当時英国に於ては、一方にチェスニーの如く、スエズ問題並にバグダード問題を以て英国百年の大計となし、その解決の急務なるを力説するものありしに拘らず、一般政界はかくの如き積極的政策の遂行に拮据することなく、単に消極的にトルコ保全を以て外交の信条としていた。而してこの方針は、ジスレーリ死後と雖《いえど》も、何ら変更せらるることなかった。ジスレーリの達見は、海陸両路の支配権が、インド保全のために欠く可からざる要件なるを知悉《ちしつ》していたけれども、而も尚《なお》バグダード及びスエズ問題を同位に置くことをせず、スエズ運河問題を以て当面の重大問題となし、バグダード鉄道政策は、該問題解決の後に徐ろに着手すべきものと考えた。グラッドストンに至りては、所謂「小英国主義者」として、ジスレーリの帝国主義に反対し、就中《なかんずく》東方政策に於てあくまでも消極主義を取りしを以て、彼の内閣は仏国が既にスエズ運河の開鑿を竣《お》えたる後に於てすら、尚且オイフラート鉄道に対して利息保障を与うることを拒んだ。されど時のインド事務大臣サー・スタッフォード・ノースコートを委員長とせる一委員会は、アンドルー・ローリンソン、及びその他の識者の賛成を得てチェスニー案を可決し、一八七二年七月二十七日の議会に於て、インド陸路連結が、スエズ運河と相並んで、極めて重大なる価値を有する故に、英国政府は、万難を排してその実現に努むべきことを主張した。

既にして一八七四年、ジスレーリが「外交を主とし内治を従とする」の方針を以て首相となり、巧妙なる政策を以て、スエズ運河及びエジプトを、英国の掌裡に収め、ヴィクトリア女王はインド女帝となり、露国のコンスタンチノープル南下、一頓挫を来せるに及び、今や彼の下に蔵相たるノースコート年来の主張を採用し、インド事務大臣ソールスベリー卿の賛成を得て、一八七八年冬、有名なるアフリカ探検家カメロンをメソポタミアに派遣し、適当なる鉄道線路の踏査に従わしめた。カメロンはその実地踏査に基きて、一八八〇年、十個の線路を設計し、就中トリポリ、ホムス、アレッポ、ウルファ、ニシビン、モッスル、チグリス河右岸、サマラ、バグダード、ハワイツェ、ベンデル・ディレネ、ブシール線を以て最も適当なりとし、将来はブシールより更にカラチに至る線路を敷設すべしと主張した。彼は「世界の如何なる地域に於ても、インドと地中海とを連結する鉄道に優りて、政治的並に商業的に重大なる効果を有する鉄道なし」と力説し、且ジスレーリ内閣に対して非常なる希望を抱き、探検旅行の結果を発表せる著作『将来の大道』を結ぶに、下の言を以てした。曰く「ビーコンスフィールド卿並にソールスベリー卿は、能く英国将来の大道たるインド・地中海鉄道の急設に努力すべし」と。而して彼の著書の表紙には一個の鉄道列車を描き、機関車には「インド皇帝」と記し、その車輛には「ブシール」と書いている。

ジスレーリは、バグダード鉄道案の実行に関して、摯実に考慮し且熱心に画策したが、一八八〇年首相の職を退き、翌年世を逝るに及んで、英国の将来並にバグダード鉄道の将来は、再びグラッドストンによって決せらるべき運命となった。

然るにグラッドストンは、重大なる対外政策に対して極めて無能なる、英国自由主義の絶好なる代表者であった。彼はオスカー・シュミッツ（註1）が言える如く、ジスレーリの計画せる一切を破毀するの意図を以て首相の任に就いた。当時露国のインド政策は、殆《ほとん》ど英露両国をして干戈《かんか》を交えしめんとせるに至りしに拘らず、トルコ工部大臣ハッサン・フェーミ・パシャが、ハイダル・パシャ、イズミッド鉄道を延長し、オイフラート左岸を経由してバグダードに到る鉄道を計画せしに拘らず、彼の外交は全然消極的に出で、その「勝れたる無能無策」は、近東に於ける英国の勢力を失墜せしめた。当時英国は、偏えにスエズ運河の改修に腐心し、且該運河を過重して、インド防備の十分なる牆壁《しょうへき》なりと信じていた。露都駐劄英国公使サー・ロバート・モリアが、コンスタンチノープル駐劄英国公使サー・ウィリアム・ホワイトに与えたる書翰は、恰《あたか》も当時のものにして、即ち一八八五年十二月二十七日の日附である。曰く「吾人は全スラブ主義をしてその力をヨーロッパに伸張せしむるを利益とすべきか、将又《はたまた》これをアジアに伸張せしむるを利益とすべきか。……希《ねが》わくば最も重大なる吾人終局の目的はインドに在ることを忘るる勿《なか》れ。偏《ひと》えにヨーロッパの出来事に没頭するは、アジアに於ける活動の自由を失う所以なり」と（註2）。されどこの剴切《がいせつ》なる警告も、畢竟《ひっきょう》無効であった。蓋し当時の英国対東外交をして爾《しか》く微温的ならしめたる一因は、英国に於ける最も有為なる人才が、アフリカに於て——クローマーはエジプトに於て、セシル・ローズは南阿に於て——活動しつつありしを以て、英人の視聴をして「ケープ・カイロ」政策に向わしめ、従って「カイロ・インド」政策を閑却せしめたるに在る。

註1　Oskar A. H. Schmitz : Die Kunst der Politik 第三六一頁。
註2　H. Sutherland Edwards : Sir William White 第二三六頁。

ドイツのバグダード鉄道計画

かくの如《ごと》くにして、イギリスはグラッドストン内閣の下に、インドに達する陸路を掌握すべき最後の好機を逸《いっ》し去った。バグダード鉄道問題の閑却は、英国の非常なる失策にして、ヘリゴランドの売却と共に、十九世紀に於ける英国外交の二大失敗である。英国の弱点、就中東方に於ける英国の弱点は、実に主としてこの失敗に起因する。

英国がバグダード鉄道の意義を軽視せることは、ドイツをして志《こころざし》を成さしむる所以となった。若《も》し英国にして熱心なる競争者たりしならんには、一八八八年に於けるドイツの偉大なる獲得は不可能であったろう。蓋し当時のドイツは、資本に於て豊かならず、艦隊は殆ど言うに足らず、世界政策の舞台に、漸く新参者として現われた時であった。然るにビスマルクの巧妙なる外交は、英国をしてエジプトを領せしめ、これによってスエズ運河を過重して陸上通路を軽視せしむるに至り、ドイツをして自由にバグダード鉄道政策に着手するを得せしめた。而してビスマルクはかくの如くインド政策とエジプト政策とを結ぶことによって、同時にまたドイツのために植民的発展の路を開拓した。

次に英国は、啻《ただ》にインド政策に対するバグダード鉄道の意義を軽視せるのみならず、またドイツ世界政策に対する価値をも軽視した。これ英国の敢《あえ》てせる第二の失策である。当時英国は、ドイツがバグダードを経由してペルシャ湾に出で、以て英国の死活に関する利益を脅《おびやか》すが如きは、到底不可能のことと考えた。而してこの島国的驕慢《きょうまん》は、後にヘリゴランド問題の時に際しても、また明らかに英国を誤って居る。されば一八九〇年頃に於て、英国は啻にドイツのバグダード鉄道政策を妨げざりしのみに非ず、実に経済上の援助すら与えた。即ち一八九〇年アナトリア鉄道会社が、第一回公債八千万フランを募集するや、英国は百万ポンドを引受けて居る。一八九〇年ドイツ宰相カプリヴィが「独露再保証条約」の継続を廃して好意を英国に示せることは、今尚吾人の記憶に存する所である。されば英国は、近東に於けるドイツの発展を以て、露国のインド政策を掣肘《せいちゅう》する所以なりとし（註1）、殊に一八八八年に敷設権を得たるイズミッド・アンゴラ線が、アブドゥル・ハミッドの懇請によりて東北アナトリアに延長せられんとせしが如きも、また反露的性質を帯びたるものなりしを以て、英国は一層ドイツの鉄道計画を承認するに傾いた。

英国がバグダード鉄道政策の意義を軽視せることは、ドイツのために好都合なりしは言を俟《ま》たぬ。而もドイツの東漸政策をして、その勢を得せしむるためには、かくの如き消極的動因以外に、更にドイツ自身に英国の弱点を利用して東方発展に旺向せしむべき、積極的動因あるを要する。而してかくの如き積極的動因たりしものは、実にゲオルグ・フォン・シーメンスその人である。

シーメンスは、その高邁なる識見を以て、東方の発展が新興ドイツのために、政治上並に経済上非常なる意義を有することを明瞭に観破した。フリードリッヒ大王が準備せる所のもの、フリードリッヒ・リスト、ウィルヘルム・ロッシェル、ハインリッヒ・フォン・ガーゲン、カール・ロードベルトゥス、フェルディナンド・ラッサル、パウル・ドゥ・ラガルデ、レオポルド・フォン・ランケの諸先覚が予期せる所のもの、而してビスマルクが独墺同盟によりて無意識にその道を拓ける所のものをば、恰も東方政策が悲観の淵に瀕せんとせる時に当りて、吾がゲオルグ・フォン・シーメンスは、アナトリア鉄道の創設並にバグダード鉄道の準備によって、その実現を見るに至らしめた。これ実に「アントワープ・バスラ」を連結する新世界通路の根柢となるもの、吾人は今日に至って始めてその重大なる全意義を明白に知り得たのである。而してドイツの植民政策、従ってドイツの新東方政策が、職業的政治家によらずして「一門外漢」によってその道を拓かれたることは、特に注意を要することである。加うるにシーメンスが、その危険なる事業より生ずる収益如何を問うことなくして、新ドイツの東方政策のために資本を投ぜる一事は、彼と時を同じくせる英国のセシル・ローズと共に、カピタリスムスを初めて大規模の政治的目的のために運用するの先例を開けるもの、ドイツ銀行界に向って国家的観念を鼓吹せること甚大なるものがある。

ビスマルクが、ドイツ・バグダード鉄道政策に対して、積極的に貢献する所ありしや否やは、一個の疑問であって、今日に至るまで何らこれに関する定説がない。然れどもビスマルクは、一八九二年に於て下の言をなせることがある。曰《いわ》く「予は露国のコンスタンチノープル占領が何故にドイツに取りて危険なるかを了解する能わず。コンスタンチノープルを領有する露国が、ドイツに取りて危険ならざるは、なお聖ペテルブルグ、ワルシャワ、オデッサを領有する露国の何ら危険ならざるが如し。万一露国がコンスタンチノープルを占領せんと欲すとするも、予はドイツの立場より何らの妨害を加えんと思わず。予一個の見地よりすれば、仮令露国がコンスタンチノープルを獲得してその脚をオデッサより黒海に伸ばすも、ドイツに対する危険の程度は今日と増減する所なし」と。この言に拠って判断すれば、ビスマルクはドイツ国民経済の将来が、切実にコンスタンチノープルの運命と聯関せることを認めず、且又ドイツ・バグダード政策は、仮令露独衝突の危険を冒しても全力を集注してこれが実現を期するの必要あることを知らざりしもの。さればビスマルクのインド政策、即ち露国の中東進出を慫慂せる政策は、今日に於てもまたドイツ対インド政策の根本であるけれど、彼のコンスタンチノープル政策に至りては、明らかに浅慮短見の誇を免れぬ。されば吾人はバグダード鉄道政策の発展に対する十九世紀最大の政治家ジスレーリ及びビスマルクの意義に就て下の如く言い得る。曰く、ジスレーリの隠退及び死去によりて英国バグダード政策は瓦解したが、ビスマルクの隠退及び死去は、何らの影響をもドイツ・バグダード政策に及ぼさなかったと。

バグダード鉄道政策はハイダル・パシャ・コニア間のアナトリア鉄道落成までは、何ら重大なる政治的又は経済的困難なくして進捗した。一八九三年二月十五日に締結せられたる協約に於て、アナトリア鉄道が将来バグダードまで延長せらるべき性質を有せることは、明白に看取するを得たるに拘らず、英国に於ては、この計画が自国に対して企てられたものと思惟せず、ドイツ公衆もまたバグダード鉄道計画の意義を充分に領会しなかった。

而して露国もまた、アナトリア鉄道が東北アナトリアに延長せられざる限り、この計画に於て何らの危険を感ずることなく、且適当なる鉄道政策によって達せらるべきトルコの保全並に富強が、ドイツの死活に関する利害問題なることに気付かなかった。蓋し露国は一八八九年以来、裏海沿岸レシトよりテーランを経由してインド洋沿岸チャハバールに達する鉄道敷設権問題に、至大なる利害関係を感じ、また一八九一年シベリア鉄道の敷設に着手してより、その外交上の注意を極東に傾倒せるを以て、露国有力者は、暫く近東問題を放置したのである。

仏国もまた、ドイツの鉄道計画に対して、何ら公式の抗議を試むることなかった。これ一はドイツが「近東のフランス」の称せらるるシリアに向って指を染めざりしにも由る。スーダンに於て英国と衝突したるを以て、本来ドイツに対して露国と締結せる二国同盟の鋒先を転じて英国に向け、ドイツとは却って接近するの傾向を呈し、一八九四年二月四日・三月十五日、ドイツと協商してカルメンの境界を議定し、更にドイツと提携して、英国が同年五月十二日コンゴー国と締結せる借地契約に抗議し、一八九七年七月二十三日トーゴーの北境に関してドイツと協商した。而して一八九五年には、独露仏の三国提携して、日本の遼東半島併合に抗議し、これを清国に還附せしめた。

この時に当りて英国は、ヨーロッパに於て孤立の地位に陥り、その国際的位置が反英的大陸同盟の組織によりて脅威せらるるの危険を感ずるに至った。於是《ここにおいて》英国最大の問題は、かくの如き大陸同盟の出現を妨ぐることでなければならぬ。而して英国がその東方政策を以て、露独両国を反目せしむるの用に供せんとしたるは実にこの時を以て嚆矢とする。かくて一八九五年六月、ソールスベリー卿再び英国の首相の職に就くや、ジスレーリの意味に於けるインド保全を以て当面の根本問題となし、個人的提案としてトルコ分割をドイツ皇帝に提議した（註２）。然れどもドイツ皇帝は、一面に於てトルコ保全を以て、ドイツ富強のために、政治上並に経済上最も重大なる条件なるを認め、且他面に於てかくの如き分割は、必然露国と無用の衝突を招く可きを認めて、その提議を拒絶した。されど英国は露独を反目せしめんとする根本主義を捨てず、翌一八九六年ソールスベリー卿は、アルメニア人虐殺問題を機として露国に接近せんとし「今や吾人はコンスタンチノープルに対して利害関係を感ずること前日の如くならず、英国東方の門戸はエジプト・スエズにあり。故に若し露国にしてエジプトに於ける吾人の主張を承認せば、吾人は決して露国がコンスタンチノープルに拠らんとするを妨げざる可し」と声明した（註3）。然れども露国は当時力を極東進出に注げる時にして、独墺の背面攻撃を恐れたる際であったから、露国もまた英国の誘致に応じなかった。かくして英国は東方問題に於て孤立するに至った。

如上の政治的状態が、既にドイツ・バグダード鉄道政策の進展に有利なりしに加うるに、種々なる事件の発生が、該政策の前途に横たわれる政治的障碍を排して、益々東漸政策を進捗するに便ならしめた。今その最も重大なる事件を挙ぐれば下の如し。

一　一八九七年の希土戦争
二　一八九八年のファショダ事件
三　一八九五年以来のオットマン銀行の経営困難
四　一八九八年露国の旅順口占領
五　一八九九―一九〇二年のバルカン戦争
六　一八九九年以来の露国のペルシャ湾進出策

即ちこれらの事情は（一）トルコに対するドイツの信用を増し、ドイツをしてトルコが自国の提携者として全然無能力者ならざるを認めしめ、（二）英仏の反目は独仏資本家の接近を促し、（三）英露の反目はドイツをして両国間のバランスたる地位に立たしめ、従って英露の孰《いず》れよりもバグダード鉄道政策の発展に対して妨害を受けざらしめた。以下これに就て聊《いささ》か詳説を試みよう。

一八九七年の希土戦争に於けるトルコの勝利は、何ら積極的利益をトルコに齎《もた》らすことなかったけれど、廃残の老衰国と思惟《しい》せられたるトルコが、意外なる抵抗力を発揮せることは、トルコ復興に対するドイツの信用を増し、ドイツはこの機を逸することなく大いに親善の実をトルコに示した。されば外相フォン・ビューローは、この意味に於て、一八九七年の冬、帝国議会に於て「ドイツは断じてトルコに対する積極的圧迫に参加せず」と声明した（註４）。而して当時ドイツに於ける最も有為なる外交家マーシャル・フォン・ビーベルスタインが、ドイツ大使としてコンスタンチノープルに派遣せられたるも、またこの時である。

次に一八九八年のファショダ事件は、時の仏国外相デルカッセが、熱心なる親英論者なりしに拘らず、仏国の輿論をして、甚《はなは》だしく排英論に傾かしめた。彼等曰く、仏国最後の敵は英国である。吾等は、英国と戦わんがために、ドイツとの復仇戦を断念しなければならぬ。蓋し露国は全力を極東に傾倒しつつあるが故に、今にしてドイツと復仇戦を開始するも、吾人は露国より充分なる援助を期待することができぬ。況《いわ》んや二国同盟は、防禦の場合に於ける相互援助を主とするものなるに於てをや。吾人は寧《むし》ろ英国と戦わんがためにドイツと接近するを可とすると。かくの如き事情の下に、バグダード鉄道計画に関して、ドイツ帝国銀行と、オットマン銀行との間に開始せられたる交渉は、順調に進捗した。而して仏国政府は、この交渉を奨励することはなかったが、而も曽《かつ》てこれに圧迫を加うることなかった。当時の事情を顧みるに、仏国オットマン銀行は、一八九四年トランスヴァール金鉱株を買収し、その低落のために巨額の損失を招き、一八九五年には、殆ど破産の厄に遭わんとした。於是《ここにおいて》オットマン銀行は、トルコ経済界に於ける従来の地位、就中鉄道問題に於ける地位を保たんがため、一八九七年冬よりドイツ帝国銀行に向って交渉を開始した。ドイツ帝国銀行はこれより先、英国「スミルナ・アイディン」鉄道会社に接近せんとしてその意を果さなかったが、今やオットマン銀行の提議あるに及んで直にこれに応じ、一八九九年五月、ドイツ帝国銀行と仏国「スミルナ・カッサバ」鉄道会社代表者としてのオットマン銀行との間に、バグダード鉄道計画の共同経営、並にアナトリア鉄道会社及びスミルナ・カッサバ鉄道会社の監査役会に於ける共同責任に関する契約成るに至った。

次に一八九八年、露国が旅順口《りょじゅんこう》を租借するに及んで、英国は露国に対して反感を抱くに至った。一面に於てファショダ事件によりて仏国と感情の齟齬《そご》あり、他面に於て露国と反目するあり、於是ソールスベリー卿は、二国に対する自家の武器としてドイツを利用せんとし、就中ドイツをして露国の敵たらしめんと画策した。一八九八年五月十三日、植民大臣チェムバレンは、その演説に於て公言して曰く、「大英国は露国に対して宣戦し得たりしならん。されど吾人は同盟国なくしては大なる打撃を露国に与うるを得ざる可し」と。これ英独同盟の意見を洩《も》らしたものでないか。而もドイツは、英国の爪牙《そうが》たるの愚を学ぶことなく、却って英露間に於ける自国の地位を利用し、その海軍拡張によって世界政策に於ける自己の地位を確立し、且東方政策を充実せしめた。

一八九八年は、バグダード鉄道政策発展史上、極めて重要なる年である。ドイツは最も大胆に英国の危険なる孤立的地位を利用して、東漸政策の基礎を確立した。即ちドイツが大海軍の建設によって、英国海上権を脅威すべく、海軍条例を発布したのはこの年四月十日である。而してウィルヘルム二世が、コンスタンチノープルより聖地を巡回し、ダマスクスに於て「全世界の回教徒は、永久に朕の友情に信頼せよ」との有名なる演説を試み、以て独土提携の根柢を固めたるも、また実にこの年十・十一月の交に属する。されば一八九八年は、真に世界史的に深甚なる意義を有するものである。何となれば、単《ひと》りドイツがこの年を以て海陸共に覇を英国と争うの大政策を樹立せるのみならず、米国もまたこの年スペインに勝って太平洋に活動するの新時期を開き、インド洋上に於ける英独争覇戦、並に太平洋上に於ける日米争覇戦の端緒は、共にこの年を以て開かれたるが故である。

かくの如くにしてドイツがその「ベルリン・バグダード」政策の基礎を確立したる時に当り、英国に於ては新任インド総督カーゾン卿が、所謂「カイロ・カルカッタ」政策を高唱し、これによってドイツの東漸政策に対抗するの策を立てた。「英国にしてインドを失わば、直《ただ》ちにその世界的帝国たるの地位を失うべし」とは、カーゾン卿の根本主張にして、その「カイロ・カルカッタ」政策は、この主張に基くものである。而して彼はこの政策の第一歩として、一八九九年一月二十三日、クワイトの酋長と談判し、同地を間接に英国保護の下に置いた。クワイトは、既にチェスニーがそのバグダード鉄道計画の終点として指定せるところである。されば若し英国にして、あくまでもこの政策の実現に努め、ドイツ対抗の歩武を進めたりしならんには、形勢容易に逆睹し難きものありしならんも、恰もこの時に当りて、英国は一面に於て南阿戦争〔ボーア戦争〕の起るあり、他面に於て露国のインド政策がその鋒鋩を鋭くするありしが故に、力を反独政策の励行に尽し得ざる情態に陥って居た。

露国は、既に一八三四年に於て、バスラを以て露国軍港たらしめようとしたが、この頃に至りてそのペルシャ湾進出策は頓に勢を加え、或は砲艦をペルシャ湾に派遣し、或はオデッサ・ペルシャ湾間に直接汽船航路を開始し、ベンデラバス又はチャハバールを以て「インドのウラジオストック」たらしめずんば止まざるの勢を示した。形勢既にかくの如くなりしを以て、英国は寧ろドイツと握手して露国を牽制せんと欲し、啻にドイツの東方政策に対して積極的妨害を試むる能わざりしのみならず、却ってこれに由って露国の南下を抑止せんとし、露独の反目を醸《かも》さんことを切望した。然れどもドイツは、ビスマルク以来の根本主義を奉じ、英露の孰れをも敵とすることなく、両国に対して等しく親善なる関係を持続するに努めつつ、一方に於てその鉄道計画に関して着々トルコ政府と交渉を進め、一八九九年十二月二十三日、トルコ商部大臣兼工部大臣ツィニ・パシャとゲオルグ・フォン・シーメンスとの間に、バグダード鉄道敷設に関する協約の締結を見た。於是総領事ステムリッヒ、及びカップ、マッケンゼン、ハビッシュの三技師を調査委員として線路の踏査を終えたる後、一九〇二年一月二十一日アナトリア鉄道会社は、許可せられたる鉄道敷設を目的として、一会社を創立するの権利を与えられた。

先是一九〇一年シーメンス死し、フォン・グウィンネルこれに代ったが、一九〇二年一月三十日日英同盟の締結あり、英国は再び東方問題に力を注ぎ得べき状態となったので、彼は英国の嫉視を避けんがために、バグダード鉄道に対して英国資本団の参加を求め、若し英国政府にして（一）鉄道に対する必要なる担保を作るためにトルコ関税引上に同意し、（二）バグダード鉄道完成の後、若しこの線によるを以てスエズを経由するよりも迅速且安全なるを確かめたる場合に、インド郵便物の往復を本線に托することを約し、（三）クワイト築港並に同地にトルコ税関を設置するに同意するに於ては、英国の持分参加を仏国と同じく資本の三〇パーセントとし、且会社の理事会に八名の代表者を出し得べきことを提議した。然るにこの問題の未だ決せざるに先だち、一九〇三年三月五日、土独両国側の間に本協約の締結を見、四月十三日、バグダード鉄道会社は英国の参加なくして設立せられた。

註1　Fürst Trubetzkoi : Russland als Grossmacht 第一六頁。
註2　Herre : Weltpolitik und Weltkatastrophe 第三八頁。
註3　Bitterauf : Die deutsche Politik und die Entstehung des Krieges 第七七頁。

註4　Reventlow : Deutschlands auswärtige Politik 1888-1913.

英国の対独政策

如上《じょじょう》の事情によって、ドイツのバグダード鉄道政策は順調に発展したが、幾くもなくして英国の対独態度俄然として一変し、これがために独りバグダード鉄道政策のみならず、一般ヨーロッパ政策の変動を見るに至った。而して英国の態度かくの如く豹変したのは、その近因をペルシャ湾問題に発したけれども、最後の原因がインド問題に在りしは言を俟たぬ。蓋し英国は、痛切にバグダード鉄道の将来に対して不安を感じ、茲に反独政策の励行となり、英独の反目顕著なるに至ったのである。

而して反独的態度が極めて鮮明となれるは、一九〇三年五月五日、英国外相ランスダウンが、ペルシャ湾に於ける英国のモンロー主義を声明して、「ペルシャ湾はインド国境の一部として見らるべきものなり」と公言せる時に在る。而して同日エレンバラー卿が「予はペルシャ湾沿岸に他国武器庫の建設せらるるを見るよりは、寧ろコンスタンチノープルが露国の手に帰せんことを欲す」と演説したのは、英国が如上の反独的態度に伴いて、その多年のコンスタンチノープル政策をも一変せることを示すものである。第十九世紀を通じて、トルコ保全の政策を持し来れる英国は、今や多年の方針を一変し、コンスタンチノープルを露国の手に委ね、これに由て「インド並に英国海上権」を脅威せんとするドイツの東進に当らしめんとするに至ったのである。「コンスタンチノープルは長くトルコのものなるべきか、又はインドは長く英領たるべきか、換言すれば露国は如何なる方面に向って不凍港を得んと努むべき乎《か》」と云う重大問題を解決すべき世界史の一新時期は、実に一九〇三年五月五日を以て始まったと云うことができる。而してコンスタンチノープル問題に対しては、英露利害を共にし、インド問題に対しては、独露互に提携し得べき形勢を現じて来た。

於是英国は、当然ドイツを孤立の窮境に陥るるの策を講じ、日本との同盟によって、仮令トルコを犠牲にするもインドの安全を期し得るに及んで、露国をしてその多年の宿志たるコンスタンチノープル南下政策を復活せしめ、以て独露の間を割かんとした。トルコ外相ハリール・ベーは、一九一六年四月二十七日に試みたる有名なる演説に於て曰く「英国はドイツの屈服を以て根本政策となし、これがために吾がトルコを犠牲として露国と結ばんとせり。曽て英国は露国のコンスタンチノープル進出を以てインドを危険ならしむるものなりとなし、トルコ保全を根本政策として吾人と親善なる関係を保たんとせり。然れども東洋の新興国日本と同盟し、これによって露国より来る危険を除くことを得たるが故に、英国は最早トルコに顧慮するの要なきに至れり」と。

英国は一方コンスタンチノープル争奪に対して露独の離間を試むると同時に、他方ファショダ事件以来仏国との間に久しく蟠《わだかま》り居たる感情の齟齬を融和せんと苦心し、茲に一九〇三年エドワード七世のパリ訪問となり、翌一九〇四年四月八日、両国の間に所謂親睦協商の成立を告げ、英国はモロッコに於ける仏国の優越権を承認して、以て英仏両国の関係を親善に向わしむるを得た。

バグダード鉄道政策は、かくの如き英国の態度によりて、政治上並に経済上の困難に遭遇し、従来順調に進捗しつつありし鉄道事業も一頓挫を来たし、一九〇四年より一九一〇年に至るまで、その工事は著しく遅滞した。さればバグダード鉄道の完成は、前途遼遠の感ありて、一九〇八年冬に至りても、時のトルコ商部大臣兼工部大臣は実に下の言をなせる程であった。曰く「バグダード鉄道は、政府が必要なる財源を得たる時に敷設せらるべきものなるが故に、その完成の期限は、今日に於て知ることを得ざるなり」と。

而してバグダード鉄道政策の難局は、一九〇九年英仏両国の案出せるバグダード鉄道対抗策によって、その頂点に達した。即ちピション、ポール・カンボン、及びサー・エドワード・グレーは、協議の上トリポリ、ハムス、バグダードを経由してバスラに至り、地中海よりペルシャ湾に貫く鉄道敷設権をトルコ政府に要求するに決した。而して翌一九一〇年、英仏実業家の間に協定成り、該案は如上英仏政治家の賛成を得て、在コンスタンチノープル英仏両国大使によりてトルコ政府に提出せらるる運びに至ったが、ドイツ大使の運動その功を奏し、遂にこの案を堕胎せしむるに至った。

バグダード鉄道政策と世界戦

然るに一九一〇年五月七日、英国に於ては、如何なる手段を以てしてもドイツを屈服せしめずんば止まずとせるエドワード七世の崩御するあり、而してドイツに於ては、一九一〇年六月二十八日、外交上の圧迫より脱するを以て対外政策の方針としたるキダーレン・ウェヒターの外相に任命せらるるありて、バグダード政策の形勢は再び一変するに至った。

ドイツは、ビスマルク時代及び、一九〇〇年当時に於ける如く、英露両国のバランスによってのみ、能く政治的行動の自由を得られる。さればキダーレン・ウェヒターは、先ず露国と接近するの政策を取り、一九一〇年ポッツダムに於ける独露両帝の会見となり、次で翌一九一一年八月十一日、露独協商の成立を告ぐるに至った。露独協商の主たる内容は、露国はドイツのバグダード鉄道政策に対して続行し来れる反対を撤回し、且ドイツは露国が将来北部ペルシャに敷設すべき鉄道とバグダード鉄道とを、各自支線によりてペルシャ国境ハニキンに於て聯絡せしむべしと云うに在る。さればドイツはこの協商によりて、バグダード鉄道に反対し来れる英仏露三国の歩調を破り、少くもトルコ問題に対して、三国協商の一角を破れるものである。而して露国がドイツとかくの如き協商を結ぶに至れる動機に至りては、容易にその真相を知り難い。何となれば、露国がバグダード鉄道を承認するは、即ちコンスタンチノープル南下を断念するを意味するが故である。果して然りとすれば、ドイツは英国によりて自家に向けられたる鋭鋒を、逆まに英国に向って向けたるものと言い得る。然れども露国が果してコンスタンチノープルを放棄して再びインド南下の策を取り、而して他日この政策の実現に際して、ドイツの援助を得んことを企図して、ドイッと協商せるものなるや否やは疑問である。但し当面の動機としては、露国は先に英国と結べるペルシャに関する協商の不充分なるを感じ、バグダード鉄道を承認する代償として、ペルシャに対する英露協約の露国に関する方面を承認せしめ、且バグダード鉄道がアゼルバイジャン方面に戦略上の支線を敷設するの虞を除かんとせるに在りしは疑うことができぬ。

独露協商によりて露国の反対を除去せるドイツは、全速力を以て総ての計画を進捗せしめ、従来の既得権によりて、バグダードよりバスラを経てペルシャ湾頭に達する線路を独力経営せんとした。固よりこの間に、伊土戦争に次ぐにバルカン戦争の破裂を以てしたので、実際に於ては何ら著しき進捗を見なかったが、既に第一の難関たる露国との反目を除き得たために、英仏に対する態度も頓《とみ》に強硬となり、フランクフルター・ツァイトゥンクの如きは、「若し英国にして自らメソポタミア地方より退去せずんば、吾れこれを放逐すべし」とさえ言うに至った。従ってこの協商が、英仏の不満を誘起せるは当然のことであって、フレーザーの如きは、これを以て「ペルシャに関して英露協約が開きたる戸を、英国に対して閉ざせるものである」と論じた。かくして英仏並に仏独の間に、バグダード鉄道に関して頻繁《ひんぱん》なる交渉あったが、一九一四年に至り、独仏協商の成立に次ぐに独英協商の成立を以てし、従来バグダード鉄道の進路に横たわれる三個の難関は悉く巧みに除去せられ、ヘンニングをして、「今やバグダード鉄道は凡《あら》ゆる障碍を排除し得たるが故に、恰も暴風雨の後に快晴の空を見たるが如く、この大規模の交通計画は、将来益々有望なる発展を遂ぐるや必せり」と言わしむるに至った。

独仏協商は、一九一三年末より仏国政府、土国蔵相ジャヴィッド・ベー、及びドイツ政府との間に交渉開始せられ、一九一四年二月十五日正式に成立せるもの、その主たる内容は、ドイツは仏国がシリア及びアルメニアに於ける鉄道経営に関してトルコ政府より得たる利権を承認し、仏国は従来オットマン銀行の手によりて引受けたるバグダード鉄道の利権株を悉くドイツ帝国銀行に売却し、該鉄道の参加権を絶対に放棄したことに在る。ドイツはこれによりて始めて該鉄道に対する単独支配権を確保し、向後意の如くその経営を行い得るに至ったのである。

これより先英国は、バグダード鉄道をペルシャ湾頭に延長するは、クワイト方面よりオマン地方に至るペルシャ湾一帯に於ける英国の利権を毀損するものなるが故に、若し該鉄道がペルシャ湾に延長せらるる時は、その管理権を英国政府に交附すべきを主張し、爾来英独土三国の間に再三再四交渉を重ねたる後、一九一四年六月十五日に至り、サー・グレーとリヒノフスキー伯との間に、所謂「バグダード平和」の締結を見た。

英国はこの協商によりてドイツとの親善を欲したであろう。されどその最後の目的は、独露を相戦わしむるに在ったと言い得る。蓋し英国は、一九一一年八月十九日に成立せる露独協商によって、独露両国が、中東に於て握手するに至れることを、甚しく不安に感じ、百方その離間に苦心した。而して今次の「バグダード平和」は、従来単に近東に於て露国と提携せるに対し、更に中東に於てドイツと提携し、これによって両国を控制し操縦し得べき地位を英国に与えた。かくの如くにして「バグダード平和」は、コンスタンチノープルを中心とする避け難き戦争を促進した。蓋し英独両国がトルコに於て親善を確立せば、露国はコンスタンチノープル進出のために啻にドイツと戦わざる可からざるのみに非ず、またドイツの背面掩護《えんご》たる英国の外交と戦わざる可からざるに至るであろう。露国はかくの如き形勢に陥るを恐れたるが故に、早く英国を誘致してドイツと戦うを必要とする事情あった。

英国はかくの如くにして生ぜる今回の世界大戦に誘致せられた。英国はその外交の根本問題なるインド政策を解決せんがために、当然その反独的バグダード政策を復活し、一方に於ては、露国のインド南下を転向せしめ、且ドイツ東漸政策の根拠を覆すの目的を以て、コンスタンチノープル陥落を目標とし、他方に於ては、万一コンスタンチノープル占領に失敗せる場合に、「ナイル・インダス」線を確保して、露独両国に備うるの目的を以て、バスラ占領を目標として戦った。而して一九一四年十一月二十一日、英国はバスラを占領した。フリードリッヒ・リストの警戒は茲に事実となり、またローリンソンが、英国の支配はコルナにまで及ばざる可からずとせる主張も、一《ひ》と先《ま》ずは遂げられたと言うことができよう。

新亜細亜小論

序

雑誌『新亜細亜』の巻頭言として筆執り、一旦は月々の雑誌と共に屑籠《くずかご》に葬り去られし片文短章が、一冊の書物となりて再び天日を仰ぐに至るべきことは、予の決して予想せざりしところである。それ故に日本評論社よりの思い懸けなき提言に対して、予は幾度か之を謝絶したが、その根気よき強要に打ち敗かされ、遂に出版を承知することとなった。かくて此の小冊に輯《あつ》められたる諸短篇は、支那事変が大東亜戦争に発展して今日に至るまでの数年間、戦局の偉大なる展開につれて、或時《あるとき》は欣《よろこ》び、或時は憂《うれ》い、或時は希望し、或時は予想し、或時は昂奮し、或時は反省しつつ、つぎつぎに心頭に去来せる感想の正直なる記録にすぎない。但し最後の三篇のうち、第一は朝日新聞に、第二、第三は毎日新聞に発表せるものであるが、同趣の文章なるが故に巻末に収録することとした。

昭和十九年三月

大川　周明

国民の二つの願

「それ民言は、別《わか》ちて之《これ》を聴けば即《すなわ》ち愚、合わせて之を聴けば即ち聖」といえる管子の言葉は、まさしく千古の真理である。国民個々の区々たる議論は、概《おおむ》ね耳を藉《か》すに足らぬものが多い。而《しか》も時あって国民は、恰《あたか》も見えざる何者かに支配されたる如《ごと》く、挙《こぞ》りて同一の思《おも》いを抱く。故に政治家は天下の目を以《もっ》て視《み》、天下の心を以て慮《おもんぱか》らねばならぬ。若《も》し日本の指導者が、厳酷に国民の口を箝《かん》し〔封じ〕、苛辣《からつ》に国民の国事に対する発言を禁じて、独善独巧、能く非常の難局に善処し得ると思うならば、これほど増上至極の沙汰はない。

いま国民至心の願いが二つある。一は日支事変の迅速なる解決であり、他は積極的なる南方進出である。日支一《ひと》たび協力すれば、亜細亜解放の大業は立どころに成るであろう。日本一国が之《これ》を主張する場合は、侵略主義の仮装と曲言するアメリカも、若し日支共同して亜細亜モンロー主義を声明するならば、最早《もはや》之を承認するの外《ほか》はなかろう。此《こ》の千載一遇の大機に於《おい》て、何時まで両国は相《あい》戦わねばならぬかとは、国民総体の憂である。而して国民は、大機の未だ去らざるに臨んで、支那と協力して亜細亜を解放し、南方に確乎たる経済的支配を樹立せんことを切望して居る。国民は切々として此の二事を願求《がんきゅう》する。そ

は実に国民総体の願求なるが故に、当局は之に耳を傾け、速《すみや》かに之を満足せしめねばならぬ。（昭和十五年十月）

【編集部註】この年の六月、ドイツ軍に侵攻されたフランスは休戦協定を結び、ドイツ占領統治が始まる。これを受けて日本軍は、フランス領インドシナ（現在のベトナム、ラオス、カンボジア）進駐を計画、九月二十三日、実施した。

帝国主義的南進論の克服

日本の南方への進出は、単に母国の戦敗によって微力となれる従来の支配階級に対し、吾国《わがくに》に有利なる協商や条約を強要することを目的としたり、又《また》は此の地域に於ける新支配者として日本を登場せしめんとする如き意図の下に行われてはならぬ。若し日本が、単に自己の経済機構を英米依存の体系より脱却せしむる必要からのみ南方への進出を劃策するならば、恐らく土着の民衆は茲《ここ》に危険なる新侵略者を見出《みい》だし、旧来の統治者との共同戦線を以て対抗し来《きた》る危険性がある。仮令《たとい》英・仏・蘭の旧勢力掃蕩に成功するとしても、若し彼等と同じき侵略的支配の立場を取るならば、極めて長期に亙《わた》る絶望的なるゲリラ戦の反覆《はんぷく》を覚悟せねばならぬであろう。

併《しか》し乍《なが》ら是《か》くの如き旧帝国主義的意欲の危険性に対する警戒は、決して南方問題の放棄を意味するものでない。そは旧来の帝国主義的南進論の克服の上に、南方政策の正しき再建を要求するものである。而して其《そ》の政策は、支那事変の痛切なる経験より生れ出たる東亜協同体の原理に立脚し、此の協同体の発展拡大として、南洋を抱擁する東南共同圏の構想によって導かれねばならぬ。吾等は其為《そのため》の基本原理を堅実に打ち樹てねばならぬ。（昭和十五年十一月）

東南協同圏確立の原理

南洋を含む東南協同圏の確立は、如何なる基本原理に立脚せねばならぬか。

第一に圏内諸民族は、世界史が当面せる段階、即《すなわ》ち地球全面が幾つかの協同圏に再編成せられつつあり、且《かつ》此の再編成に於ける民族の動向如何《いかん》が、その民族の興亡を決定するものなることを明確に認識し、東亜及び南洋の諸民族が有《も》つ運命と利害との共通を自覚せねばならぬ。従って東南協同圏の確立は、東亜及び南洋の諸民族に取りて、共同にして最高なる歴史的使命であることを、それぞれ自主的立場に立って積極的に把握せねばならぬ。

そは必然の論理として圏内に於ける帝国主義的植民地的支配の存在を許さない。同時に圏内に於ける諸民族間の如何なる軋轢《あつれき》闘争をも許さない。それ故に東南協同圏の確立のために真先《まっさき》に要求される条件は、実に日支両国の全面的和平と提携とであり、これ無くしては日本の南進は不可能と考えねばならぬ。

そは更《さら》に圏内諸民族の排他的意識を清算せねばならぬ。圏内先進国民は、その優越感と侵略意識を清算し、後進民族は其の猜忌心と反抗意識を清算せねばならぬ。而して此事は、圏内諸民族の自由と向上を目的とする広汎なる政治運動に於ける相互の連繋と協同とによってのみ成遂《なしと》げられる。

而して是くの如き諸任務の実践に於て、日本民族は其の指導者たるべき運命を有つ。蓋《けだ》し日本は圏内に於ける最先進国であるのみならず、唯一無二の完全なる自主国であり、且最近の事変を通じて、有らゆる角度から此の協同圏確立の必要に迫られて居る具体的事情あるが故である。而も此の協同圏の確立は、爾余《じよ》の諸民族の積極的参加なくしては不可能なるが故に、日本は其等の民族に対する旧来の帝国主義的抑圧の掃蕩、民族の解放と自主とを前提とする協同圏の建設を提議し、且圏内諸民族の帝国主義的支配に対する反抗と闘争とを援《たす》け、実践の友情を以て彼等の信頼をかち取るに努めねばならぬ。

東亜協同体の意義

道徳又は正義は、意識ある組織体に於て初めて発現する。組織あるが故に主義がある。主義あるが故に理想がある。理想あるが故に即ち善悪あり正邪がある。蓋し理想の実現に貢献する行動が即ち正義であり、之を妨ぐる行動が即ち邪悪である。而して現在までのところ、世界に於ける至高至大の意識ある組織体は、実に国家そのものである。

然《しか》るに国家は、之を形成する民族の性情を経とし、独特なる過去の歴史を緯とする統一体なるが故に、松に松の樹容あり、梅に梅の樹容ある如く、それぞれ固有の面目を有し、従ってそれぞれ主義を異にし理想を異にして居る。そは甲乙丙丁の国家が、強いて意識的に他と異ならんと努めて生じたる差別に非ず、柳の自ら緑に花の自ら紅なる如く、各国それぞれ自国の理想を奉じ、理想によって終始する間に、自然に発現し来れる差別である。この自然法爾の差別あるが故に、万国の正義は決して一味に非ず、一国の正義は決して直《ただ》ちに他国の正義ではない。従って一国の正義と他国のそれとが背馳《はいち》し扞格《かんかく》する場合は、その解決の最後の手段は、竟《つい》に戦争の外なかった。

乍併《しかしながら》これは断じて理想の世界ではない。世界史の究極は、人類全体を統一する具体的組織の実現である。吾等は一切の国家が、同一理想によって、世界聯邦を形成する日、又は或《あ》る一国が万邦を打して一個の国家と成す日の来るべきことを信ずる。而して此の理想に到達する段階として、先《ま》ず地域的に近接し、人種的に近似し、経済的に聯関し、文化的に緊密なる数個の国家又は民族の間に、超国家的なる組織体が、共通の主義と利害とによって実現せられねばならぬ。世界史は、今や是の如き組織体を地上に出現せしめんとして居る。吾等は東亜協同体を是の如きものとして意識し、是の如きものとして実現に拮据《きっきょ》〔尽力〕せねばならぬ。東亜協同体は、経済的関係を主眼とする利益団体に非ず、広汎なる意味に於ける道徳的主体の確立でなければならぬ。（昭和十六年一月）

亜細亜の組織と統一

亜細亜は二重の意味に於て覚醒せねばならぬ。亜細亜の覚醒は、同時に精神的であり且つ物質的であらねばならぬ。組織と統一とを与えることによって、日本は亜細亜を覚醒せしめねばならぬ。

政治的・経済的組織を与えるための第一の条件は、日本が亜細亜諸国に対して、主人たる如き態度は捨てて同盟者たる態度を取ることである。日本は同胞として彼等と相交わり、之を奴隷視してはならぬ。而して現に奴隷の境遇に置かれつつある者には、吾等の同胞たらしめるために、先ず之に自由を与えねばならぬ。亜細亜のうちに奴隷の国ある間は、他の亜細亜諸国も決して真に自由の国ではない。亜細亜のうちに軽蔑を受ける国ある間は、他の亜細亜諸国も決して尊敬を博し得ない。

吾等は自由なる亜細亜を一個の家族に形成せねばならぬ。而も心が一なる時、体もまた一たるを得る。故に亜細亜を一個の家族に組織するためには、亜細亜の精神を統一せねばならぬ。日本の裡に、また亜細亜の裡に、統一の意識を喚起することによって、亜細亜的自覚を把握せねばならぬ。而して此の精神的統一は印度《インド》と支那とを抱擁せる日本の「三国」魂によって既《すで》に実現されて居る。それは亜細亜が発見し、継承したる至極の真理である。この真理は、亜細亜をして真個に偉大ならしめ、有力ならしむるものであり、来るべき東亜協同体は、この統一的意識の上に築き上げられるべき「三国」である。又は「三国」魂の客観化である。（昭和十六年二月）

東亜関係諸団体の統一

「歴史の批判を受けるのは、唯《た》だ予一人である」との悲壮なる覚悟を以て、敗残のフランスを双肩に担って立てるペタン元帥が、フランス国民に向ってなせる数々の訓示は、一として吾等の胸を打たぬものはないが、わけても切実に吾等の情理に訴え来るものは、一九四〇年十月十日に発表せられし教書の一節である。ペタン元帥は此の教書に於てフランスの惨敗は、フランス政治の弱点と欠点とが、軍事行動に反映したるものであると述べ、党争の激化が遂《つい》に挙国一致内閣を生むに至ったが、それも畢竟《ひっきょう》無力無益なりし所以《ゆえん》を、下の如く指摘して居る——「この抗争の害を知りて、挙国一致と称する広範囲の政府を作ったが、これは、一層甚《はなはだ》しきごまかしに過ぎなかった。意見の相容れぬものを寄せ集めたからとて、決して『結束』する筈《はず》はなく、善意を合計しても断じて『決意』が生れて来ない」。

日本政府並《ならび》に国民は、ペタン元帥の此言を聞いて、殷鑑《いんかん》遠からずの感を抱かぬか。日本の挙国一致体制は、総じてフランスのそれと似通うておらぬか。吾等は政府が亜細亜関係の諸団体を統一する意図ありと聞き、またしても無方針・無理想の「挙国一致」から、結束もなく決意もなき、形体のみ厖大《ぼうだい》なる一機関の生れ出づべきことを恐る。（昭和十六年三月）

厳粛なる反省

日露戦争は、三百年来常勝の歩武を進め来りし白人世界制覇に最初の一撃を加えたる点に於て、並に亜細亜諸国を長夜の眠より覚まし、復興の希望を抱かしめたる点に於て深刻重大なる世界史的意義を有つ。亜細亜諸国は、ロシアに対する日本の連戦連勝を吾が事の如く喜び、至深の感激を以て心を日本に傾けた。

然るに支那事変は、亜細亜復興を理想とし、東亜新秩序建設のための戦なるに拘《かかわ》らず、最も悲しむべき事実は、独り支那多数の民衆のみならず、概して亜細亜諸国が吾国に対して反感を抱きつつある一事である。若し吾国の愛国者のうち、日本が民族解放の旗を翳《かざ》し、白人打倒を標榜して、亜細亜に臨めば、諸民族は簞食壺漿《たんしこしょう》〔食事を用意して歓迎する〕して吾等を迎えるであろう、と考える者ありとすれば、其人は大なる誤算を敢《あえ》てするものである。彼等の或者《あるもの》は、日本を以て彼等の現在の白色主人と択《えら》ぶところ無き者と考え、甚しきは一層好ましからぬものとさえ恐れて居る。

此の誤解は何処から来るか。重慶《じゅうけい》〔国民政府〕や英米の宣伝が与って力あるであろう。弱者に常なる強者に対する嫉視にもよるであろう。而も日本自身に、斯《か》かる根強き誤解を招く行動は無いか、また無かったか。日本の重大なる使命を誠実に自覚する者は、この非常の時期に於て、大言壮語して陶酔自慰する代りに、厳粛深刻に反省せねばならぬ。(昭和十六年四月)

外交の好転とは何ぞ

米国は参戦を覚悟して英国援助を強化しつつある。バルカンの戦火は既に近東に延焼した。欧羅巴《ヨーロッパ》戦争が世界戦争となるべき可能性は、最早拒むべくもなき形勢となった。英独戦争と支那事変と相結んで、戦争は今や地球全面に拡大せんとするのである。

近東に於て若し枢軸勢力が英国を圧倒するならば、印度《インド》の不安は一朝にして激化するであろう。而して英国が印度を得るか喪うかは、日本の決意によって定まることになるであろう。それ故に英国は、鬼面日本を威赫《いかく》し乍らも、実は甚だしく日本を恐れて居る。米国は如何に其の艦隊を誇示しても、大西・太平両洋に於て必勝すべき自信は断じて無きが故に、是亦《これまた》日本の去就に深憂を抱いて居る。わけても日ソ中立条約成立後に於て一層然りである。米国は日本の疲弊を過大視して従来恫喝によって日本を屈服せしめんと努めて来たが、恫喝の無効なるを知らば其の態度を改めるであろう。世間往々沙汰するところの外交の好転とは、実に是くの如き事情あるによる。即ち枢軸勢力に押されたる英米両国が、漸《ようや》く日本の甘心を買わんとする気配を示し来れるにある。

さり乍ら是は決して外交の好転に非ず、従って国際的地位の有利なる展開でもない。そは親英親米主義者に擡頭の機会を与え、却《かえ》って日本を危地に導く恐るべき誘惑である。日本の今日の大憂は、外交や国際的地位の順逆に存せず、実に世界史必然の発展段階に於ける英独戦争並に支那事変の意義を明確に認識し、その認識の上に確立せられたる具体的経綸なきことに存する。英米の媚態は、夫《それ》自身に於て毫《ごう》も日本に損益する所ない。吾等は一時の小康に油断する不注意なる病人を真似てはならぬ。（昭和十六年六月）

【編集部註】四月十三日、日ソ中立条約調印。同十四日、駐米大使野村吉三郎とハル国務長官との間に「太平洋の平和維持」について合意がなされ、同十六日、野村大使はハル国務長官に「日米諒解案」を手渡した。

蘭印交渉の不調

異常なる執着力を以て名を馳《は》せたる芳澤《よしざわ》〔謙吉《けんきち》〕氏の長期に亙る蘭印交渉は遂に不調に終った。かくなるべきは常識ある日本人の斉《ひと》しく予想して居たことなるが故に、日本政府には無論成否両様の場合に応ずべき対案があった筈である。然るに不調の報告を受けてから再三会議を開き、三日の後に漸く帰国の訓電を発して居る。是くの如き事を決定するのにさえ三日の鳩首凝議《きゅうしゅぎょうぎ》を要するとすれば、一層重大なる決意をするためには、果して幾《いく》日《か》幾月《いくつき》を要することであろうか。

蘭印は英米の傀儡《かいらい》に外ならぬが故に、蘭印問題の解決には先ず英米に対する吾が態度の決着を必須の前提とする。此の決着なく、従って英米との交渉なくして、唯だ蘭印だけを相手としては、日本に有利に問題が解決する道理はない。吾等は蘭印交渉の不調を憤る前に、日本政府のいつも乍らの態度を悲嘆する。（昭和十六年七月）

【編集部註】日米通商航海条約の破棄（昭和十五年一月失効）により、石油等の軍需物資の必要に迫られた日本は、十五年五月よりオランダ領東インド（蘭印）に輸出拡大を求めて交渉を続けていたが、合意に至らぬまま昭和十六年六月に事実上打ち切られた。

日本の当面せる時局

同一目的の下にそれぞれ欧羅巴及び東亜に於て戦われつつありし二個の戦争が、いまや必然の帰結として、名実ともに一個の世界戦となった。日本は否応なく其の声明せるところを実行せねばならなくなる。

日本は逸早《いちはや》く東亜新秩序の建設を世界に向って宣言した。東亜の秩序は疑いもなく世界秩序の一部なるが故に、東亜新秩序の建設は、取りも直さず世界新秩序の実現を意味する。此の論理は火を観《み》るよりも明白なるに拘らず、日本のうちには東亜を世界より断離し、唯だ東亜だけの新秩序建設が可能であるかの如く空想する者がある。而も東亜新秩序建設のための最初の前提は、英米仏蘭の勢力を東亜より駆逐することである。東亜を白人の植民地又は半植民地たる現状より解放することが、新秩序建設の第一歩なる以上、その実現のためには必然此等の諸国との衝突を免れない。故に日本は、万一の場合には彼等と戦う覚悟なくしては、斯かる声明を世界に向って発する道理がない。

いまや世界史の動向は、覚悟がありしにもせよ無かりしにもせよ、日本をして此等諸国の包みかくすところなき敵意に当面せしむるに至った。かくて日本の非常時は、刻々深刻を加えて居る。単なる声明や宣伝だけで糊塗《こと》するには、時局は余りに重大になった。（昭和十六年八月）

日本の国力

英米両国は日本の国力を過小に評価して居る。支那事変のために、日本の国力は年々消耗し、国民は疲弊し果てたと考えて、彼等は恫喝によって日本を屈服せしめ得べしと信じて来た。各種の方法による度重なる恫喝に拘らず、日本は啻《ただ》に彼等に屈従せざるのみならず、儼然《げんぜん》として其の歩むべき道を邁往《まいおう》する。仏印進駐は恐らく英米の最も意外とせるところなりしに相違ない。日本の態度に吃驚《きっきょう》せる彼等は、唯だ高声に「其処から先に出るな！」と叫んでいる。

国力は之を測る如何なる客観的標準もない。民族又は個人の力は、戦って初めて之を知り得る。正しき理想の下に行動する時、一の断行に一の力現われ、十の断行に十の力現われる。日本の国力は滾々《こんこん》不尽《ふじん》である。唯だ指導者が日本をして存分に其力を発揮せしめ得るか否かが問題である。民族至深の要求を体得し、世界史の根本動向を明確に認識し、起って国民を導くならば、日本は必勝不敗の力を現わすであろう。（昭和十六年九月）

【編集部註】七月二十八日、日本軍は南部仏印に進駐。八月一日、アメリカは「すべての侵略国」への石油輸出禁止を言明、同十四日、ルーズベルト米大統領とチャーチル英首相が会見し「大西洋憲章」を発表した。

悲劇的なるイラン

強烈なる愛国心と金剛の意志とを以て、廃頽衰微《はいたいすいび》のイランに脈々たる生命を鼓吹し、之を外にしては欧羅巴帝国主義の羈絆《きはん》より脱却せしめ、之を内にしては光輝に満ちたる古代波斯《ペルシャ》精神を復興せしめるため、倦《う》むことを知らぬ努力を続け来りしパフラヴィ皇帝〔レザー・シャー・パフラヴィー／日本ではパーレビと表記される事が多い〕は、英露領国の暴力によって偉業半途にして挫折し、遂に退位の余儀なきに至った。それは第二次世界大戦が生みたる最大悲劇の一つである。

今春吾等は、イラン国防相の新著『戦争』〔アハマッド・ナハジャヴァーン著、満鉄東亜経済調査局訳〕を翻訳出版して、此の復興せる国家の指導者が、如何なる精神と覚悟とを抱いて居るかを吾国に紹介した。吾等は其の正しくして高き理想、その溌剌《はつらつ》たる意気、その適切なる施設を此書によって看取し、イラン国の多幸なるべき前途を祝った。然るに其後数箇月を出でざるに、正義と自由と平等とを標榜する両国が、唯だ自己の野心のために無残に此国を蹂躙し去ったのである。而して世界に於ける国際正義の選手、民主主義の擁護者アメリカは、此の暴虐に対して一言の抗議をさえ提出せぬのである。

不幸なるイランは是迄《これまで》幾度か同様なる悲運の下に立った。そはギリシア人、アラビア人、韃靼《だったん》人のために征服せられた。第一次世界大戦に於ても、今日と同様なる悲惨を嘗めさせられた。誰か二十年前のペルシアに今日のイランを想像したろうか。パフラヴィ皇帝の英雄的精神は、やがて再び国民の魂に蘇り、必ず第二の建国者を生むであろう。（昭和十六年十月）

【編集部註】パーレビ朝初代皇帝のレザー・シャーは、第二次世界大戦勃発時、中立国を宣言するが、ドイツ寄りの政策を採ったため、一九四一年九月に侵攻してきたイギリス軍とソ連軍により譲位を余儀なくされた。

ＡＢＣＤ包囲陣の正体

今日の日本に於ける最も忌々しき事実の一つは、言論の際限なき苛辣《からつ》である。吾等は其《そ》の最も著しき一例をＡＢＣＤ包囲陣の力説に於て見る。

日本は果してＡＢＣＤに包囲されて居るか。またＡＢＣＤは果して日本を包囲する実力があるか。第一にＤである。蘭印政府の最大の関心事は、本国和蘭《オランダ》の独立復興であり、日本の進攻を恐れこそすれ、日本に対して積極的行動に出づべき力がない。そは唯《た》だAの指図によって消極的排日政策を取って居るにすぎぬ。第二にはCである。支那と日本は現に日華条約に於て堅く結ばれて居る。蔣介石は尚《な》おABの使嗾《しそう》によって抗日戦を続行して居るけれど、若《も》し日本に偉大なる政治家あるならば、明日にでも其の態度を一変せしめることが不可能でない。第三にはBである。Bは欧羅巴に於て戦うに忙しく、仮令《たとい》西亜に其《その》威を伸ばし得ても、東亜に駆使すべき余力がない。唯だ最後のAのみが日本に向って攻勢に出づべき実力を具《そな》えている。それ故にABCD包囲陣の物々しき唱道は、敵性諸国の日本に対する恫喝であり、事実としては米国の対日攻勢だけが残る。此《こ》の攻勢は決して今日に始まったことでないが、Aは果して武力に訴えるだけの覚悟と必要に迫られて居るか否か。恐らく恫喝と懐柔とによって日本を跪拝《きはい》させようとするのが真実の肚であろう。Aは日本を攻める以上にBを援ける必要がある。その対英援助さえも武器貸与、物資供給に止めて、今日まで参戦を敢てしない。それはドイツと戦うことは日本とも戦うことになるからである。

物のはずみは測り難い。従って米国の恫喝其度《そのど》を超え、飽迄《あくまで》も日本国家の体面を辱しめんとするならば、起って戦うの覚悟を抱くべきは当然であり、軍事当局者は必勝の準備既に完《まった》きことを声明している。敢てABCD包囲陣と仰々しく叫喚するに及ばぬ。吾等に挑戦する実力あるものは、依然としてAのみである。（昭和十六年十一月）

【編集部註】ＡＢＣＤ包囲陣とは日中戦争開戦以後、アメリカ（Ａ）、イギリス（Ｂ）、中国（Ｃ）、オランダ（Ｄ）が行った対日輸出制限。オランダは前年五月、ドイツ軍に占領され王族は亡命していた。

亜細亜の興廃

普通の常識を以てするも、また一層深き反省を以てするも、日支両国は相和して鴻益《こうえき》あり、相戦いて百害がある。わけても世界史の此重大なる転換期に於て、若し日支両国が真個に理解提携するならば、亜細亜の事、手に唾《つば》して成るであろう。若し日支両国が亜細亜の大義を掲げて此の大機に乗ずるならば、亜細亜諸国は一朝にして其の恥《は》ずべき植民地又は半植民地的状態を脱出し、少くとも印度以東に独自の生活と理想とを有する「亜細亜」の出現を見るであろう。

然るに現実は全く此の希望と背馳《はいち》する。蔣介石は其の本質に於て亜細亜の敵たる英米露と相結んで飽迄も抗戦を持続せんとし、支那民族の多数もまた日に其の反日感情を激しくしつつある。かくて日本は、味方たるべき支那と戦い乍ら、同時に亜細亜の敵と戦わねばならぬ破目《はめ》となっている。それは実に言語を絶する大業である。此の大業の成否は亜細亜の興廃を決するものである。国民は此の大業の成就が如何に大なる力を必要とするか、その実現が如何に大なる意義を有するかを更《あらた》めて反省し、異常なる覚悟を新《あらた》にせねばならぬ。

(昭和十六年十二月)

日米戦争の世界史的意義

日本とアメリカは、天意か偶然か、一は太陽を以て、他は衆星を以て、それぞれ其国の象徴として居る。故にその対立は、宛《あたか》も白日と暗夜との対立を意味するが如く見える。この両国は「亜細亜」と「欧羅巴」とを代表する。蓋し「亜細亜」の唯一の綜合者は日本であり、アメリカは「欧羅巴」の最後の登高者である。真個の意味の世界史は、東西両洋の対立・抗争・統一の歴史であり、東西の決戦によって常に向上の一段を登って来た。日米両国は、ギリシャとペルシャ、カルタゴとローマが戦わねばならなかった如く、相戦わねばならぬ運命にあった。故に日米戦争は、支那事変完遂のために戦われるには相違ないが、支那事変完遂は復興亜細亜のためであり、復興亜細亜は世界新秩序実現のためである。人類の一層高き生活の実現は、日米戦争なくしては不可能であったとせねばならぬ。日米戦争に於ける日本の勝利によって、暗黒の夜は去り、天つ日輝く世界が明け初《そ》めるであろう。

（昭和十七年一月）

【編集部註】前年十二月八日、日本海軍は真珠湾奇襲を実行し、対英米蘭宣戦布告した。

支那を忘るる勿れ

支那事変は大東亜戦争に飛躍することによって、初めて其の本来の面目を露呈するに至った。東亜新秩序の実現は、英米の羈絆《きはん》より東亜を解放することによってのみ可能なるが故に、吾等の志業は対米英宣戦と共に漸《ようや》く具体化し始めたのである。而《しか》も東亜新秩序の中枢は、依然として日支両国である。此の両国が真個に提携することなくしては、仮令英米を東亜より駆逐し得ても、東亜新秩序の客観化は望まるべくもない。

いまや日本は国を挙げて南方を望んで居る。南方に於ける皇軍の神武は、海に陸に超人的功勲を樹《た》てつつあるが故に、身も心も之《これ》に奪われて皇天の垂恵に感激するのは当然であるが、そのために吾等は断じて支那を忘れてはならぬ。支那と日本が相争うのは、討幕のために協力せねばならぬ薩長が相戦う如きものである。非は支那側に在りとするも、殆ど五年に垂《なんな》んとする必死の努力を以てして、尚且《なおかつ》其非を改めさせ得ぬとすれば、日本は深刻に反省すべき時ではないか。大《おお》いに勝つ時は、大に慎まねばならぬ時である。（昭和十七年二

月）

【編集部註】前年十二月十二日、東条英機内閣は閣議で、「支那事変」と「対英米戦争」の名称を「大東亜戦争」と呼称することを公式決定した。

大東亜戦第二段階に入る

イギリス東洋制覇の牙城シンガポールは、世界地図の上から永遠に其影を没し、復興亜細亜の本拠として昭南島が芽出度《めでた》く誕生するに至った。世界維新のための戦としての大東亜戦は、僅かに宣戦以来七旬にして、其の最も光栄ある第一段を了《お》えた。

大東亜戦の第二段階は、イギリスの桎梏《しっこく》からビルマと印度とを解放することである。日本政府は、ビルマ人及び印度人に向って、彼等の独立のための努力に満幅《まんぷく》の援助を与うべきことを世界の前に宣言した。倒英という抽象的なる標榜は、此の宣言によって初めて適確なる具体的内容を賦与された。

自由を獲たる印度と覚醒せる支那とが日本と相結ぶことによって、大東亜共栄圏の確立は初めて可能であり、新しき世界文化の創造もまた初めて可能である。多年に亙《わた》って鉄鎖に縛られ来れる不幸なる民よ、起って其の鉄鎖を寸断せよ。それによって自らを救い、且

新しき世界の出現に参与せよ。（昭和十七年三月）

【編集部註】一月、東条英機首相は施政方針演説で「大東亜共栄圏建設の根本方針」を説明。翌二月、日本軍はマレー半島を制圧、シンガポールを昭南島と改名した。

清朝創業の教訓

徳川幕府の初期、時は寛永二十一年、越前国三国港の商民が、蝦夷松前に向う途中、暴風のために満洲に漂着した。時恰《あたか》も支那に於ては明朝《みんちょう》の社稷《しゃしょく》脆《もろ》くも崩れ、清《しん》朝入関の順治元年に当る。一行五十八名のうち四十三名は土民のために惨殺され、残りの十五名は満洲官吏によって韃靼《だったん》国の都奉天《ほうてん》に護送され、暫《しばら》く此処《ここ》に滞留の後、更に北京に転送、留燕一年の後に朝鮮を経て日本に送還された。

彼等が江戸に召喚されて「数多委細に相尋ね」られたのに対する「口上の段々」を書留めたのが即ち『韃靼漂流記』である。此書は種々なる点に於て吾等の興味を惹くものであるが、最も深く吾等の心を打つことは、彼等の目に映じたる満漢人の相異、即ち満洲人の漢人に対する道徳的優越である。彼等は当時の満洲人に就《つい》て下の如く述べて居る。

「御法度《ごはっと》万事の作法、ことの外《ほか》分明に正しく見え申候《もうしそうろう》。上下共に慈悲深く、正直にて候。

偽申事《いつわりもうすこと》一切無御座候《なくござそうろう》。金銀取《とり》ちらし置候《おきそうらい》ても盗取《ぬすみとる》様子無之《これなく》候。如何にも慇懃に御座候」

然るに漢人は甚だしく彼等と異なる——

「北京人の心は韃靼人とは違い、盗人も御座候。偽も申候。慈悲も無之《これなき》かと見え申候。去《さり》ながら唯今は韃靼の王北京に御入《ごにゅう》座《ざ》候に付《つき》、韃靼人も多く居《おり》申候。御法度万事韃靼の如く能成候《よくなりそうら》わんと、韃靼人申候」

満洲人が支那四百余州に君臨するに至れるは、世人が往々にして想像する如く、決して単に武力によったのではない。漢民族をして彼等に臣附せしめた最大の原因は、実に彼等の勝《すぐ》れたる徳性である。いま大東亜の指導者たらんとして居る吾等に取りて、清朝創業当時の歴史は深甚なる教訓を含む。吾等は専ら欧米の植民政策に学ぶことを止めて、一層誠実に東洋に於ける異民族統治の跡を省《かえり》みる必要がある。（昭和十七年四月）

大東亜建設の歩調

赫々《かっかく》たる皇軍の戦果を確保すべき南方諸地域の建設は、既にその人的配置や機構の配備を終り、着々と進捗している。大東亜戦争は漸く建設戦の性質を帯びて来たのである。

建設の第一要諦が大東亜自衛のために不可欠の物資を開発流通せしめると同時に、長く英・米・蘭等支配勢力の桎梏下にあった南方諸民族の心田を啓発するにあることは云うまでもない。単に従来の英・米向け物資が東方に回帰するというだけでは、われわれの目的は半ばをも達したということはできない。磁針《じしん》のつねに北を指すごとく、南方諸民族が日本を中心にわが高度の物質文化・精神文化に朝宗するとき、大東亜新秩序の建設が初めて実現せられるのである。

乍併《しかしながら》、既に其処《そこ》に現存する物質の開発や流通を図るのと異って、民族精神に方向を与え、秩序を樹《た》てることは、決して短日月に行われるものでない。それは永遠の目標を高く掲げて進むべき世界史的な創造を意味する。従って、大東亜建設の歩調にもそれぞれ緩急自在の用意あるべきことを忘れてはならない。指導者はつねに民衆の心とともにあり、而も一歩を擢《ぬき》んでて全体を推進せしめるところに使命と名誉を担うのである。

われわれは大いなる建設の日に直面して、長短自在のコースを走破すべき活力と歩調を自ら整えざるを得ないのである。(昭和十七年五月)

大東亜戦の理想

偉大を測る真個の尺度は空間でない。真個の偉大は何間何尺と測らるべきものでない。一国が国の理想は単に表面に於て拡がるだけでなく、高さに於て昂まるべきものである。一国を領有するのは土地ではなく、一国を形成する人間である。その人間は発達すべきものである。その発達とは、数の増加だけでなく、実に価値の向上である。最も偉大なる国家とは、其の領土と人口との大に加えて、其の国内に於て「道」が至高の発揮を見る国家である。大東亜戦の理想は、古今に通じ中外に施して悖《もと》らざる「道」を大東亜に確立することでなければならぬ。理想は往々にして単に唱えられるだけで、其の実行を見ざるを常とする。日本は断じて其轍を踏んではならぬ。若《も》し然らずば、過去に於て国豊かに権威張り、四方を征服して領土の大を誇り、而も今は廃址《はいし》となれる諸帝国の蹤《あと》を追うこととなるであろう。

（昭和十七年六月）

印度問題の展望

バンコックに開催せられたる大東亜在住印度人大会は、印度独立のために邁往することを決議し、一方印度国内に於ては、ガンディが英国放逐の決意を発表し、ネールまた之《これ》に応じ、且回印両教徒の提携が報ぜられ、印度問題は有望且《かつ》有利に進展しつつあるかの如く見える。まことに印度は、此の千載一遇の機会を逸し去るならば、恐らくまた独立の日を期し難きに至るであろう。

唯夫《ただそ》れ印度に於ける英国支配の根柢は極めて堅く、その方法は最も巧妙である。それは決して単なる声明や決議に辟易《へきえき》するものでない。寛厳硬軟あらゆる術策を講じて反英運動を弾圧し離間するであろう。加うるに印度人の間には、日本に対する反感を抱く者が尠《すくな》くない。彼等は公然「印度は第二の支那たるを欲せず」と唱えて、仮令《たとい》英国と離れても、日本と提携するを好まざる意図を表明さえして居る。故に印度問題の前途は必ずしも楽観を許さない。日本は問題の急所を適確に把握して、善処の策を講ぜねばならぬ。何よりも先《ま》ず日本は、声明又は言論によってに非ず、実に実践躬行《きゅうこう》によって大東亜圏建設の真意を印度に知らしめねばならぬ。若し印度が日本の真意を正しく認識するならば、初めて英国

を放逐する自信と勇気とを得来り、而して日本と共に新しき世界秩序を建設するの覚悟を抱くであろう。（昭和十七年七月）

大東亜戦争の原理

支那事変五年に亙《わた》れるに拘《かかわ》らず、尚且《なおかつ》深刻に支那を憎むことを知らぬところに、支那に対する日本の全国民的感情の最も高貴なる発現がある。日本国民は、意識的又は無意識的に、支那及び其他の東亜諸民族に対する深き愛情を抱いて居る。日本を東亜の指導者たらしめる最も根本的なる資格は、実に此の愛情である。東洋に於ては、政治とは「仁」の具体的実現に外ならぬと考えて来た。大東亜共栄圏は、先ず第一に日本の「仁」の客観的機構でなければならぬ。日本は其故《それゆえ》に近世植民地的搾取政策を否定する。欧米植民国が、その植民地に於ける社会的進歩を阻止し、住民を文盲のままに放置し、内争を使嗾し、永久に隷属貧困の状態に釘付けせんとするが如き政策は、単に其の必然の結果が被支配民族の憎悪怨恨を招くに終るという如き功利的打算からでなく、実に日本の仁の許さざるところである。

而も搾取を拒否するためには、勢い国内の経済機構に一定の改革を加えねばならぬ。国民的大犠牲の結果が、一部の階級や党派に壟断《ろうだん》せらるる如きことあらば、新東亜建設の捨石たることを明かに自覚して、惜しみなく戦場に命を捨てたる英霊の怒り覿面《てきめん》であろう。若し国内に、名目は如何ようにもあれ、実質に於て戦前と変りなき機構が存続するならば、植民地的搾取も拒否することも出来ず、従って大東亜戦をして真に国民的意義あらしむることも不可能となる。(昭和十七年八月)

ギヴ・エンド・テーク

ギヴ・エンド・テークは英国流の功利思想であるから、断然斥《しりぞ》けねばならぬと居丈高に唱える者がある。恐らくイギリスは総《すべ》て悪く、ドイツは皆な善しとする昨今の風潮の一つの現れであろう。但《ただ》しギヴ・エンド・テークは英語に相違なく、また之を実際に施して効果を収めて来たのも英国人に相違ないけれど、此の貴重なる政治的原則を、英国流の功利主義として一蹴し去ることは、其《その》人の無智と無経験とを誇示する如きものである。此の原則は決して英国人の発見でも創意でもなく、彼等が尚未《なおま》だ北欧の未開野蛮の民なりし頃、既に『管子』の中に下の如く立言されて居る――

「与うるの取るたるを知るは政の宝なり」

管子に従えば政治の興廃は民心に順《したが》うと逆らうとによって定まる。凡《およ》そ人間は勤労を厭《いと》い、貧賤を嫌い、危険を怖れ、死滅を悪《にく》むものである。政治家は国家を安楽にし、富貴にし、安全にし、長生するように努めねばならぬ。此の心づかいを以て国民に臨めば、国民は却《かえ》って自ら勤勉になり、貧賤に甘んじ、危険を顧みず、生命をも献《ささ》げるようになる。刑罰だけでは民意を畏《おそ》れしめるに足らず、殺戮だけでは民心を服するに足らぬ。民意が畏れて居らぬのに刑罰を繁くすれば、命令は行われなくなる。民心が服して居らぬのに殺戮を肆《ほしいまま》にすれば、権力の基礎が危くなる。それ故に若《も》し政治家が、人間の欲する所を遂げさせるように心を労すれば、遠き者も親附《しんぷ》して来るし、人間の好まぬ所を強制すれば、近き者さえ離叛して往く。政治の至高原理は、与えることが取りも直さず取る所以なることを、知り且《かつ》行うことである。

ギヴ・エンド・テークの原則は、漢民族の生みたる偉大なる政治家が、其の多年の経験より帰納して確立せるものである。吾等は日本の政治家又は軍人が、東亜諸民族に臨むに当りて、乱世に生れて能く天下を一匡《いっきょう》せる支那政治家の教訓を実践せんことを希望して止まない。（昭和十七年九月）

印度問題の一つの鍵

印度の構成要素は、支那のそれよりも遥《はるか》に複雑であり、且欧羅巴の影響は支那に於けるよりも遥に深刻且広汎である。従って対印政策は、その性質に於て対支政策よりも一層困難なる課題である。

さて、正しく且効果的なる対印政策を確立するために最も肝心なる前提は、印度の数々の特性を正確明瞭に把握することである。然るに印度の特殊なる諸性格は、実にガンディの人格其者《そのもの》に具現されて居る。ガンディは今日の印度に於て最も有力なる人物であるのみならず、其力は最も純粋なる印度的力である。

ガンディの力は、数千年に亙る印度精神の鍛錬の結実である。印度精神の潜める力が、ガンディに於て具体化され客観化されたのである。印度を指導するには、ガンディ的力を以てせねばならぬ。ガンディの生涯及び性格を精密に研究することは、印度問題を解く重要なる鍵の一であると信ずる。（昭和十七年十月）

綿々不断の追求

東亜新秩序又は大東亜共栄圏の理念は、決して今日事新しく設定されたものでない。それは近代日本が国民的統一のために起ち上れる瞬間から、綿々不断に追求し来れるものに外《ほか》ならぬ。

明治維新の志士は、尊皇攘夷の旗印の下に、日本の革新と亜細亜の統一とを、併せて同時に理想とした。彼等は単に日本国内の政治的革新を以て足れりとせず、隣接東亜諸国の改革をも実現し、相結んで、復興亜細亜を建設するに非《あら》ずば、明治維新の理想は徹底せらるべくもないと確信して居た。それ故に維新精神の誠実なる継承者は、燃ゆる熱情を以て自国の事の如く隣邦のことを考えて居た。大西郷の如きは実に下の如く言っている――「日本は支那と一緒に仕事をせねばならぬ。それには日本の着物を着て支那人の前に立っても何にもならぬ。日本の優秀な人間は、どしどし支那に帰化してしまわねばならぬ。そして其等の人々によって、支那を立派に道義の国に盛り立ててやらなければ、日本と支那とが親善になることは望まれぬ」と。

後に謂わゆる大陸政策となりて現れ、遂に今日の大東亜圏の建設にまで具体化された理念は、実に明治維新の前夜に於て、夙《はや》くも当時の先覚者によって把握されて居た。国民の魂に深く且強く根を下ろして居た此の理念あればこそ、日本の大陸政策は、内外幾多の難局に当面し乍らも、之を全体より観れば順風に帆を上げて今日に至れるものである。国民がいま大東亜戦に至深の感激を以て献己奉公するのも、斯《か》くの如き永年の準備ありし故である。吾等は更《あらた》めて明治維新の精神を反省し、之を吾等の魂に復活せしむることの必要を痛感する。（昭和十七年十一月）

精神的軍備

戦争の最後の勝敗を決するものは、単に軍制の完備、兵力の強大、兵器の優秀だけではない。シュタインメッツが其の『戦争哲学』の中で力説せる如く、戦争に敗れることは結局国民全体の短処欠点を暴露することであり、戦争の最後の勝利を得るためには、国民全体の道義の力を合わせたる結果を以てせねばならぬ。如何なる場合に於ても、国家の最後の運命は国民の一人々々に宿る精神にかかって居る。純潔なる信仰、曇りなき良心、独立の判断、熱烈なる気概、総て此等《これら》のものが相集って大国をなし強兵をなすのである。ペルシアは百万の大兵を擁して弾丸黒子の如きギリシアを攻め、竟《つい》に勝利を得ることが出来なかった。清朝は満洲の一角に興り、能く厖大なる明国を倒すことが出来た。光栄ある勝利を得るためには、偏《ひとえ》に数字の上に現れたる兵数と物質とに頼ってはならぬ。此事は長期戦に於て最も然りである。

今日の日本の指導者の最大の任務は、国民の一人々々に必勝の信念を抱かせることである。試みに堀部弥兵衛が大石良雄に宛てたる手紙を見よ。堀部父子は各自独立の判断を以て義挙に加盟したので父子の故を以て強制したのではない。武士道は自由なる男子の道にして、奴隷の従順を教えるものではない。若《も》し個人の権威を認めず之《これ》を蹂躙《じゆうりん》し去って顧みざる如き挙国一致は、一歩誤れば面従腹背、更に進んでは民心の離反を招かずば止まぬ。日本の指導者は、宣伝や号令によって国民を率い得るものと考えてはならぬ。己れの至誠を国民の魂に徹せしめ、国民の一人々々をして誠を以て奉公に励ましめねばならぬ。此の精神的軍備にして成らば、日本は天を畏るる外また恐るべきものがない。（昭和十七年十二月）

年を非常時に迎う

非常の一年を送り、また非常の一歳を迎えて、国歩の艱難《かんなん》一層を加えつつある。日本が米英撃滅を期する如く、米英もまた日本打倒を誓って居る。緒戦に於ける日本の勝利は、世界戦史上の奇蹟であるとは言え、竟に見事なる初太刀であり、未だ敵の骨髄を砕いて息の根を止め去るまでに至らない。いまや敵は傷つける猛獣の如く咆哮激怒して反撃を試みんとする。此戦には妥協がない。勝たずんば敗れるのみであり、敗るれば第二の印度人となり果てねばならぬ。若し然らば日本の男子は奴隷となり、女子は英雄を生むために非ず婢僕《ひぼく》の母たるために結婚することとなる。そは決してあり得べからざることである。吾等は必ず勝たねばならぬ。勝つためには国民一人々々が必勝の覚悟を抱いて努力せねばならぬ。外より強いられて動くに非ず、自ら進んで奮発せねばならぬ。国民一人々々の愛国心に火を点ずる者は、宣伝と号令とに非ず、実に指導者の誠である。指導者の至誠に感応し、国民が必勝を目指して邁往する時、如何なる敵も怖れるに足らぬ。吾等は勝利の最大の力は、天の時、地の利にもまさる人の和にあることを、厳粛に反省し且之《かつこれ》を実行の上に現わさねばならぬ。（昭和十八年一月）

異民族に臨む態度

神武天皇即位の詔勅に「今や運この屯蒙に属し、民心朴素にして、巣棲穴住の習俗惟《こ》れ常となれり、夫《そ》れ大人の制を立つるや、義必ず時に随《したが》う。苟《いやし》くも民に利あらば、何ぞ聖造に妨げん」とある。その意味を拝察するに、国内には文化の低い多くの異民族が居るが、低いものは低いなりに、その「習俗」即ち伝統も容認し、統治の方法は「時」即ち環境に順応し、徐《おもむ》ろに之を善導しなければならぬ。新附の民をして生活に安んじさせることが何よりも肝心で、強いて形式を整えなくとも、決して八紘一宇の理想実現の妨げとはならぬということである。この寛容にして情愛ある態度を以て異民族に臨んだればこそ、「男女交居して父子別なく、冬は則ち穴に宿ね、夏は則ち樔に住み、毛を衣とし血を飲み、昆弟相疑い、山に登ること飛禽の如く、草を行くこと走獣の如し」といわれし蝦夷さえも、いつとはなしに見事なる日本人となったのである。

いま日本は大東亜圏建設者として、幾多の異民族を其の指導下に抱擁することとなった。第二の肇国ともいうべき此の荘厳なる偉業に当面して、吾等は深く神武天皇即位詔の精神を反省し、その実践を覚悟しなければならぬ。欧米の植民政策を参考とし、机上計画によって彼等に臨むだけでは、此の大業は成就せらるべくもない。（昭和十八年二月）

ガンディ死せんとす

曽《かつ》てチャーチルとルーズヴェルトが、今はマライ沖の藻屑となりはてたるプリンス・オヴ・ウェールス艦上に於て、所謂英米洋上会談を行い、その結果発表された大西洋憲章の中に下の一節がある――「英米は一切の国民がその生存の政治形態を選択する自由なる権利を尊重し、暴力を以て奪われたる其の主権及び自治権の回復せられんことを欲す」と。此の宣言に対し、ヒンドゥー・マハーサバ総裁サヴァルカルは、直《ただ》ちにルーズヴェルトに打電して、米国は戦争終了後一個年以内に印度の完全なる政治的自由獲得を保障するや否やを詰問した。

暴力を以て其の主権と自治権とを奪われたる最大の国は印度である。依然として印度を鉄鎖につなぎながら、総ての国民の自由を欲するというは何の意味か。此の鉄鎖を断つために善戦健闘を続けたるガンディは、今将《まさ》に飢死して祖国の自由を購《あがな》わんとして居る。世界史に於て此類《たぐい》なき荘厳偉烈の姿と言わねばならぬ。吾等は四億の印度人が此の偉大なる死を空しくせざらんことを切望する。英米の虚偽は、ガンディの餓死によって印度人の眼に最も瞭然と映るであろう。随《したが》って英米の美辞麗句は、最早彼等を欺き得なくなるで

あろう。（昭和十八年三月）

【編集部註】マハトマ・ガンディーは第二次大戦中、英国に対する「非協力運動」を展開し投獄されるが、自らも断食を繰り返した。

ガンディ死せず

ガンディが、三週間の断食を以てイギリスに挑戦せることは、悲壮極まりなき戦闘開始であった。若しイギリスが此の期間内にガンディの要求を容れなければ、彼の老軀は恐らく斯かる長期の断食に堪えまじく、従って壮烈なる死を遂げるであろうと思われた。然るに老いたる英雄の異常なる精神力は、能く三週間の断食に耐え、遂に其の生命を保つことが出来た。而もイギリスは頑としてガンディの要求に応じなかったので、世界の耳目を聳動《しょうどう》せしめた此の悲壮なる戦争は、明瞭にガンディの敗北に終った。

さて、ガンディの是の如き戦術は、吾等日本人にとりては容易に納得し難いものがある。日本人の場合に於ては、若しガンディの如き戦いを始めるならば、必ず死を賭して断食を続け、斃《たお》れて後止むであろう。ガンディは即ち然らず、声明の期間満了するや、一旦戦争を打切りて次の機会を待つのである。茲《ここ》に吾等は一九三一年五月のガンディ・アーウィン協定を想起せざるを得ない。一九三〇年より一九三一年に亙る印度の平和的不服従運動は、世界史に以て全く類例なき革命運動であった。ダンディ〔インド・グジャラート州南部の地名〕に於て塩専売法蹂躙の炬火《きょか》が、一たびガンディによって上げらるるや、未だ数週間ならざるに不服従の精神が印度の津々浦々に燃え立った。イギリスはガンディの非暴力に対して暴力を以て戦った。獄に投ぜられた印度人の数は十万を超えたが、弾圧すればするほど、抗英の気勢は昂まるばかりであった。然るに此の印度民衆の一年に亙る悪戦苦闘が、ガンディ・アーウィン協定によって一朝にして明白なる屈服に終ったのである。一度あれば二度ある。ガンディは断食には克ったがイギリスには復《ま》た敗けた。(昭和十八年四月)

東亜指導原理の実践性

偉大なる思想は、冷《ひや》やかなる理智によって論理的に構成されるよりは、むしろ燃ゆる情意によって直観的に把握される。思想は決して単なる知識ではない。如何に秀《すぐ》れた理論であっても、それが単なる知識に止まり、実践的意欲を伴わざる場合は、思想として無力である。それが自然科学の領域であるならば、純然たる知識であってよろしく、また左様であることが望ましくもあろう。但し人間精神の活動領域に於ける思想は、最初から実践を以て其の本領とする。従って飽迄《あくまで》も現実と不可離のものでなければならぬ。それ故に新たなる思想体系は、日当り良く風当りなき温室の中で咲かせる花の如く、学者の書斎の中で完成せる形を与えられて世間に持出さるべきものでない。

然るに従来の数ある思想団体や教化団体の主張や理論は、概《おおむ》ね室咲きの美しき花に類して居る。それは美しくはあるが風雨に堪ゆべくもない。唯《た》だ説くだけで事足るのであれば、高尚にして綺麗なることを説いて居ればよい。若し実践の責任を伴わないなら、その言論が如何に現実から遊離して居てもよい。而も新しき東亜の形勢を指導し、大東亜圏の根拠たるべき思想体系は、如何なる場合に於ても現実から遊離してはならぬ。かくて大東亜精神は学者の構想によって生れず、大東亜建設を生命とする戦士の行動の中に孕《はら》まれ、建設の進行と共に不断に新しき生長を遂げて往くであろう。（昭和十八年五月）

興亜同盟に対する希望

興亜同盟の志すところは、其名の示す如く大東亜秩序の樹立と、その思想的強化でなければならぬ。然るに今日までのところ、興亜同盟は往年の精神総動員運動と同じく、非政治的・非行動的状態に停頓して居た。雑誌の発行も必要であろう。講演の開催も無益ではなかろう。而も文書や口頭による国民説得は、第二義的には重要であるが、決して理想実現の主要手段ではない。且又《かつまた》従来の如き仕事をするだけならば、其の陣立《じんだて》は余りに仰々《ぎょうぎょう》しい。恐らく十分の一の陣容と十分の一の経費を以て事足るであろう。それ故に予は、興亜同盟の改組に際し、その組織に関して差当り二つの注文を提出したい。

第一は其の組織が高度に行動的なるべきことである。若し同盟が曽て然りし如く、上部機構の整備にのみ重点を置き、そこから発する命令の官僚的強要によって所期の行動を誘発惹起し得ると考えるならば、それは再び失敗に終るであろう。上部からの指導に対し、下部からの積極的・自発的呼応を活潑に喚起するためには、組織内部の上下の意志が完全且つ自由に交流し、組織の最下部の一人に至るまで、同盟が掲げる理想に行動を以て貢献し得る如き機構を有《も》たねばならぬ。

第二は其の組織が、国民と密接なる聯絡を有する前衛組織たるべきことである。大衆は日常の生活に心奪われ、雄渾なる理想を追求する心に乏しい。彼等は唯だ正しく前衛に導かれる時にのみ偉大なる行動を発揮する。いま日本は彼等の行動力を存分に発揮させることなくしては、大東亜秩序建設の大業を成就すべくもない。興亜同盟の組織は、此の目的に役立つものでなければならぬ。（昭和十八年六月）

【編集部註】大日本興亜同盟は、近衛内閣の閣議決定（昭和十六年一月）によって大政翼賛会により興亜諸団体を統合し、同年七月に発足した。昭和十七年版『日本政治年報』

（十八年刊）によると、総裁に東条英機、顧問に頭山満、徳富蘇峰、小磯国昭、荒木貞夫、総務委員に松井石根、水野錬太郎、阿部信行、協議会委員に緒方竹虎、安岡正篤、理事に児玉誉士夫、下中弥三郎らが名を連ね、雑誌『興亜』を刊行した。

オッタマ法師を憶う

凡《およ》そ天地の間に、亡国の悲哀にまさる悲哀はないであろう。国を失うことは、魂の拠りどころを失うことである。亡国の民となることは、自己の魂によって行動する自主独立の人間たる境涯から逐《お》い落とされて、唯《た》だ主人の意志のままに左右される奴隷となりはてることである。それ故に国を亡ぼされることは、人格的生活の根柢、即ち道徳的生活の根柢を砕き去られることである。それは魂ある人間にとりて、堪え難き屈辱、忍び難き苦悩、限りなき寂寞でなければならぬ。

されぱこそ亡国の志士仁人は、奪われたる自由を回復して、此の悲惨なる境涯から其の同胞を救い出すために、起って独立運動に身命を献《ささ》げるのである。然るに、如何なる場合に於ても、独立運動者の蒙《こうむ》るべき運命は、殉教者としての犠牲である。迫害・貧困・追放・漂泊・其他一切の辛苦艱難、実に生命を抛《なげう》つことさえも覚悟の前でなければ、独立運動に一身を献げることは出来ない。それ故に総ての国々の独立運動史は、悉く悲壮なる血と涙の歴史であり、ビルマの国民運動史も、また其例に洩れない。

一八五八年、第三次英緬戦争に於ける無残なる敗北により、ビルマ王国が遂に亡び去ってこのかた、ビルマはイギリス帝国主義の犠牲となり、その圧政と搾取の下に呻吟しながら、惨怛たる独立運動を続けて来た。ビルマ人は、曽《かつ》ては西は印度のアッサム、東北は支那の雲南、東は仏印のカンボディアに至る広大なる地域に君臨せることさえもある過去の光輝ある歴史を回顧しながら、勇敢に圧制者と戦った。其間幾多の志士が高貴なる血を濺《そそ》いだ。幾千の民衆が牢獄に投入れられた。幾度か排英運動が繰返され、英貨排斥運動が起り、納税拒否運動が行われ、遂に一九三〇年のイラワディ叛乱の勃発を見るに至ったが、総て其等の努力も、磐石の如きイギリス政治機構の前には、龍車に向う蟷螂《とうろう》の斧《おの》にも等しく、殆《ほとん》ど何等の効果をも挙げ得なかった。加うるにイギリスは、激しき弾圧と同時に巧なる懐柔を用い、実権なき立法参議会を設置して形式的なる自主を与え、ビルマ人の虚栄心に若干の満足を与えたので、ビルマには忽《たちま》ち二十有余の群小政党が濫立され、力を合せて圧制者と戦う代りに、議会に於ける空虚なる論争に互《たがい》に鎬《しのぎ》を削るに至り、イギリスは会心の笑を洩らし、心ある者はビルマ独立の前途を悲観せねばならなかった。

然るに大東亜戦争は、ビルマの空を蔽《おお》える暗雲を、一朝にして掃《はら》い去った。昭和十七年一月十七日、勇武なる日本軍が、タイ・ビルマ国境の嶮峻《けんしゅん》を超えて、ビルマに進撃するや、兄弟牆《けいていかき》に鬩《せめ》げるビルマ人は、直《ただ》ちに内訌《ないこう》を止めて日本軍に協力し、各地に蹶起して英軍と戦い、僅に半年ならずしてビルマ全土よりイギリス勢力を駆逐し去るに至った。而して日本はビルマ人永年の宿願に応じ、早くも八月一日に設立されたビルマ行政府に、あらゆる援助を与えて独立の準備を急がしめ、満一年を経たる今年八月一日、一千六百万民衆の歓呼の裡に、ビルマは芽出度《めでた》く独立を宣言し、厳粛なる建国式典の直後に、東亜永遠の平和を実現して、ビルマ建国の基礎を永久に堅固ならしめるため、生死興亡を日本と共にする覚悟の下に、亜細亜共通の敵たる米英に対して宣戦を布告したのである。歴史的なる「ビルマ独立宣言」は、「日本の実力及び英雄的行為、並《ならび》に日本の高邁なる目的」が、ビルマの独立を可能ならしめたこと、また「日本の建国精神に合致せる高邁なる主義」が、ビルマをイギリスの手から蘇《よみがえ》らしめたことを明確に認識して、日本に対する深甚の感謝を永久に記録すべきことを明記して居る。まさしく其通りでなければならぬ。

併《しか》し乍《なが》ら枯れ果てたる草木には、如何に水注げばとて花咲き実結ぶことがない。ビルマの今日在るを得たのは、イギリスの鉄鎖に繋がれながらも、堅く独立の精神を護りて戦い続けたる志士仁人ありしが故である。葉はもぎ取られ、枝は折り取られて、打見たるところ枯れ果てたかに思われしビルマの根に、今日まで生命の液を通わせて来たのは、実に其等の志士仁人が流し来れる紅の血潮である。而して数ある志士仁人のうち、単《ひと》りビルマ独立のために終生を献《ささ》げたるのみならず、日本と相結ぶことによってのみ其の目的を遂げ得べきことを確信して、最も正しくビルマ民衆を指導せる偉大なる先覚者は、取りも直さずオッタマ法師其人である。

オッタマ法師の魂に深刻なる感激を与え、強烈なる国民的自覚並に亜細亜的自覚を喚《よ》び起《おこ》したのは、日露戦争に於ける日本の勝利であった。かくて明治四十年、齢三十歳の時に初めて日本に来りてより、日緬の間を往復すること前後五回、故国に帰りては仏道修行と国民運動の指導に献身し、日本に来りては国体の尊厳と日本精神の本質を学ぶに努めた。法師は深く日本を知るに及んで、日本の指導による亜細亜の解放並に統一が、亜細亜の辿るべき政治的運命なることを明瞭に看取し、此の信念の下にビルマ民衆を指導した。而して其の学徳の故を以てビルマ人からは慈父の如く慕われ、其の無所畏《むしょい》の運動の故を以てイギリスからは強敵として憎まれながら、昭和十四年九月十日、六十二歳を以て此世を逝《さ》るまで、ビルマ独立のために、高潔無私なる而して多苦多難なる生涯を献げた。

いまラングーンのビルマ政庁の空高く翻《ひるがえ》る孔雀旗を仰いで、歓びに胸躍らぬビルマ人は一人もない筈であるが、わけても法師の英霊は、何人にも勝りて大なる満足を覚えて居ると信ずる。法師終生の念願が、まさしく実現されたのである。さり乍らビルマは尚建国途上に在る。ビルマを失えるイギリスは、いまアメリカと力を合せ、再びビルマ人を奴隷たらしむべく必死の反撃を此国に向って試みつつある。彼等を完全に撃退して、ビルマの安泰を磐石ならしめるために、獅子奮迅の努力を払うことこそ、法師の英霊に対する最上

の供養である。（昭和十七年九月）

【編集部註】ウー・オッタマ（一八七九〜一九三九）はビルマの独立運動創始者。英国留学から帰国した後に独立運動を始めて投獄される。滞日体験を綴った『日本国伝記』（一四年刊）はアウン・サンら独立を目指すビルマ青年に大きな影響を与えた。三九年獄死。

ボース氏の来朝

若し印度が真実に独立を熱望して居るならば、印度の国民指導者は必ず日本と共にイギリスと戦うべきである。大東亜戦争勃発以来、日本は印度の独立運動に対して一切の援助を吝《おし》まぬことを、中外に向って声明した。それにも拘らず印度は、日本を度外してイギリスと戦いつつある。印度最大の指導者ガンディの如きは、日本の援助を欲せぬ意見をさえ公表して居る。

ガンディの魂によるイギリスとの戦は、阿育〔アショカ〕王の「道法による征服」と古今照応するものであり、何人も其の壮烈高貴を嘆称せずには居られない。而もガンディの精神運動は、他国のそれと異なり、従前は知識層の一部に限られし排英独立の思想を、印度の津々浦々にまで浸透せしめた点に於て、偉大なる政治的意義を有し、曽て吾国に行われし精神総動員運動などとは、截然として其の本質を異にする。

乍併《しかしながら》イギリスがガンディの前に兜を脱ぐことは断じてあり得ない。既にイギリスは、断食三週間のガンディの闘争に対して、些《いささ》かの譲歩さえもしなかった。魂の力だけでは、イギリスの印度を縛る鉄鎖を断つことは、絶対に不可能である。ガンディの理想は、魂の力に加うるに剣戟の力を以てして、初めて実現されるのであろう。吾等はいま「印度の剣」ともいうべきシュバス・チャンドラ・ボース氏を日本に迎えたことを欣《よろこ》ぶ。ボース氏は「亜細亜の剣」たる日本を、印度国民運動指導者の誰よりも善く理解するであろう。ボース氏は、日本の誠意と熱情とを正しく印度に伝え、此の千載一遇の大機に際して、印度は如何にして戦わねばならぬかを知らしめ、その蹶起奮戦を促すであろう。ガンディは印度をして「戦わざるアルジュナ」たらしめる。希《ねが》わくはボース氏が印度をして「戦うアルジュナ」たらしめんことを。（昭和十八年七月）

【編集部註】アルジュナは叙事詩『マハーバーラタ』の一部「バガヴァッド・ギーター」に登場する英雄。敵軍との戦いを前に躊躇い、師であるクリシュナに教えを求める。チャンドラ・ボース来日については、「自由印度仮政府の樹立」の編集部註を参照。

亜細亜的言行

亜細亜の諸民族は、決して正しく日本を理解して居ない。支那人と言わず印度人と言わず、彼等が密室に於て互に私語するところは、日本人の面前に於て声高らかに揚言するところと、甚だしき表裏懸隔がある。吾等は、外交官の新任挨拶の如き空々しき美辞麗句を彼等と交換して、いつまでも自ら安んじ自ら慰めて居てはならぬ。大東亜戦争は日に苛烈を加えつつある。此の戦争に善勝するためには、亜細亜諸民族が正しく日本を理解し、積極的に日本に協力することを必須の条件とする。

亜細亜の諸民族をして正しく日本を理解せしめ、積極的に日本に協力せしめるためには、日本民族は亜細亜的に自覚し、亜細亜的に行動せねばならぬ。然るに今日の日本人の言行は善き意味に於ても、悪き意味に於ても、余りに日本的である。儒教や仏教をまで否定して、独り「儒仏以前」を高調讃美する如き傾向は、決して亜細亜の民心を得る所以ではない。日本民族は、拒むべくもなき事実として、自己の生命裡に支那及び印度の善きものを摂取して今日あるを得た。孔子の理想、釈尊の信仰を、その故国に於てよりも一層見事に実現せるところに日本精神の偉大があり、それ故にまた日本精神は取りも直さず亜細亜精神である。日本は此の精神を以て亜細亜にはたらかねばならぬ。徒《いたず》らに「日本的」なるものを力説して居るだけでは、その議論が如何に壮烈で神々しくあろうとも、亜細亜の心琴に触れ難く、従って大東亜戦争のための対外思想戦としては無力である。希くは国内消費のためのみでなく、大東亜の切なる求めに応ずる理論が一層多く世に出でんことを。（昭和十八年九月）

指導能力と指導権

人間の社会的生活は、その最も原始的なる形態に於ても、乃至は最も小規模なるものに於ても、指導・被指導の関係なしには決して成立しない。秩序のあるところ必ず指導あり、指導のあるところ必ず地位の差異を生ずる。斯くの如き指導・被指導の関係、及び之《これ》に伴う地位の差等は、或《あるい》は圧制者の恣意的暴力によって強行されることもあり、或は成員各個の自発的合意によって発生することもあり、或は卓越者の創意によって形成されることもあり、或は神秘的なる伝統によって成立することもあり、その成立原因並に過程は多種多様である。但し如何なる社会といえども、若し指導・被指導の関係なく、従って成員の総てが平等の地位に立つ場合は、一日も安固たり得ない。

されば大東亜秩序も、それが秩序である限り、指導・被指導の関係を前提とする。若し指導能力ある者が指導の地位に立つに非ずば、秩序は必ず紊乱《びんらん》せざるを得ない。大東亜圏内に於て、日本が指導的地位に立つことは、東亜新秩序の確立と発展とのために、最も自然にして且つ必要なることと言わねばならぬ。然るに近来動《やや》もすれば故《ことさ》らに其の言明を避けんとする傾向がある。第三国の嫉視を緩和するために又は東亜諸民族の感情を顧慮するために、過度に謙譲を装うことは望ましくない。寧《むし》ろ吾等は東亜の指導権が如何に重大なる任務を伴うかを切実に国民に自覚せしめ、指導能力の鍛錬に必死の努力を払いたい。何となれば指導権と指導能力とは、必ず客観的に一致せねばならぬからである。（昭和十八年十月）

自由印度仮政府の樹立

亜細亜の総ての国々に、自由の旗が翻《ひるがえ》るべき時が来た。ビルマ人は既に此旗をラングーンの空に仰ぎ、フィリッピン人は之をマニラの空に仰いでいる、而してやがてデリーの空高く翻るべき自由印度の国旗が、いまマライの空に掲げられた。「いつの世にてもあれ、正法衰え非法栄ゆる時、吾直ちに自己を現ず。吾は善人を護り、悪人を亡ぼし、正法を確立せんがために世々に生る」。クリシュナがアルジュナに約束せる此の言葉はいま正に実現せられんとする。選ばれたる戦士シュバス・チャンドラ・ボース君は、既に起って自由印度仮政府を樹立した。一切の武器を取上げられて、誉れある公《おおや》けの戦場に於て戦い得ぬものとされて来た印度人は、プラッシー戦後百年にして、初めて武装して起ち上り、ボース君の号令の下にデリーに向って進撃を始めるのである。剣に訴える代りに舌に頼り、甲冑で身を堅める代りに言葉で思想を飾り、説得によってイギリスから自由を貰い受けようと夢想する本土の印度人よ。諸君は天上より諸君を激励するクリシュナの言葉が聞えないか――

「汝の本務を省《かえり》み、決して戦慄する勿《なか》れ、武人にとりて正義の戦いに優る欣《よろこ》びなし。

「天上の門戸開けたるが如く、求めずして是《か》くの如き戦いに際会する武人は至福なるかな。

「されど若し此の正義の戦いを行わずば、汝は本務と名誉を抛《なげう》つものにして罪を免れざるなり。

「人々は汝が永遠の不名誉を語り継がん。地位ある者にとりて不名誉は死よりも重し」

本土の印度人は、干戈《かんか》を提げて此戦いに参加し得ざるを悲しまねばならぬ。而も魂を以てする戦いは諸君に許されている。されば抗英の気をアーリャヴァルタ〔クルクシェートラ。クリシュナが「バガヴァッド・ギーター」を語った地〕の全土に氾濫せしめ、勇敢なる国外の戦士と呼応して、此の偉大なる機会に於て印度の独立を奪回せよ。（昭和十八年十一月）

【編集部註】運動方針をめぐってガンディーと対立していたチャンドラ・ボース（一八九七～一九四五）は渡独してナチスと接触していたが、一九四三年五月、日本軍の潜水艦で来日、十月に日本の後援を得て自由インド仮政府を樹立し首班となる。四四年、インド国民軍を率いてインパール作戦に参加。四五年八月十八日、台湾から満州に渡ろうとして飛行機事故で死去。

大東亜共同宣言

大東亜秩序の理念は、決して今日事新しく発案されたものでない。そこは近代日本が国民的統一のために起ち上れる其時から、綿々不断に追求し来れるものである。日本の偉大なる先覚者は、夙《はや》く既に明治維新の前夜に於て、東亜の辿るべき此の政治的運命を明かに直覚して居た。それ故に維新精神の誠実なる継承者は、単に日本自体の政治的革新を以て満足せず、進んで近隣諸国の改革を実現し、相結んで復興亜細亜を建設するに非ずば、明治維新の理想は徹底すべくもないと信じて居た。此の理念は、日本政治の潜める力として暗々裡に国家の動向を規定して来たが、唯だ認識の欠如と条件の未成熟とのために、表面の指導原理たり得ずして今日に及んだ。

而も人は病んで初めて健康の重んずべきを知る。最も反亜細亜的なる悲劇が、実に日本の亜細亜的自覚を促す逆縁となった。日本民族は、実に支那事変の鉄火のうちに、身を以て世界史の根本動向を把握し、切実に亜細亜共同の政治的運命を体験して、茲《ここ》に初めて東亜新秩序の建設を、日本の政治的理想として声高く中外に宣明するに至った。かくして久しく潜める底流が、いまや顕《あら》わなる日本の政治的主潮となったのである。征韓論の席上、大西郷が「太政大臣堅く銘記せよ」と疾呼しながら、是くあるは神慮・天意なるぞと激語せる予言が、彼の深憂せる如く幾多の苦難を経尽して、遂に大東亜共同宣言として実現されたのだ。而も此の宣言は米英を撃破することによってのみ実行が可能である。大東亜は一切を必勝のために献げて戦わねばならぬ。（昭和十八年十二月）

【編集部註】昭和十八年十一月五～六日、東京でアジア各地の首班を招いて大東亜会議が開かれ、大東亜宣言が発表された。各国代表は以下のとおり。東条英機首相（大日本帝国首相）、汪兆銘（中華民国〈南京〉行政院長）、張景恵（満州国国務総理）、ホセ・ラウレル（フィリピン共和国大統領）、バー・モウ（ビルマ国首相）、ワンワイタヤーコーン親王（タイ王国、首相代理）、チャンドラ・ボース（自由インド仮政府首班）。

亜細亜民族に告ぐ

亜細亜は、これを全体について言えば、実に人類の魂の道場であり、ヨーロッパは、人類の知識を鍛える学堂であった。それ故に亜細亜の歴史は、根本において精神的であり、その革新または推移は内面的なりしが故に、表面に現れたる政治的乃至経済的変化は、ヨーロッパのそれに比べて自ら影薄からざるを得ず、往々にして人の意識にも上らなかった。加うるにその変化は、徐《おもむ》ろに内面より行われたる上に、昔ながらの形式及び名称が、実質全く変り果てたる後までも、不思議なる執着をもって固執せられ、そのために一切の変化が一層不鮮明の度を加えた。

かくの如くにして亜細亜は、祖先の精神、祖先の信仰、祖先の遺風を、昔ながらに護持し、しかしてこれを後昆《こうこん》〔子孫〕に伝えることを、最も神聖なる義務と考える。その極端なるものに至りては、人間及びその社会組織は必ず発達か退転かの一を免れざること、乃至時勢の推移が何者をも変化させずばやまぬということを、強いて考えまいとして居る。かくして万代不易ということが、亜細亜の最も有力なる生活理想となった。もとよりヨーロッパにも保守主義者が居る、されど少くとも彼等は社会進化の法則を承認する。彼等と進歩主義者との論争は、ただ正しき速度と、精確なる方向とに関してである。亜細亜の保守的精神は即ち然らず、時間の流れに超出して、万古不動を固執する。そは宛《あたか》も舟中の人が堅く瞑目して両岸を見ざるが故に、水流れず舟進まずとするに似通う。

この亜細亜の保守主義は、いうまでもなく利害相伴う。その善を挙ぐれば、この精神あるが故に亜細亜は過去における真個に価値あるものを護持し、文化の中断せざる系統を相承することが出来た。亜細亜の精神的鍛錬は今日なお往古と異なるなく、その根本的真理は今日まで伝統不断である。例えばこれを吾等日本人自身の意識について見る。吾等は万葉集の歌を読み、能狂言を見て、現に吾等の文学的・芸術的要求に満足を与えて居る。千年以前の歌謡、数百年以前の舞踊が、そっくりそのままの姿を以て、昨日読み出でられたる歌のごとく、また今日舞い初められたる舞のごとくに味《あじわ》い楽しまれるというようなことは、唯だ亜細亜意識のみ能くするところであり、ヨーロッパにおいて決してその例を見ぬところである。

しかもこれと同時に、かかる保守的精神は、人間の行手に、既に無用に帰したる過去の塵挨《じんあい》を堆積し、その発展の自由を阻む。曽ては価値ありしも今は無意義となりしもの、本来の精神を失い尽せる無用の形式が、なお神聖なものとして頑守せられ、これがために民族的生命の潑剌たる流れを遮《さえぎ》り、その水をして死水たらしめる。もし巧《たくみ》にこれを排泄《はいせつ》し開放するに非ずば、社会は必ず病に罹《かか》らざるを得ない。かくの如き保守主義が、亜細亜衰微の一因となりしことは拒むべくもなき事実である。

さりながら亜細亜保守主義の真個の意義は、決して旧き一切に対する愛着に存するのではない。万代不易とは、一切が不変なるべしと固執することでは断じてない。それは信仰・道徳・制度・風習――総じて文化現象において、一時的なるものと永遠なるものとを分別し、その永遠なるものを飽くまでも護持することでなければならぬ。換言すれば一切の現象の奥に横《よこた》わる万代不易のものを認識し、堅確にこれを把持することでなければならぬ。更に換言すれば、現実そのもののうちに、常に万代不易なるものを実現し行くことでなければならぬ。天行は健なり、故に君子自彊して息《や》まずとは、とりも直さず永遠の理法をわれ等の生活の上に実現すべく、不断に努力せねばならぬことを道破せるものである。形式と外面とに囚われることは、却《かえ》って亜細亜保守主義の至深の精神と相背くものとせねばならぬ。

この点において、近世ヨーロッパの亜細亜に与えたる教訓は、貴き教訓である。ヨーロッパは人間の現実の生活が神聖なるものなること、その正しき充実発展がすなわち理法の実現なること、これを無視するは、やがて理法そのものを無視するに外《ほか》ならぬことを、鉄鞭を揮って仮借なく打擲しつつ、しかも実は自ら意識することなしに、わが亜細亜に教えて来た。このことは亜細亜本来の精神が、すでに体得せる所であったのに、今や却ってヨーロッパによって、否応なく再びこれを体得させられつつあるのだ。唯《ただ》日本は、古《いにし》えより聖俗不二の真理を色読し、現実の生活に理法を実現すべき努力を不断に続け来《きた》りしが故に、幸に今日あるを得た。この点において亜細亜諸国は、日本歴史について真個に学ぶところがなければならぬ。

世界史を舞台として、雄渾深刻なる戯曲、いま吾等の前に演ぜられつつある。この戯曲の全貌は、後代の人々には明白になるであろう。しかして深甚なる感激を彼等に与えるであろう。演劇の進むにつれ、徹底して新しき世界秩序、次第に吾等の前に展開し来る。

さてこの荘厳なる戯曲の序幕は、実に日露戦争であった。日本が金剛の信を以て降魔の剣を執り、四百年来侵略の歩みを続けて、未だ曽て敗衄《はいじく》の恥辱を異人種より受けざりし白人の武力に対し、最初の而して手酷き一撃を加えたことは、白人圧迫の下に在る諸国に希望と勇気とを鼓吹し、列強横暴の下に苦しむ小国に理想と活力とを作興した。日本国の名は、冬枯れの木々に春立帰りて動き来る生命の液の如く、総じて虐げられたる民、辱しめられたる民の魂に、絶えて久しき希望の血潮を漲《みなぎ》らしめた。

印度の家々の神壇に、彼等の宗教改革者ヴィヴェーカーナンダの肖像と相並んで、明治天皇の御尊影が飾られ始めた。ペルシアの新聞は、テヘランに日本公使館の設置、日本将校の招聘、日波貿易の促進を力説し、「強きこと日本の如く、独立を全うすること日本の如くならんために、ペルシアは日本と結ばねばならぬ。日波同盟は欠くべからざる必要となった」と論じた。エジプトにおける国民主義の機関紙アル・モヤドは日本が回教国たらんことを切望し、「回教日本の出現と共に、回教国の全政策は根本的に一変せん」と論じた。隣邦支那は三千人の教師を日本より招聘して、津々浦々の学校にその青年の教育を託した。その後幾多の紆余曲折ありしとは言え、亜細亜の覚醒は実にこの後から始まった。

やがて第一次世界戦を以て戯曲はその第二幕に入った。世界戦を転機として、いわゆる亜細亜問題の意義が、全く従来とその内容を異にするに至った。世界戦前においては、亜細亜問題とは、ヨーロッパ列強が俎上の亜細亜を如何に料理し、如何にこれを分ち取るかの問題であった。然るに世界戦後の亜細亜問題とは、ヨーロッパの支配に対する亜細亜復興の努力を意味するに至った。しかしてこの変化に伴いて、ヨーロッパ人のいわゆる亜細亜不安が起って来た。そは彼等にとりてこそ「不安」であるが、アジアにとりてまさしく復興の瑞兆である。そは西はエジプトより、東は支那に至るまで色々なる姿をとりて現れた。西南回教諸国においては、委任統治ないし保護統治を斥けんとする努力となりて現れ、印度においては迅速なる自治または完全なる独立に対する運動となりて現れ、ジャワ及び安南においてさえその支配者を覆さんとする陰謀となりて現れた。これ等の一切の運動は、その表面に現れたるところは政治的ないし経済的であるが、しかもその奥深く流るるところのものは実に徹底して精神的であり、目覚めたる亜細亜の魂の要求に、その源を発せるものであった。

いま大東亜戦における日本の勝利によって、四十年に亙る亜細亜の希望が、初めて成就されんとしている。亜細亜民族よ、一切の小さき感情、小さき利害を離れて、吾等と協力せよ。勇気を振って長き睡眠の床を蹴って起て。吾等と共に世界史の新しきページを書け。

ガンディを通して印度人に与う

【編集部註】一九四二年七月二十六日、マハトマ・ガンジーは「すべての日本人に」と題する公開書簡を発表、「わたしは、あなたが中国に加えている攻撃を非常にきらっています。あなたがたは、崇高な高みから帝国主義的野心にまで降りてきてしまいました」「あなたがたの中国に対する侵略と、枢軸各国とあなたがたとの同盟とは、正当とはいえない、度を越した野心でした」「(日本軍のインド進攻が)インドから積極的な歓迎を受けるだろうと信じようものなら、あなたがたは、ひどい幻滅を感ずるという事実について、けっしてまちがえないようにしてください」と、日本の軍事行動を批判した(蠟山芳郎編『世界の名著63　ガンジー/ネルー』解説より)。本節は、そのガンジーの発言に対する反論である。

マハートマ・ガンディは、その「日本人に対する警告」を、彼の個人的思出を以て始めて居る。それ故に余もまたこれに倣《なら》って、ガンディに対する公開状を、余自身のそれを以て始めるであろう。

　今より卅余年以前、竜樹研究を卒業論文として東京帝国大学を出た時、余が心密かに期したりしは、一生を印度哲学の研究に献《ささ》げることであった。余は大学卒業後の数年を、如何なる職業にも就くことなく、毎日大学図書館に通ってウパニシャッド研究に没頭して居た。

　さて余にとりて決して忘れ難き一書は、サー・ヘンリー・コットンの『新印度』である。印度に関する至深の関心が、現在の印度及びインド人に就《つい》て知るところありたいという念《おも》いを、いつとはなく余の心に萌し始めさせたことは何の不思議もない。一九一三年夏、一夕の散歩に余は古本屋の店頭に曝《さら》されたるコットンの書を見出だした。余は新印度という書名に心惹かれ、求め帰ってこれを読んだ。しかして筆紙《ひっし》尽し難き感に打たれた。

　この時に至るまで余は現在の印度について殆《ほとん》ど全く知るところなかった。未だ見ぬヒマラヤの雄渾を思慕し、印度思想の荘厳を景仰しつつ、余はただ婆羅門《バラモン》鍛錬の道場、仏陀降誕の聖地としてのみ、ほしいままに脳裡に印度を描いていた。然るにコットンの書は、飾りなき筆致をもって、偽りなき事実に拠り、深刻鮮明に印度の現実を余の眼前に提示した。この時初めて余は英国治下の印度の悲惨を見た。余は現実の印度に開眼して、それが吾が脳裡の印度と余りに天地懸隔せるに驚き、悲しみかつ憤った。余はコットンの書を読み了えたる後、図書館の書庫を渉りて印度の政治、経済に関する著書を貪《むさぼ》り読んだ。しかして読み行くうちに、単《ひと》り印度のみならず、茫々たる亜細亜大陸、処として白人の蹂躙に委ねられざるなく、民として彼等の奴隷ならざるなきを知った。

ウパニシャッドは何時しか余の机上より影を隠した。燃ゆる憤りを以て余は専《もっぱ》ら亜細亜諸国の近代史を読み、亜細亜問題に関する諸著を読んで、亜細亜に対する欧羅巴侵略の経緯を知らんとした。しかしてかくの如き研究は遂《つい》に余を駆りて近代欧羅巴植民史及び植民政策の研究に没頭せしめて今日に至った。かくて出家遁世さえもし兼《か》ねまじかりし専念求道の一学徒が、転じて復興亜細亜を生命とする一戦士たるに至った。

余は第一次世界戦争がなお酣《たけな》わなりし一九一六年初頭『印度における国民運動の現状及びその由来』と題する一書を印刷して、これを日本の朝野に頒布した。恐らくこの書は現代印度の政治的実情を日本に紹介せる最初のものである。また余は友人W・W・ピアスン君の『印度のために』と題する一書を印刷頒布した。当時日本の何人も南阿の一弁護士ガンディの名を知らざりし頃、ピアスン君はその小冊子の中に印度における各部門の指導者を紹介せし後、最後に政治的指導者としてのガンディのために誰に対してよりも多くの行数を費《ついや》している。余もまたこの時初めてガンディの為人《ひととなり》を知り、遥《はるか》に思慕の情を寄せていた。此等の両書は共に英国の同盟国たりし日本政府によって発売頒布を禁止せられ、余は此時以来英国官憲のブラック・リストに載せられることとなった。加うるに英大使館の強要によって日本政府が退去命令を発したる印度革命家の一人を、余の家に匿《かく》まえることを知るに及んで、英国は一層余に対する警戒を厳重にし、余が会員たりし日印協会の理事を動かし、余をその協会から退会までさせた。

かくて余は日本に於ても最も早く印度問題に関心を抱き、且《かつ》印度人のうちに多くの友人を有する一日本人として、マハートマ・ガンディの「警告」に答えんとするものである。

マハートマ・ガンディは、印度独立に対する吾等の至深の関心を、無用の節介なるかの如く言っている。それは言うまでもなくガンディが日本の真実の意図を知らざる故である。単りガンディと言わず恐らく印度人の多くは、日本が何故に印度のためにそれほど憤りかつ嘆くかを知るに苦しむであろう。

印度に取って日本は他国であるかもしれない。しかも日本は、千年このかた印度を決して「他国」と思っていない。西洋人の渡来するまで、吾等に取りて世界とは支那と印度とを中心とする東洋のことであり、之《これ》に日本を加えて常に「三国」と呼んで来た。日本は支那及び印度から数々の尊きもの、貴きものを学び、之を自己の精神の裡に統一し、之を生活の上に実現しつつ今日に及んでいる。それ故に支那は支那のみを考え、印度は印度のみを考え、また他国のことを念とせざりしに拘《かかわ》らず、独り日本のみは常に「三国」を意識し、美しき花嫁を賞《ほ》めては三国一の花嫁と言い、富士山を誇りては三国一の富士山と言って来た。この事は吾等の日常生活が、三国意識の上に営まれて来たことを示すものである。往年日本に来遊せる印度の学者B・K・サルカル君も、共著『印度人の観たる支那宗教』の中において明かにこの事を認めている。

日本が印度から学んだ最も貴きものは釈尊の宗教である。而して仏教は単に宗教的信仰のみならず、印度文化の全体を日本に伝えたので、仏教徒たると否とを問わず、日本人は仏教を通じて甚だ多くを釈尊の印度に負うて居る。それ故に真実の日本人である限り、英国の印度に対する不義に対して、恰《あたか》も吾師に対して不義が加えられた時に抱くであろうと同一の憤りと嘆きとを感ずるのである。吾等が印度における英国支配に対して加える弾劾は、単なる人道主義による道徳的非難たるに止まらず、実に吾心と吾身とに加えられたる辱しめを痛感しての義憤である。インド革命思想の父ともいうべきアラビンダ・ゴーシュは「圧制者あり、わが母の胸に坐す。わが母をこの圧制者より救うまで吾は断じて息《や》まず」と誓っている。われ等はこの悲壮なる覚悟を、実にわれ等自身の覚悟の如く身に沁みて感ずるものである。

印度最高の努力は、内面的・精神的自由の体得に存し、かつこれによって崇高なる精神的原理を把握した。その神聖なる意義と価値とを認めることにおいて、余は決して人後に落ちるものでない。ただ印度は、この原理を社会的生活の上に実現すべく金剛の努力を払わなかった。その必然の結果は、内面的・個人的生活と外面的・社会的生活との分離となり、遂に一面には精神的原理の硬化を招き、他面には社会的制度の弛廃を招いた。かくて若干の聖者が精神的高根の絶巓《ぜってん》を究めて独り自ら浄《きよ》うせる時、三億の民衆は英国の奴隷となり果てた。

日本は印度の痩せこけた姿を坐視するに忍びない。岡倉天心の悲壮なる言葉を藉《か》り来《きた》れば、吾等は「宝石を鏤《ちりば》めたる恥ずべき勲章を以て重く其胸を飾れるラージャやナワブの印度を、古代の栄光を青年から隠蔽する白髪のバンヂットの印度を、刺繍されたるサーリー服の上に愛国の涙を濺《そそ》ぐ薄暗きゼナナの印度を、抗議し難き経済的事業に就《つい》ては敢《あえ》て抗議せんとせぬ国民会議の印度を、飢饉に焦きつける稲田の印度を、疫癘《えきれい》のさなかに浮かれ騒ぐバザールの印度を、恥辱もて彩られたる追憶の印度」を見るに忍びない。日本は大東亜戦における日本の勝利が、印度独立のために千載一遇の好機たるべきを信じ、古《いにし》え釈尊より受けたる教に対する最上の返礼として、印度独立のために能くする限りの援助を提供せんとする以外、また他意あるのでない。若《も》しマハートマ・ガンディが、印度独立に対する日本の誠実なる意図を疑うならば、それは真個の日本を知らざるためである。

マハートマ・ガンディの日本に対する一切の非難は、大東亜戦争をもって帝国主義的野心の発動なりとする誤解の上に立つ。かくの如き誤解は疑いもなく英米の宣伝及び支那の虚構を真実とするによるものである。若しガンディが明治維新の精神を正しく理解し、従って近代日本の真実の意図を正しく理解するならば、この誤解は必ず消え去るであろう。

既に百年以前において日本の先覚者は、北方よりするロシヤの脅威と、南方よりする英国の脅威に備えるため、国内における徹底せる政治的革新の必要を痛感すると同時に、この革新を近隣諸国にも及ぼし、相結んで強力なる亜細亜を建設し、以て西洋諸国と対抗せねばならぬと信じていた。それ故に大東亜共栄圏の理念は、決して今日事新しく発案されたものでなく、明治維新前夜において既に先覚者によって明確に把握されていたものである。彼等は日本の国民的統一と東亜諸国の近代的改革及び両者の結合による亜細亜の復興を以て、内面的に固く相結べる不可離のものと考えた。かくの如き思想は、同じ時代の支那及び印度においては、誰一人考えなかったことであろう。

明治維新は実にかくの如き精神を以て行われた。それ故に維新精神の誠実なる継承者は、単に日本国内の政治的革新を以て足れりとせず、実に燃ゆる熱情を以て近隣諸国の事を自国の事の如く考えて来た。西郷南洲は下の如く言っている――

「日本は支那と一緒に仕事をせねばならぬ。それには日本人が日本の着物を着、支那人の前に立っても何にもならぬ。日本の優秀な人間は、どしどし支那に帰化してしまわねばならぬ。そしてそれ等の人々によって支那を立派に道義の国に盛り立ててやらなければ、日本と支那とが親善になることは望まれない」

一八九六年、密かに横浜に亡命し来れる孫文を、如何に温かく日本は庇護したか、今日の支那国民党が其の組織の基礎を築き得たのは実に東京においてであり、孫文が支那革命の指導権を握り得たのは、実に日本の先覚者の無私なる援助によるものである。而して其の援助は決して主観的同情たるに止まらず、幾多の志士が自ら支那に渡りて、或は屍《しかばね》を戦場に曝し、或は一生を支那革命のために献《ささ》げて一切の辛苦艱難を厭わなかった。彼等の心には支那と日本の隔ての垣がなかった。彼等は日支両国の固き結合による東亜新秩序の実現は、両国の孰《いず》れに取りても避けることを許されぬ課題であると考えた。亜細亜の辿るべきこの運命を、亜細亜の孰れの国よりも先んじて自覚し、そのために拮据《きっきょ》経営し、そのために欣んで多くの犠牲を払って来たからこそ、日本に東亜の指導権が与えられる。

日本を敵視する国々の宣伝に惑わされず、日本に来りて日本の魂に自ら触れ得たる者は、恐らく余の言葉に首肯するであろう。例えば亜細亜の桂冠《けいかん》詩人にして印度の忠僕たるタゴールは、二十余年以前その日本滞留の短き期間において、能く亜細亜における日本の地位と使命とを観得している。彼はその来るや凱旋将軍の如く迎えられ、その去るや路頭の人の如く送られた。これらの如き反覆《はんぷく》は恐らく彼を欣ばしめなかったであろう。唯だ幸にして彼は感情によって判断を誤ることがなかった。彼は下の如く言った――「日本人が亜細亜を糾合し且これを指導することを以て国家の使命と考えるのは毫《ごう》も怪しむに足らぬ。欧洲諸国はその間に幾多の相違あるに拘らずその根本的観念並に見解において正に一国である。彼等の欧羅巴以外の国民に対する態度は、これを一大陸と言わんよりは寧《むし》ろ一国というを至当とする。例えば仮に蒙古人種にして欧羅巴の片土を侵すとせよ。然らば全欧は挙《こぞ》ってこれが撃退に協力するであろう。日本は孤立することが出来ぬ。日本一国を以て聯合せる欧洲列強と角逐《かくちく》するは、偶々その敗亡を招く所以である。さればとて日本は真個の味方を欧羅巴に求めることが出来ぬ。然りとすれば日本がその味方を亜細亜に求めるのは当然である。日本が自由なる暹羅《シャム》、自由なる支那、而して恐らく自由を得ずば止まぬ印度と相結ばんとするに何の不思議があるか。相結んで起てる亜細亜は、仮に西亜のセム民族の協力を除外するも、なお且強力なる聯盟である。固《もと》より是《かく》の如きは遼遠なる前途を有するであろう。その現実には幾多の難関が横たわるであろう。言語の相違、交通の困難も障碍となろう。さりながら暹羅より日本まで、そこには親近なる血縁がある。印度より日本まで、そこに共通なる宗教あり、芸術あり、哲学がある」。

いまや遼遠なる路は殆《ほとん》ど歩み尽され、幾多の難関は殆ど踏破された。印度は日本に呼応して蹶起することによって、立どころに恥ずべき英国の鉄鎖を寸断し、自由と独立とを回復し得るに至った。希《ねが》くは猜疑を去れ。

【編集部註】一九一三年にノーベル文学賞を受賞した詩人ラビンドラナート・タゴールは、大正五（一九一六）年に来日、熱狂的な歓迎を受けたが、三ヶ月の滞在中、日本の帝国主義的政策やナショナリズムを批判した。

一切の個人または国民の本質は、個々の実行または政策に現れたるところによって判断すべくもない。個人または国民の本質は、その魂の奥深く流れる精神、その最も尚《たっと》ぶところのもの、その至高の価値を置くところのもの、即ちその志すところ、その理想とするところを明かにして、然る後に初めて正しく把握することが出来る。

総ての政府が然る如く、日本政府は必ずしも常に国民的理想の忠実なる実行者であったのではない。そは往々にして維新精神と背馳する道を歩んだ。日露戦争以後、わけても第一次世界戦争以後から、日本は支那及び亜細亜諸民族を著しく失望せしむる方向に進むようになった。日本は味方を亜細亜に求める代りに、英国人から「極東における吾等の不倶戴天の敵」と明らさまにいわれながら、その英米の甘心を買うことに努めて来た。

然しながらこの誤謬はやがて矯正され始めた。一九三二年に勃発せる満洲事変は、まさしく誤謬清算の第一歩であり、この時より日本は亜細亜抑圧の元兇たる英米の友人または傀儡たることを止め、真に亜細亜解放の戦士として起ち上ったのである。しかして日本政府をして一挙維新精神に復帰せしめ、日本の国歩を正しく転向せしめたのは、炎々として燃え上れる日本の三国意識に外ならない。近代日本が国民的統一のために起ち上れるその時から、綿々不断に追求し来れる東亜新秩序建設の理念が、一定の誤謬期間を経たる後に新しく復興せられ、国民は燃ゆる熱情を以て英米勢力の排撃、新亜細亜建設のために努力し始めたのである。

かくて日本は支那との間にも昔日以上の緊密なる肉親的結合を再建し、相携えて興亜の大業に拮据せんとしたに拘らず、支那はこれを以て日本の帝国主義的野心の遂行となし、その排日運動は狂暴を極め、遂に支那事変の勃発となり、支那事変はその必然の帰趨として更に大東亜戦争にまで発展した。

真個の支那有識者は、漸く日本に対する誤解より目覚め、復興亜細亜のために日本と協力し始めた。吾等はマハートマ・ガンディが、英米及び支那の宣伝による誤解を一掃し、荘厳なる「三国」の実現のために、その偉大なる勢力を印度民衆の上に揮い、印度を正しき方向に指導せんことを願って止まない。

ネールを通してインド人に与う

亜細亜諸国は永年に亙って孤立して来た。この孤立は必然相互の理解と認識とを妨げた。亜細亜は共通なる政治的運命の下に置かれ、偉大なる統一目的に向って、進ませられて来たに拘らず、その運命を自覚せず、またその目的を意識せず、各国はただ自国のことのみを考えて、また他国を顧みようとしなかった。

亜細亜の知識階級は、新鮮なる情熱をもって欧米のことを知るに努めたが、亜細亜の国々に対しては殆ど関心を有しなかった。印度の有為なる青年は、日本よりもイギリスに心惹かれ、ペルシアの青年は支那よりもフランスに心惹かれた。吾国もまた決して例外であったのではない。現に余が学生時代に最も心籠めて読破せるものは哲学宗教に関する書籍である。然るに当時の哲学者・思想家と呼ばれし諸先輩は、概ね全力を欧米思想の紹介祖述に努め、日本思想または東洋思想に関する学術論文の如きは、絶えて無くして稀に有る状態であった。それ等の学者の総てを包む雰囲気は、幕府時代の儒者が支那を尚《たっと》びたると同じく、西欧殊に独逸《ドイツ》哲学に対する崇拝の念であった。かくて多くの日本青年は、余もまたその一人であったが、真理は横文字の中にのみ潜めるかに考えていた。

もとより亜細亜諸国は、その隣邦について全く無智であったのではない。唯《た》だその知識は、殆ど総て欧米人の著書によって得たるものであった。西洋が正しく東洋を認識することは、仮令《たとい》誠実に努力しても至難の業である。若《も》しも多かれ少かれ宣教師の偏見、外交官の謀略、文学者の軽率なる想像が加えられるならば、彼等によって描き出された東洋の姿は、甚だしく歪曲されたものとならざるを得ない。然るに不幸にも是くの如き著書が、亜細亜諸国の相互の認識のために用い得る殆ど唯一の媒介であった。欧米人は亜細亜の統一を欲せずまた亜細亜を侮蔑する。それ故に彼等の著書を読んで亜細亜諸国は互《たがい》に敵視し、また互に他を侮《あなど》る。

世界史の新しき頁を書き始めたる日露戦争が始まったのは、ジャワハルラール・ネールが十四歳の時であり、日本の連戦連勝は深刻なる感激を彼に与え、戦争記事を読むために日々の新聞を待ち焦れたと、彼自身がその自叙伝の中で述べて居る。彼は言う――「余は日本に関する多数の書籍を注文し、その若干を読まんとした。日本の歴史は理解し難かったが、日本の昔の武士の物語や、ラフカディオ・ハーンの爽かな文章は余を欣ばせた。国民的思想が余の胸に充満した。余は欧羅巴の羈絆《きはん》を脱せるインドの自由並に亜細亜の自由を想望した。余は剣を提げてインドのために戦い、インド解放に後見すべき武勲を立てたいと夢想した」。

日露戦争における日本の勝利に対する至深の感激が、ネールをインド独立の戦士たらしめ、前後三十年の善戦健闘を続け、下獄実に九回の苦楚《くそ》を嘗めて志《こころざし》愈々《いよいよ》堅く、やがて老いたる聖雄の後を継いで、インド国民運動の最高指揮者たらしめんとするに至ったことは、吾等の会心無限とするところであるが、日本に関するネールの知識が、当初より英語を通して得られたことは、吾等の遺憾至極とするところである。

昨年〔一九四一年〕初夏のころ、印度国民運動の勇敢なる戦士として、女ながらも三度まで下獄せるカマーラ・デーヴィ女史がアメリカの講演旅行を終えて帰国の途次、その乗船が日本に寄港した。彼女は印度においてはイギリス人の、合衆国においてはアメリカ人の言論を信受し、根強き排日感情を抱き、日本の土を踏むことなくして西に向って去らんとした。

印度の将来、従って亜細亜の将来は、日本を度外視して考えらるべくもない。真個の日本を知ることは、亜細亜諸国に取って最も緊要なる事柄の一つである。苟《いやし》くも印度独立を生命とする者が、日本を知るべき稀有の好機を与えられ乍ら、好悪の感情に左右されてこの好機を空しくすることは、断じてその志業に忠実なるものでない。それ故に余は友人たる在留印度人に勧め、強いて女史を上陸せしめて、自身の目を以て見、自身の耳を持って聞くことによって、日本が果して英米人の言う如き日本なりや否やを判断させようとした。

女史は在日同胞の言葉を容れ、旅程を変じて日本視察の意を決し、先《ま》ずサハイ君を案内者として東北の農村を一巡した。印度農民の生れて満腹を知らぬ痩せこけた四肢、苦悩に窶《やつ》れ果てた顔を見慣れた彼女に取りて、東北農村の勤勉健康なる男女の姿は、正に感動に値《あたい》するものであった。旬日の東北旅行が、夙《はや》くも彼女の日本観を若干是正するに役立ったのである。彼女はこの旅行の後に暫く東京に滞在し、諸種の会合に出席して、大胆率直に自己の意見を述べた。そのアングロ・サクソン的観察は、決して吾等の同意し得ざる所であったが、上陸当時の排日感情は殆どその影を潜め、新しく日本を見直さねばならぬと考えるに至ったことは事実である。しかしてそれ等の会合における彼女の人もなげなる態度、満堂を呑める気魄は、インドに蘇り来れる生命の潑剌強靭を想わしめた。

【編集部註】カマーラデーヴィ（Kamaladevi Chattopadhyay　一九〇三～八八）は二十歳でガンジーの不服従運動に参加。二十四歳で「すべてのインド女性会議（ＡＩＷＣ）」

を設立。インド独立後は伝統的な手工芸品や織物の復興を通じて女性の社会的地位の向上に努めた

余は想う、若《も》しジャワハルラール・ネールにして親しく日本に遊び、日本の真実の姿に触れたならば、必ずその日本観を改めるであろうと。一九三八年八月ネールは、空路重慶を訪い、滞在一週間、支那側の非常なる歓待を受けた。恰《あたか》も一夜ネールが蔣介石夫妻を私邸に訪問して懇談しつつありし時、日本軍は月明に乗じて重慶の空襲を行った。重慶要人が如何なることを彼に語ったかは知るよしもないが、爾来ネールの日本に対する反感は一層昂《たか》まった。彼は帝国主義・ファシズム・資本主義を以て等しく印度の敵なりと力説し、印度は飽くまでこれ等の反動勢力と戦わねばならぬと力説し、日・独・伊三国を非難して倦むことを知らない。英米人の著書によって日本に対する先入見を抱き、日本の空爆下に重慶の宣伝を聴くとすれば、かくあることも敢《あえ》て怪しむに足らない。

さりながら少くとも日本の同情なくして印度の独立は可能であるか。印度の歴史において永く記憶せらるべき一九二九年のラホール国民会議において、ネールはその議長でなかったか。この年十二月卅一日夜半または一九三〇年一月一日、印度の完全なる独立が狂熱と興奮のうちに決議され、万雷の如き「母国万歳」の歓呼のうちに、震える感激を以て高く印度国旗を議場に掲げたのは、実にネールその人の手ではなかったか。爾来十年の歳月矢の如く過ぎた。当時の手を日本に伸べよ。生涯を献げ来りし印度の独立は、希望に非ず

して現実となるのである。

ジャワハルラール・ネールは下の如く言う――「戦争と印度――吾等は何を為すべきであったか。過去数年の間、吾等はこの問題について考慮し、吾等の政策を掲げて来た。しかも一切の努力に拘らず、イギリス政府は中央立法決議会にも州政府にも、況《いわ》んや印度国民にも詢《はか》ることなくして、印度は交戦国なりと宣言した。それは帝国主義が依然として活動していることを示すものなるが故に、承認し難き侮辱であった」と。

帝国主義が依然としてイギリスを支配していることを、この宣言によって今更気付いたかの如く高調していることが、既に吾等の耳には不思議に響く。しかしながらそれはそれとして、印度はその承認すべからざる侮辱に対して何をなしたか。国民会議は例によって長文のステートメントを発表して、イギリスの戦争目的とその帝国主義とに対する説明を求めたに過ぎない。イギリス政府はこの要求に答うるに惨酷なる法令の発布と、国民主義者の仮借なき拘引とをもって、峻厳無比の弾圧を独立運動の上に加えた。

「ネールはこれに対して如何なる態度を執ったか。曰く「怨恨は弥増《いやま》し、行動への要求がわれ等の裡に燃え立った。しかも戦争の方向とイギリスの危機そのものが、われ等を躊躇させた。何となればわれ等はガンディが教えたる古き教訓、即ち敵の困難に乗じて反抗してはならぬという教訓を忘れ去ることは出来ぬからである」と。

一九三一年五月四日の夜、インド民衆の一年に亙る悪戦苦闘が、ガンディ・アーウィン協定によって明白なる屈服に終った時、最も大切なる宝が去りてまた帰らぬが如き空虚をその心に感じて、身を横たえてその五月の一夜を思い明かしたネールが、またもやガンディの「教訓」を守り、剣戟に訴える代りに舌に頼り、甲冑で五体を固める代りに言葉で思想を飾り、説得によって英国から自由を貰おうとして居るのか。イギリスの危機が彼の行動を躊躇せしめるというのは果して何の意味か。英国は印度の敵ではないのか。戦いは勝つためでないのか。勝って敵を倒すよりは奴隷の境遇に止まることを選ぶというのか。

余はネールの態度を見て直《ただち》に薄伽梵歌〔バガヴァッド・ギーター〕のアルジュナに想到する。不義の敵を討つために大軍を催し、両軍の旗鼓既《すで》に相見え、矢石将《まさ》に飛ばんとせる咄《とっ》嗟《さ》の間に、日ごろ勇武の誉れ高かりしアルジュナが、一念端なく同胞相屠るの酸鼻に想到するや、善戦健闘のこころ頓《とみ》に挫《くじ》け、全く戦意を失い去った。この時彼がその軍師、毘《び》紐天《ちゅうてん》の権化クリシュナに向って吐露せる衷情は、非戦主義・平和主義・無抵抗主義・人類愛主義などと名づけられて、印度の柔弱なる魂に欣び迎えられる思想であった。クリシュナは立どころにアルジュナを叱咤して、己を汚し、天国の門を鎖ざし、体面を傷つける如き悲観を棄てよといったが、アルジュナがなお「憂うべからざるを憂い、聡明に似たる言をなせる」が故に、クリシュナは彼の問うに任せ、戦陣危急の間に、人生の意義、天意の帰趨、自覚の原理を提示した。

ネールは幾たびかこの珍重至極の聖典を読んだに相違ない。果して然らばアルジュナの如く徒《いたず》らに「聡明に似たる言葉」を繰返すことを止め、ガンディの教訓を守る代りに、クリシュナの教訓に従って戦うべきである。

ネールはその父モティラールについて下の如く述べている――「彼は古き印度の復活などを念頭に置かなかった。彼はこれについて何等の理解も同情もなく、却って種姓制度その他の数々の古き印度の社会風習を徹底して憎んでいた。彼はヨーロッパを尊重し、ヨーロッパ的進歩を望み、且つそれはイギリスとの協調によって可能だと信じていた」と。ネールはこの父の子として、十一歳の時からイギリス人の家庭教師に育てられ、十五歳にして夙《はや》くもイギリスに遊学し、ハローを経てケムブリッジ大学を卒業するまで、留学七年に及んだ。まことに身も魂もイギリスで育ったのである。

美しき夢多き青春時代をイギリスの学窓で過ごしたことが、ネールとイギリスとを離れ難きものにしたのでなかろうか、ネールの理性はイギリスを非難しつつも、その感情はイギリスを憎み得ぬのでなかろうか。物には本末があり、事には先後がある。いま印度にとりて当面焦眉の急務は、イギリスの資本主義的帝国主義の打倒であり、一切の爾余の問題は、印度がイギリスの羈絆を脱してからのことである。然るに「外からの侵略と内からの無秩序より自ら守るため」などと唱えて、独立もせぬうちから独立後のことを取越苦労するに至っては、われ等をしてネールの覚悟のほどを疑わしめるものである。

イギリス一国でさえ無比の強敵であるのに、援助の手を差伸べる者をまで敵にまわして、果してネールは印度独立を可能と考えて居るのか。凡《およ》そ世の中にかような戦術があるであろうか。想うにネールは印度の独立能力について金剛の確信なく、先ずイギリスをして「善き主人」たらしめ、しかる後に印度民衆を訓練して自主自立に耐えるものたらしめんとするのでなかろうか。彼の心身に奥深く巣食える「イギリス」が、未知の善神よりも既知の悪魔を選ばしめるのでなかろうか。もし然りとすればネールが常に揚言し来れる「独立印度の偉大なる世界的使命」は、竟《つい》に空しき感傷たるに終らねばならぬ。何となればイギリスは、力をもって倒さざる限り、決して「善き主人」となることはないからである。

ネールは民主国家と独裁国家とを鋭く対立せしめ、自由を束縛するものとして後者に対して無限の憎悪を感じている。しかしながら自由とは組織に非ずして態度である。それは団体の意志と個人の意志との間に存する真実の関係である。独裁政治も民主政治も等しく精神の発動形態である。それ故に独裁的なる共和国があり、民主的なる帝国もある。国民を重んじ、その要求、その意志、その向上、その精神を重んずる所、そこに政体の如何を問わず真個の自由がある。英米の民主政治は別個の仮面に隠れたる専制政治である。それは個人を群衆に隷属させ、群衆を少数の欺瞞者に隷属させ、投票の数を真理の標準とする政治であり、剣戟の支配に代えるに黄金の支配をもってせるものである。ネールは日本の政治的理想をその本質において認識することによって、日本に対する理由なき反感を去らねばならぬ。

　印度最高の哲人アラビンダ・ゴーシュは、幼少にしてイギリスに遊学し、留まること実に廿年、西欧の与え得る一切の教育を遺憾なく受け、その印度に帰れる時は、殆ど母語を忘れたほどであった。それにも拘らず彼はよく一切のイギリス的なるものをその魂より払拭して、真個の印度人となることによってのみ、初めて一切を信じ、一切を断行し、一切を犠牲にし得ることを印度青年に教え、アーリヤの思想、アーリヤの鍛錬、アーリヤの性格、アーリヤの生命を、知識また感情を以てに非ず、実に生命を以て驀地《まっしぐら》に摑得すべしと教えた。余はネールがアラビンダ・ゴーシュの精神に拠って印度独立運動を指導せんことを切望して止まない。この精神に立還る時、ネールは必ず亜細亜生活の根柢に横たわる一如を把握し、この一如を具体化または客観化して、新しき亜細亜を実現するために日本と堅く手を握るに至るであろう。

解説

大塚健洋

「学者としては血があり過ぎ、志士としては学問があり過ぎる」。猶存社《ゆうぞんしゃ》の盟友・満川亀太郎《みつかわかめたろう》は、大川周明《おおかわしゅうめい》をこのように評した。まさに至言であり、大川の人となりを熟知する満川ならではの評価であろう。大川は理論家であり、かつ実践家でもあった。燃えたぎる情熱のままに行動し、目標に向かって一直線に突き進む。そのマグマが理性によって冷やされると、文字となって著作に結晶する。行動が知を生み、その知がさらなる行動を促してやまない。大川周明とはこのような知行合一《ちぎょうごういつ》の人間であった。

周知のように、大川は北一輝《きたいっき》と並び称される戦前の右翼の大物であるが、近代日本を代表する知の巨人でもあった。国家主義運動家として、彼は革新右翼の源流である猶存社の結成に参画し、国家改造をめざして軍上層部へ働きかけ、三月事件、十月事件、五・一五事件といったクーデター未遂事件やテロに関与した。しかし、一方で、彼は満鉄東亜経済調査局に勤務するエリート知識人で、「特許植民会社制度研究」によって東京帝国大学から法学博士の学位を授与された。吉野作造《よしのさくぞう》はその審査員の一人である。また拓殖大学では、新渡戸稲造《にとべいなぞう》の後任教授として植民政策や植民史などの講義を担当した。彼の学識は古今東西に及び、宗教、思想、歴史、人物評伝、時論、国際問題など幅広い分野で、生涯に三〇冊以上の著・訳書や多くの論文を著した。それらは『大川周明全集』全七巻と『大川周明関係文書』に収録されている。

今回復刊される『復興亜細亜の諸問題』と『新亜細亜小論』は、彼のアジア観を探るうえで極めて重要な著作である。大正一一（一九二二）年七月に大鐙閣から出版された『復興亜細亜の諸問題』は、彼のアジア問題に関する主著であり、北の『支那革命外史』や満川の『奪われたる亜細亜』とともにアジア主義の古典に位置づけられる。刊行以来、この書は対外雄飛を志す青年に絶大な感銘を与え、彼が教鞭《きょうべん》をとった拓殖大学では、興亜の意気に燃えた学生たちが、本書を懐にして大陸や南方へ旅立っていったと語り伝えられている。

また併録された『新亜細亜小論』は、東亜経済調査局が発行した月刊誌『新亜細亜』の巻頭言と、新聞に発表した三つの論文をまとめた時務論で、昭和一九（一九四四）年六月に日本評論社から刊行された。これらの短編は、彼が「序」に記すように、「支那事変が大東亜戦争に発展して今日に至るまでの数年間、戦局の偉大なる展開につれて、或時《あるとき》は欣《よろこ》び、或時は憂《うれ》い、或時は希望し、或時は予想し、或時は昂奮し、或時は反省しつつ、つぎつぎに心頭に去来せる感想の正直なる記録」であった。

この二つの著作を併《あわ》せ読むことによって、大川がなぜアジア問題にかかわったのか、第一次世界大戦後のアジア情勢をどのように認識していたのか、第二次世界大戦期の国際情勢の推移とともに何を考えたのか、を理解することができるだろう。そればかりではなく、大川が前著で取り上げた地域の多くは今なお紛争が絶えない。第一次大戦後の国際秩序の再編成が、現在も紛争の火種となっているからである。その意味で、大川のアジア復興という問題は、いまだ十分に解決されていない今日的課題であるといっても過言ではない。本書を繙くことでアジア問題の原点を理解することができるだろう。

大川周明は、壮大な歴史的視野を持つ思想家であった。彼の眼は遠く大航海時代にさかのぼり、アジア全域に広く注がれる。そのスケールの大きさは他の追随を許さない。植民史研究者として、彼は近世以降の歴史を世界の「欧化」ととらえた。ユーラシア大陸の一半島にすぎないヨーロッパの諸国家が、一六世紀以来、常勝不敗の歩みを進め、ほとんど地球のすべてを征服した。それは政治的にはヨーロッパの帝国主義の勝利であり、経済的には資本主義の高揚、人種的には白人の世界制覇を意味した。

しかし、白人の覇権は、日露戦争における日本の勝利によって動揺し始める。これはヨーロッパ勢力にとって、初めての蹉跌《さてつ》であった。極東の一有色人国家が白人強国を打ち破り、アジアの自覚の警鐘となったのである。日露戦争を契機に、西洋列強の圧迫に苦しむ有色民族に反抗の機運が高まる。それは白人に隷属する民族にとっては独立運動として、形だけ独立を保つ諸国にとっては国家改造運動として現れた。

大川は『復興亜細亜の諸問題』のなかで、第一次世界大戦後の世界情勢を次のように分析した。第一次世界大戦は、その表面において英独の世界制覇戦であったが、戦争の混沌のなかからヨーロッパで階級闘争を、アジアでは民族闘争を生み出した。ロシア革命の勃発によってヨーロッパに革命の種子がまかれ、労働者階級が台頭した。一方、アジアでは白人に対する有色民族の独立運動が激化した。チベット、タイ、インド、アフガニスタン、イラン、中央アジア、トルコ、エジプト、アルジェリア、インドネシア、サウジアラビア、イラクなど、アジアのいたるところで復興運動が起こった。それらの運動は、政治的支配と経済的搾取から脱却しようとするものであったが、その奥に流れるものはアジアの魂であり、アジア民族の精神的自覚である。アジアが求めるものは二重の独立、つまり精神的独立と政治的独立であった。言い換えれば、精神的自由と政治的自由、全き意味での自由の獲得であった。

「アジア民族は、第一に自由を得ねばならぬ。自由を得たるアジアは、周匝《しゅうとう》堅固に統一されねばならぬ。如何《いか》にして自由は得べきか、如何にして統一を実現すべきか、これ実にアジア当面の関心事である。今日のアジアは、ヨーロッパの臣隷である。奴隷に何の問題があり得るか。奴隷に何の理想があり得るか。奴隷は唯《た》だ主人の意志に従い、主人の利益のために動かさるる走屍行肉《そうしこうにく》に過ぎぬ。故に真の意味に於けるアジアの問題は、アジアが自由を得たる時に始まる。アジアは一切に先立ちて先ず奴隷の境遇を脱却せねばならぬ」（一七～一八ページ）

第一次世界大戦後、革命ヨーロッパと復興アジアの潮流が結びつこうとしている、と彼は考えた。その際、イスラムとソヴィエトの動向がアジアの将来を決定する鍵となる。アジア復興の先鞭をつけた日本に加えて、政治と宗教を不可分とするイスラムの魂が目覚めれば、アジアの広範な地域で政治的独立運動が沸き起こるだろう。ソヴィエトはそれらの運動と手を結ぶ可能性がある。従来ソヴィエトの対アジア政策は、ボルシェヴィズムの宣伝とヨーロッパ資本主義国の駆逐を二本柱としていたが、ソヴィエトがトルコ、ペルシャ、アフガニスタンなど西南アジア諸国との間で結んだ条約に見られるように、その重点は後者に移っている。精神的に自立しつつあるアジア諸民族にとって、ソヴィエトの支援は、政治的独立を達成するうえで絶大な力となるにちがいない。彼は日本やイスラムがソヴィエトと連携し、世界の「欧化」体制を終わらせるというスケールの大きな構想を描いていたのである。

さて、大川周明は、明治一九（一八八六）年、現在の山形県酒田市郊外に医師の長男として生まれた。生来、正義感の強い一本気な性格で、貧富の差が個性の伸長を阻《はば》むとして社会主義を主張した。熊本の第五高等学校在学中には、情実による転校を批判して学生ストライキを主導、五高史に残る伝説的英雄として語り伝えられた。このように気性の激しい大川をさして、北一輝は「須佐之男《すさのお》」とよんだ。それは彼が天上のまだら馬を逆剝《さかは》ぎにしかねないほど向こう見ずであったからで、北から大川宛の手紙には「逆剝尊殿」と記してきたものもあるという。一方、大川は北のことを「魔王」とよんだ。

東京帝国大学文科大学に進学すると、宗教学を専攻する彼は、松村介石《まつむらかいせき》が主宰する道会の中心メンバーとして宗教雑誌『道』の編集に携わり、八代六郎《やしろろくろう》や押川方義《おしかわまさよし》など、のちにつながる人脈を築いていく。彼がアジア問題にかかわるのは、大正二年夏、ふと古本屋の店頭で Sr. Henry Cotton, *New India or India in Transition*（ヘンリー・コットン卿『新インド』）を手に取り、買い求めてからである。彼はこれを読むまで、現実のインドについてほとんど何も知らず、インドといえば「婆羅門《ばらもん》鍛練の道場、仏陀《ぶっだ》降誕の聖地」（一二ページ）と思い描いていたにすぎなかった。しかし、コットンは、人種偏見によって虐待され、裁判でさえ白人の不正に加担するインドの実相を、彼の前にまざまざと突き付けた。大川はこのときはじめて、英国統治下のインドの悲惨な姿を見、印度における英国の不義を見た。彼は脳裏にあったインドとのあまりに激しい乖離《かいり》に、驚き、悲しみ、かつ憤《いきどお》った。

コットンの書を読み終えた後、大川はインドに関する書物をむさぼり読んだ。すると、アジアの地で白人に蹂躙《じゅうりん》されないところはなく、白人の奴隷状態に置かれていないところはなかった。彼はアジア問題に関する著書を読み、アジアに対するヨーロッパ侵略の経緯、アジアを舞台とする列強の角逐を知ろうとした。こうして「出家遁世さえし兼《か》ねまじかりし専念求道の一学徒」（一二ページ）が、「復興アジアを生命とする一戦士」（一三ページ）となった。しかし、日本の現状は「百鬼横行の魔界」（一五ページ）であり、このままではアジア救済の任にたえず、アジア諸国も決して日本を信頼しないだろう。ここに至ってアジア復興と日本改造は密接不可分の課題となるのである。

「吾等の正義は一貫徹底の正義でなければならぬ。吾等の手に在る剣は双刃《もろは》の剣である。その剣は、アジアに漲る不義に対して峻厳なると同時に、日本に巣喰う邪悪に対して更に秋霜烈日の如し。かくてアジア復興の戦士は否応なく日本改造の戦士でなければならぬ。啐啄《そったく》一時、大乗日本の建設こそ、取りも直さず真アジアの誕生である」（一五～一六ページ）

その後、インド人革命家と出合った大川は、在京印度人主催の御大典祝賀会の開催に協力し、国外退去を命じられ逃亡したヘーランバ・ラール・グプタをかくまった。大正五年には、グプタらからの情報をもとに、『印度に於ける国民的運動の現状及び其の由来』を著す。これは日本で初めて、学問的に東亜以外のアジアの民族運動を分析したものであった。アジア人との交流を通じて、大川は日本が中心となってアジアを復興すべきであるという使命感を抱くようになった。彼は全亜細亜会を結成し、「アジアにおける欧州人の横暴を挫き、日本が盟主となりて全アジアを結合且指導する」全亜細亜主義を唱えた。

大正七年、第一次世界大戦が終わると、翌年パリで講和会議が開催された。日本はその席上、国際連盟規約に人種的差別待遇の撤廃を盛り込むことを提案した。この人種平等問題は日本国内でも大きな波紋を呼び、各地で支援運動が展開され、大川も人種的差別撤廃期成大会の実行委員として積極的に参加した。アメリカがドルによって覇をとなえ、ソ連が共産主義によって世界を征服しようとしたように、彼は日本が有色民族の普遍的利益を代弁することで、世界的使命を果たすべきだと考えたのである。それはアジアのためであり、日本のためであり、ひいては道徳的世界の実現のためでもあった。大川は自らの思想を表した行地社綱領に、国民的理想の確立を掲げ、その内容として有色民族の解放と世界の道義的統一を挙げた。彼には日本が有色民族のリーダーとして、アジアの有色民族の支援を受け、白人の世界制覇を突き崩していくというビジョンがあった。

しかし、大正末頃になると、大川の思想に重大な変化が見られるようになる。彼は世界史の上で大国時代が過ぎ去り、超大国時代に移ろうとしていると考えた。日本の存立と有色民族の解放という世界史的使命の遂行のためには、日本と満蒙を一体とした自給自足的経済圏の建設とその政治的支配が、不可欠であると確信するに至った。しかしこれは中国ナショナリズムとの衝突をもたらし、満州事変、日中戦争へとつながっていく。本来提携すべき日中両国が、相争わなければならない事態に直面し、大川は自己の理想と現実の矛盾の前で立ち尽くした。『新亜細亜』創刊号で、大川はドイツによるフランス占領統治をうけ、日中戦争の迅速な解決と積極的な南方進出を訴えた。
「此《こ》の千載一遇の大機に於《お》いて、何時まで両国は相《あい》戦わねばならぬかとは、国民総体の憂である。而して国民は、大機の未だ去らざるに臨んで、支那と協力して亜細亜を解放し、南方に確乎たる経済的支配を樹立せんことを切望して居る。国民は切々として此の二事を願《がん》求《きゅう》する」(「国民の二つの願」三五七ページ)
世界がいくつかのブロックに再編成されるなかで、大川は有色民族による東亜共同体を構想した。それは地理的に近く経済的・文化的に関係の緊密な国家や民族によって形成される超国家的組織で、日本を中心として主義と利害によって結ばれる。その圏内では帝国主義的植民地支配を許さず、諸民族の軋轢《あつれき》闘争を許さない。したがって、日中両国の全面的和平と提携が必要である。また先進国民は優越感と侵略意識を清算し、後進国民は猜疑心と反抗意識を清算しなければならない。
「日本は其等の民族に対する旧来の帝国主義的抑圧の掃蕩、民族の解放と自主とを前提とする協同圏の建設を提議し、且圏内諸民族の帝国主義的支配に対する反抗と闘争とを援《たす》け、

実践の友情を以て彼等の信頼をかち取るに努めねばならぬ」（「東南協同圏確立の原理」三六〇ページ）

太平洋戦争が勃発すると、大川は大東亜戦争の理論家として、一躍、脚光を浴びることになった。というのは、開戦の七日後、彼がNHKラジオ連続放送（全一二回）において、政府当局に代わって戦争目的と開戦理由を国民に訴えたからである。すでに大正一四年刊行の『亜細亜・欧羅巴・日本』で、彼はソロヴィヨフの東西対抗史観の影響を受け、次のように日米戦争を予言していた。

東洋と西洋、「人類の魂の道場」であるアジアと「人類の知識を鍛える学堂」であるヨーロッパは、世界史における最大至高の対抗個体として今日に至り、相離れて存続し難いところにまで進みつくした。この東西の結合は平和裡に行われることはなく、必ずや東洋と西洋を代表する強国間の生命を賭した戦いによって実現されるだろう。アジアの最強国は日本であり、ヨーロッパの最強国はアメリカである。この両国はギリシャとペルシャ、ローマとカルタゴが戦わなければならなかったように、相戦わなければならない運命にある。

「日本よ！　一年の後か、十年の後か、又は三十年の後か、そは唯だ天のみ知る。いつ何時、天は汝を喚んで、戦を命ずるかも知れぬ。寸時も油断なく用意せよ！」

彼はラジオ講演のはじめに、日米戦争の意味について、一六年前と全く変わらない考えを持っていると述べ、「この戦争はもとより政府の宣言する如く、直接には支那事変完遂のために戦われるものに相違ありませぬ。しかも支那事変の完遂は東亜新秩序実現のため、すなわち亜細亜復興のためであります。亜細亜復興は、世界新秩序実現のため、すなわち人類の一層高き生活の実現のためであります」と国民に語りかけた。

そして、彼はアメリカの極東政策を俎上に載《の》せ、厳しく断罪した。アメリカはセオドア・ルーズベルト以来、豊富な資源、巨大な市場、高率の投資利益を期待できる中国本土・満蒙を支配し、世界的覇権を握ることを目的とした。そのため、門戸開放・領土保全を提唱して、しゃにむに進出を図り、ハリマンの満鉄買収計画や満鉄平行線計画などを立てて障害となる日本を抑えようとした。日露戦争以後のアメリカの極東進出政策は、「藪医者が注射もせずに切開手術を行うような乱暴ぶり」で、無遠慮にして無鉄砲な点は、近代外交史上類例を見ないほどである。アメリカの国際的行動は、ラテンアメリカに対して排他的なモンロー主義をとりながら、東亜に対しては門戸開放主義を強要し、国際連盟を提唱しながら、それが成立すると加盟しないなど、極めて利己的で矛盾撞着《どうちゃく》に満ちている。日本の唱える東亜新秩序は、世界新秩序を意味し、やがてアングロ・サクソンの世界制覇を否定するがゆえに、日米両国の衝突は避けられない。大川は日本が「アングロ・サクソン世界幕府打倒」に立ち上がった理由をこのように説明した。

大川によれば、日本の掲げる東亜新秩序は、決して単なるスローガンではない。これは日本民族のうちに潜む「三国魂」、すなわち中国の儒教文化とインドの仏教文化を総合した日本精神を、客観化し一つの秩序とするものである。つまり彼によれば、「大東亜戦は、単に資源獲得のための戦でなく、経済的利益のための戦でなく、実に東洋の最高なる精神的価値及び文化的価値のための戦」なのであった。

しかし、日本は敗れ、大川は「わが四十年の興亜の努力も水泡に帰す」と、無念さを日記に書き綴った。終戦後、彼は大東亜戦争のイデオローグとしてA級戦犯に指名される。白人の鉄鎖からアジアの解放を訴え、一貫して活動し続けた彼は、白人覇権国家にとって危険極まりない人物であっただろう。真っ先に処断しなければならなかったはずである。

大川は東京裁判を本来の意味の裁判ではなく、アメリカの日本弱体化政策の一つに過ぎないとみていた。日本の無条件降伏によって、確かに戦闘は終了した。しかし、講和条約が締結されるまでは戦争状態が継続しており、日本人に対する生殺与奪の権は占領軍に握られている。たとえば、大川を殺そうと思えば、Okawa shall die というだけで事足りるのである。それにもかかわらず、国際軍事裁判という仰々しい面倒な手続きをとるのは、そうした方がサーベルや鉄砲を使うよりも、日本人に一層ダメージを与え、占領目的を達成するうえで効果的と考えたからにほかならない。したがって、この裁判はアメリカの軍事行動の一種であり、法廷は取りも直さず戦場である。彼は最後の召集令状を受けたような気持で、巣鴨刑務所に赴いた。彼は連合国のねらいが、明治以降の日本の歴史の抹殺にあると考え、来るべき裁判で思想戦を戦う準備に取り掛かった。しかし、法廷で堂々と検察側とわたりあう東亜の論客の雄姿は、ついに見ることはできなかった。東京裁判の法廷で東条英機の頭をたたいた彼は、「梅毒による精神障害」と診断され、入院を命じられ、病が癒《い》えた後も裁判に復帰せず、免訴となった。

昭和三二年一〇月四日、インド首相のネルーが国賓として来日した。大川はインド大使館から、滞在最終日の一〇月一三日午前九時から九時一五分の間に、迎賓館で会いたいと招待状を受け取った。ネルーはラーシュ・ビハーリ・ボースの遺族を慰めるため、遺族と彼の最も親密な友人として大川周明と黒龍会の葛生能久《くずうよしひさ》を招いたのである。これは大川らの活動を、インドの立場から評価したものといえるだろう。彼は病のため出席できなかったが、もし会見が実現していたら、両者はいったい何を語り合ったのであろうか。この約二か月後の一二月二四日、大川周明は神奈川県愛川町の自宅で波乱に満ちた生涯を閉じた。

第二次世界大戦後七〇年を経て、世界秩序は大きく変貌しようとしている。ロシアの復権、イスラム原理主義勢力の拡大、中国の台頭などによってアメリカの覇権が揺らいでいる。このようなときに、イスラム世界の動向やアジアの復興運動にいち早く注目した大川周明が、顧みられるのも自然の成り行きだろう。大川の軌跡を顧みるとき、彼の歴史的洞察の鋭さに驚きを禁じ得ない。『復興亜細亜の諸問題』は、今なお世界を見る基本的視座を提供する書物である。

（姫路獨協大学教授）

『復興亜細亜の諸問題』(昭和十四年十一月、明治書房刊)及び『新亜細亜小論』(昭和十九年六月、日本評論社刊)を底本とし、新字新仮名遣いに改め、若干ルビを振りました。なお本書には今日の人権意識に照らして不適切と思われる表現が使用されていますが、刊行当時の時代背景および著者が故人であることを考慮し、発表当時のままとしました。

中公文庫

復興《ふっこう》亜細亜《あじあ》の諸問題《しょもんだい》・新《しん》亜細亜《あじあ》小論《しょうろん》

2016年4月25日　初版発行

著　者　大川《おおかわ》 周明《しゅうめい》

発行者　大橋 善光

発行所　中央公論新社
〒100-8152　東京都千代田区大手町1-7-1
電話　販売 03-5299-1730　編集 03-5299-1890
URL http://www.chuko.co.jp/

ＤＴＰ　ハンズ・ミケ
印　刷　三晃印刷
製　本　小泉製本

Published by CHUOKORON-SHINSHA, INC.
Printed in Japan　ISBN978-4-12-206250-4 C1122

中公文庫既刊より

あ-82-1
昭和動乱の真相
安倍源基
警視庁初代特高課長であり、終戦内閣の内務大臣を務めた著者が、五・一五、二・二六、リンチ共産党事件、日米開戦など「昭和」の裏面を語る。〈解説〉黒澤良
206231-3

い-123-1
獄中手記
磯部浅一
「陛下何という御失政でありますか」。貧富の格差に憤り国家改造を目指して蹶起した二・二六事件の主謀者が綴った叫び。未刊行史料収録。〈解説〉筒井清忠
206230-6

い-25-4
東洋哲学覚書 意識の形而上学 『大乗起信論』の哲学
井筒俊彦
六世紀以後の仏教思想史の流れをかえた『起信論』を東洋的哲学全体の共時論的構造化の為のテクストとして現代的視座から捉え直す。〈解説〉池田晶子
203902-5

い-25-6
イスラーム生誕
井筒俊彦
現代においてもなお宗教的・軍事的一大勢力であり続けるイスラームとは何か。コーランの意味論的分析から、イスラーム教の端緒と本質に挑んだ独創的研究。
204223-0

い-25-5
イスラーム思想史
井筒俊彦
何がコーランの思想を生んだのか――思弁神学、神秘主義、スコラ神学と、三大思想潮流とわかれて発展していく初期イスラム思想を解明する。〈解説〉牧野信也
204479-1

き-42-1
日本改造法案大綱
北一輝
軍部のクーデター、そして戒厳令下での国家改造シナリオを提示し、二・二六事件を起こした青年将校たちの理論的支柱となった危険な書。〈解説〉嘉戸一将
206044-9

き-13-2
秘録 東京裁判
清瀬一郎
弁護団の中心人物であった著者が、文明の名のもとに行われた戦争裁判の実態を活写する迫真のドキュメント。ポツダム宣言と玉音放送の全文を収録。
204062-5

各書目の下段の数字はISBNコードです。978-4-12が省略してあります。

こ-7-2
一老政治家の回想
古島一雄
犬養毅の知己を得て、四十年にわたり傲骨の政客として活躍した著者が回想する明治・大正・昭和にわたる政党政治の盛衰と裏面史。〈解説〉筒井清忠
206189-7

こ-8-17
東京裁判（上）
児島襄
昭和二十一年五月三日、二年余、三七〇回に及ぶ極東国際軍事裁判は開廷した。厖大な資料と、関係諸国・関係者への取材で、劇的全容を解明する。
204837-9

こ-8-18
東京裁判（下）
児島襄
七人の絞首刑を含む被告二十五人全員有罪という苛酷な判決。「文明」の名によって戦争を裁いた東京裁判とは何であったのか。〈解説〉日暮吉延
204838-6

こ-19-2
最後の御前会議／戦後欧米見聞録　近衛文麿手記集成
近衛文麿
27歳で発表した「英米本意の平和主義を排す」から死の直後に刊行された回想まで、青年宰相と持てはやされた男の思想と軌跡を綴った六篇を収録。〈解説〉井上寿一
206146-0

さ-4-2
回顧七十年
斎藤隆夫
陸軍を中心とする革新派が台頭する昭和十年代、「粛軍演説」等で「現状維持」を訴え、除名されても信念を曲げなかった議会政治家の自伝。〈解説〉伊藤隆
206013-5

さ-27-1
妻たちの二・二六事件
澤地久枝
〝至誠〟に殉じた青年将校への愛を秘めて激動の昭和を生き、忍耐の時を刻んだ妻たちの三十五年をたどる愛と感動のドキュメント。〈解説〉草柳大蔵
200185-5

す-26-1
私の昭和史（上）　二・二六事件異聞
末松太平
陸軍「青年将校グループ」の中心人物であった著者が、実体験のみを客観的に綴った貴重な記録。上巻は大岸頼好との出会いから相沢事件の直前までを収録。
205761-6

す-26-2
私の昭和史（下）　二・二六事件異聞
末松太平
二・二六事件の、結果だけでなく全過程を把握する手だてとなる昭和史第一級資料。下巻は相沢事件前後から裁判の判決、大岸頼好との別れまでを収録。
205762-3

各書目の下段の数字はISBNコードです。978－4－12が省略してあります。

ま-11-4
上海時代（上） ジャーナリストの回想　松本重治
満州事変、第一次上海事変の後、中国の抗日活動が盛んになる最中、聯合通信支局長として上海に渡った著者が、取材報道のかたわら和平実現に尽力した記録。
206132-3

ま-11-5
上海時代（下） ジャーナリストの回想　松本重治
抗日テロが相次ぐなか、西安事件を経て、ついに蘆溝橋で日中両軍が衝突、両国の和平への努力にも拘わらず戦火は拡大していく。〈解説〉加藤陽子
206133-0

よ-24-8
回想十年（上）　吉田茂
政界を引退してまもなく池田勇人や佐藤栄作らを相手に語った回想。戦後政治の内幕を述べつつ日本が進むべき「保守本流」を訴える。〈解説〉井上寿一
206046-3

よ-24-9
回想十年（中）　吉田茂
吉田茂が語った「戦後日本の形成」。中巻では、自衛隊創立、農地改革、食糧事情そしてサンフランシスコ講和条約締結の顛末等を振り返る。〈解説〉井上寿一
206057-9

よ-24-10
回想十年（下）　吉田茂
戦後日本はどのように復興していったのか。下巻では、ドッジライン、朝鮮戦争特需、三度の行政整理など、主に内政面から振り返る。〈解説〉井上寿一
206070-8

よ-24-7
日本を決定した百年 附・思出す侭　吉田茂
偉大なるわがままと楽天性に満ちた元首相の個性が描き出した近代史。世界各国に反響をまき起した名篇が文庫にて甦る。単行本初収録の回想記を付す。
203554-6

よ-24-11
大磯随想・世界と日本　吉田茂
政界を引退したワンマン宰相が、日本政治の「貧困」を憂いつつ未来への希望をこめ、その政治思想を余すことなく語りつくしたエッセイ。〈解説〉井上寿一
206119-4

タ-5-3
吉田茂とその時代（上）　ジョン・ダワー　大窪愿二訳
戦後日本の政治・経済・外交すべての基本路線を確立した吉田茂——その生涯に亘る思想と政治活動を日米関係研究に専念する著者が国際的な視野で分析する。
206021-0

タ-5-4
吉田茂とその時代（下）
ジョン・ダワー
大窪愿二 訳
長期政権の過程を解明。諸改革に見る帝国日本と新生日本の連続性、講和・再軍備を巡る日米の攻防、内部抗争で政権から追われるまで。〈解説〉袖井林二郎
206022-7

レ-4-1
東京裁判とその後 ある平和家の回想
B・V・A・レーリンク
A・カッセーゼ 編／序
小菅信子 訳
東京裁判判決に反対意見を表明したオランダ判事・レーリンクによる証言。裁判の問題点と歴史的意義を明らかにした基本史料。待望の新訳。〈解説〉大沼保昭
205232-1

ほ-1-14
昭和史の大河を往く1 「靖国」という悩み
保阪正康
政治や外交の思惑もからみ、複雑化する靖国問題の本質とは。首相の発言と参拝、様々な立場の歴史解釈、昭和天皇の思いなど、資料と取材から多面的に迫る。
205785-2

ほ-1-15
昭和史の大河を往く2 国会が死んだ日
保阪正康
議会はどう「死んでいった」のか、首相官邸に身を置いた政治家はどんな心境になったか。二つの権力空間から見る昭和史。長年の取材の成果を随所に盛り込む。
205822-4

ほ-1-16
昭和史の大河を往く3 昭和天皇、敗戦からの戦い
保阪正康
敗戦の一ヵ月後、昭和天皇の新たな戦いが始まった。マッカーサーとの心理戦や弟宮との関係を丹念に追い、いま歴史へと移行する昭和天皇像を問い直す第三集。
205848-4

ほ-1-17
昭和史の大河を往く4 帝都・東京が震えた日 二・二六事件、東京大空襲
保阪正康
昭和史を転換させた二・二六事件と、いまも傷跡が残る三月十日の大空襲。東京を震撼させた二つの悲劇を中心に「歴史の現場」を訪ねながら考える第四集。
205918-4

ほ-1-18
昭和史の大河を往く5 最強師団の宿命
保阪正康
屯田兵を母体とし、日露戦争から太平洋戦争まで、常に危険な地域へ派兵されてきた旭川第七師団の歴史を俯瞰し、大本営参謀本部の戦略の欠如を明らかにする。
205994-8

ほ-1-19
昭和史の大河を往く6 華族たちの昭和史
保阪正康
明治初頭に誕生し、日本国憲法施行とともに廃止された特権階級は、どのような存在だったのか？ 華族たちの苦悩と軌跡を追い、昭和史の空白部分をさぐる。
206064-7

各書目の下段の数字はISBNコードです。978－4－12が省略してあります。

ま-44-3
評伝 北一輝 Ⅰ 若き北一輝
松本健一
日本近代史上最も危険な革命思想家北一輝。特異な思想と奇抜な人間像を描き切る全五巻。第一巻では、北の生い立ちと思想形成過程を佐渡の歴史風土を背景に辿る。
205985-6

ま-44-4
評伝 北一輝 Ⅱ 明治国体論に抗して
松本健一
二十三歳の北は『国体論及び純正社会主義』を世に問う。反響は大きかったが、国家と天皇制を批判するものであり、即発禁。五年後、中国革命のため大陸へ渡る。
205996-2

ま-44-5
評伝 北一輝 Ⅲ 中国ナショナリズムのただなかへ
松本健一
辛亥革命が勃発した中国に渡り、革命支援に奔走するも、国外退去に。上海で書かれ、秘密出版された『国家改造案原理大綱』が、安田財閥当主の暗殺の引き金となる。
206012-8

ま-44-6
評伝 北一輝 Ⅳ 二・二六事件へ
松本健一
誦経に没入し、怪文書で政府を翻弄するカリスマ。内憂外患が強まる中、皇軍教育で純粋培養された若い軍人が北の思想に反応。天皇の応答を求める蹶起の日が。
206031-9

ま-44-7
評伝 北一輝 Ⅴ 北一輝伝説
松本健一
飢饉などで社会状況が悪化。若い軍人たちの絶望感が深まって、二・二六勃発。鋭い世界認識と先見性をもつ北が事件の首魁として処刑される。昭和史の転換点を描く。
206043-2

S-23-1
昭和史の天皇 1 空襲と特攻隊
読売新聞社編
特攻隊の戦果に対し天皇は「そのようにまでせねばならなかったか」と呟いた……。延べ一万人・六千時間に及ぶ証言で構成する歴史ドキュメント。
205556-8

S-23-2
昭和史の天皇 2 和平工作の始まり
読売新聞社編
鈴木貫太郎新首相はソ連を仲介とした和平工作に踏み出す。空襲は激化し皇居正殿が炎上。松代大本営の建設が始まった……。証言で綴る歴史巨編第二巻。
205583-4

S-23-3
昭和史の天皇 3 本土決戦とポツダム宣言
読売新聞社編
銃器が十分に配備できず、竹槍や弓までが武器として想定されていた本土決戦の内幕、東京ローズの悲劇を生んだ日米宣伝合戦、そしてポツダム宣言の衝撃。
205609-1

各書目の下段の数字はISBNコードです。978－4－12が省略してあります。

S-24-8
日本の近代8 大国日本の揺らぎ 1972～
渡邉昭夫
沖縄の本土復帰で「戦後」を終わらせた日本だが、石油危機、狂乱物価、日米貿易摩擦など、内外の試練をうけ続ける。経済大国の地位を築いた日本の行方。
205915-3

S-25-1
シリーズ 日本の近代 逆説の軍隊
戸部良一
近代国家においてもっとも合理的・機能的な組織であるはずの軍隊が、日本ではなぜ〈反近代の権化〉となったのか。その変容過程を解明する。
205672-5

S-25-2
シリーズ 日本の近代 都市へ
鈴木博之
西欧文明との出会いは、日本の佇まいに何をもたらしたか。文明開化、大震災、戦災、高度経済成長——変容する都市の風貌から、日本人のアイデンティティの軌跡を検証する。
205715-9

S-25-3
シリーズ 日本の近代 企業家たちの挑戦
宮本又郎
三井、三菱など財閥から松下幸之助や本田宗一郎ら消費者本位の実業家まで、資本主義社会の光と影を担った彼らの手腕と発想はどのように培われたのか。
205753-1

S-25-4
シリーズ 日本の近代 官僚の風貌
水谷三公
この国を動かしてきた顔の見えない人々——政党勃興、戦時体制、敗戦など社会情勢の変動が、行政機構に与えた影響を探る、ユニークな日本官僚史。
205786-9

S-25-5
シリーズ 日本の近代 メディアと権力
佐々木隆
「社会の木鐸」「不偏不党」「公正中立」その実態は？知られざる新聞の歴史を豊富な史料で描き、現在のメディアが抱える問題点を根源に遡って検証。
205824-8

S-25-6
シリーズ 日本の近代 新技術の社会誌
鈴木淳
洋式小銃の導入は兵制を変え軍隊の近代化を急がせた。洗濯機の登場は主婦に家事以外の時間を与えた。新技術の導入は日本社会の何を変えたのだろうか。
205858-3

S-25-7
シリーズ 日本の近代 日本の内と外
伊藤隆
開国した日本が、日清・日露の戦を勝ち抜いて迎えた二十世紀。世界は、社会主義によって大きく揺すぶられる。二部構成で描く近代日本の歩み。
205899-6